FROM CHAOS TO SCALE
Building a Continuously Growing Sales System

从混乱到规模化

构建持续增长的销售体系

赵雷 ◎ 著

本书旨在指导销售管理者如何精准对接企业战略目标，从而打造持续增长的销售策略；如何锻造一个能征善战的销售团队；以及如何建立一套能够持续迭代、灵活适应公司发展各个阶段要求的销售体系。全书围绕销售团队的体系构建与管理展开，助力销售管理者突破传统的"销售思维"束缚，从战略视角全面理解和掌握销售体系的建设与运营，实现从单一的销售业绩追求向高效团队管理思维的转变，并推动销售体系与公司同步成长，持续优化。本书不仅为销售管理者量身定制，而且也适合对销售管理体系感兴趣的读者。

图书在版编目（CIP）数据

从混乱到规模化：构建持续增长的销售体系 / 赵雷著. -- 北京：机械工业出版社，2025.5. -- ISBN 978-7-111-78192-9

Ⅰ.F713.3

中国国家版本馆 CIP 数据核字第 2025R9Y895 号

机械工业出版社（北京市百万庄大街 22 号　邮政编码 100037）

策划编辑：张竞余　　　　　　　　责任编辑：张竞余　牛汉原

责任校对：李荣青　马荣华　景　飞　责任印制：任维东

河北宝昌佳彩印刷有限公司印刷

2025 年 6 月第 1 版第 1 次印刷

170mm×240mm・21.25 印张・1 插页・262 千字

标准书号：ISBN 978-7-111-78192-9

定价：79.00 元

电话服务　　　　　　　　　　　　网络服务

客服电话：010-88361066　　　　　机　工　官　网：www.cmpbook.com

　　　　　010-88379833　　　　　机　工　官　博：weibo.com/cmp1952

　　　　　010-68326294　　　　　金　书　网：www.golden-book.com

封底无防伪标均为盗版　　　　　　机工教育服务网：www.cmpedu.com

PREFACE

前言

CEO 的销售体系建设的第一本书

从外企销售岗位逐步晋升为管理者，而后又从零开始成功搭建起一个百人的销售团队，助力业务年营收突破亿元大关，在这一过程中，我深刻体会到仅靠销售人员个人的力量是难以实现公司收入指数级增长的。从销售到销售管理者的转变，是一个艰难且痛苦的过程。我意识到，真正能够推动企业持续快速发展的，是建立一套科学的销售体系。如今我投身于咨询行业，在为众多企业提供咨询服务的过程中，我接触到了不同行业、不同类型的企业所面临的各类问题，这进一步验证了销售体系和合格销售管理者的重要性。

许多企业面临的问题错综复杂，例如：即便对销售团队开展了高频次的培训，销售团队的能力依旧未能得到显著提升；管理者每日督促销售人员，然而最终业绩目标仍旧无法达成；在日常的复盘会议中，众人信心满满，可销售预测结果依旧出现偏差。追根溯源，造成这些问题的主要原因有两个：其一，销售管理者能力不足，未能切实履行管理职责，甚至不清楚如何扮演好管理者这一角色；其二，销售体系存在缺陷，使得团队过度依赖销售人员的个人能力，而销售人员的能力良莠不齐，进而致使预想结果难以实现。

如何做好销售管理者

如果你想成为一名出色的销售人员，无论是从事大客户销售、顾问式销售还是解决方案式销售，市场上都存在着各式各样的理论供你学习与借鉴，也有详细的销售人员操作指南。然而，对于销售管理者而言，如何承接企业的战略目标、实现业务增长、在市场上取得领先地位，以及如何管理好一个销售团队、提升团队效率，这始终是摆在面前的难题。长期以来，一直缺乏一套系统的理论来解答这些问题。

《从混乱到规模化：构建持续增长的销售体系》一书正是为了解决这些难题而诞生的。本书以整个销售团队的体系搭建与管理为切入点，助力管理者摆脱"销售思维"的束缚，从战略的高度全面认识并熟练掌握销售体系的构建与管理之道，进而实现从销售个人拿单思维向团队管理思维的跨越。

许多管理者，尤其是新晋管理者，虽然拥有丰富的销售经验，却常常陷入"销售思维"的陷阱，缺乏系统的销售管理知识；习惯于用"销售思维"解决问题，把企业目标进行简单的数字拆解，然后紧盯着每一个销售个体的完成率，却忽略了从战略高度进行思考和决策的重要性。

这是我在帮助企业做战略咨询和销售体系建设时，时常要面对的问题，很多企业也意识到了这个问题，投入大量时间和费用组织领导力培训，希望以此来提升销售管理者的能力，但是收效甚微。事实上，想要获得业务的持续增长，不单单是解决销售个人能力的问题，更需要关注整个销售团队的建设。

如何搭建销售体系

完善科学的销售体系是提升销售团队整体效率的根本。首先就是确保战略到销售策略的一致性，团队成员有共同的目标并明确自己努力的方向；其次，流程的标准化能够减少错误和低效操作，也能提升团队计划和预测的能力，精准的过程管理也是销售团队的仪表盘，能够及时反馈现状，规避风险。

要做好销售体系，最重要的有三点：首先要有一个明确的目标，制定销售团队可执行的策略；其次搭建一个高效的销售团队，能够执行和胜任工作；最后做好团队的过程管理，提升效率。

第一点，制定明确的团队策略是销售体系搭建的基石。它能够承接战略目标，让团队成员明确方向，共同朝着目标前进。本书将提供策略设计的思路、方法和工具，帮助管理者制定出真正有效的策略。

第二点，搭建一个高效的销售团队，招什么样的人、做什么样的培训、用什么方法管理和考核，这些步骤缺一不可，需要管理者全维度地进行系统思考。如何筛选合适的人才，如何进行有效的培训，如何建立科学的管理和考核机制，这些都是构建高效团队的关键。

第三点，做好团队的过程管理，提升效率，这是至关重要的环节，却常常被忽视。过程管理就像是一个精准的仪表盘，它呈现出团队的每一个动作，确保每一步都精准到位。它不仅是对销售活动的监控，也是对团队运作机制的优化。它让每一步都在可控的范围内，降低业绩风险，让优秀的实践可以被复制。

这些在书中都有详细的论述，而且是可以实操的方法，是日常做销售管理的工作指南，让销售管理者掌握如何从战略高度规划销售体系，如何搭建高效的销售团队，如何优化销售流程，以及如何将销售与市场、产品、服务等环节有机结合，构建完善的销售体系。

本书的编写得到了许多专家和业内人士的支持与帮助，在此表示衷心的感谢。同时，也感谢所有为本书提供意见和建议的读者朋友。

我们期望本书能够成为销售管理者的"案头必备指南"，它将协助管理者构建高效的销售体系，培育一个战斗力强劲的销售团队，推动企业业绩的持续和稳定增长，确保销售力量真正成为驱动企业发展的核心动力！

目 录

前　言　CEO 的销售体系建设的第一本书

第 1 章　销售体系边界与组成 / 1

1.1　销售职业的历史与发展 / 2

1.2　销售体系定义与边界 / 4

1.3　销售体系建设的演进路径 / 12

第 2 章　销售策略的制定 / 20

2.1　销售策略与公司战略的关系 / 21

2.2　销售策略的制定要点 / 22

  2.2.1　销售策略制定的目标 / 22

  2.2.2　销售策略制定框架模型 / 25

2.3　制定销售策略的路径 / 56

  2.3.1　参与人员 / 57

  2.3.2　制定过程 / 57

2.4　引以为戒的反面教材 / 60

第 3 章　销售绩效考核和激励　/ 62

- 3.1　绩效考核和激励的设计原则与发展路径　/ 62
  - 3.1.1　销售团队的特点　/ 63
  - 3.1.2　销售业绩达成的逻辑　/ 64
  - 3.1.3　绩效考核和激励的设计原则　/ 66
  - 3.1.4　企业不同发展阶段的绩效考核和激励设计　/ 71
- 3.2　绩效考核的模式与选择　/ 74
  - 3.2.1　绩效考核的模式：销售团队中的提成制与目标奖金制　/ 74
  - 3.2.2　绩效考核的设计框架　/ 76
  - 3.2.3　绩效考核项的辨认与提取　/ 79
  - 3.2.4　多指标考核项如何协同　/ 83
  - 3.2.5　不同场景下的业绩奖金计算方式　/ 86
  - 3.2.6　绩效的评价办法　/ 88
- 3.3　激励的模式与组合　/ 94
- 3.4　激励项的辨认与提取　/ 98
  - 3.4.1　不同维度的激励项如何提取　/ 98
  - 3.4.2　结合时间维度完善激励体系　/ 99
- 3.5　绩效考核和激励的落地：从钻石图看绩效与激励的设计落地　/ 100
- 3.6　引以为戒的反面教材　/ 108

第 4 章　销售招聘与落地　/ 112

- 4.1　基于销售业绩的达成谈销售人才规划　/ 112
  - 4.1.1　战略一致性与人才规划　/ 112
  - 4.1.2　基于业绩达成的人才规划关键要素　/ 113
- 4.2　精准招聘的设计与落地　/ 115
  - 4.2.1　为什么要选择精准招聘　/ 115
  - 4.2.2　精准招聘的难点　/ 118
  - 4.2.3　解决难点的方法　/ 121
  - 4.2.4　精准招聘的具体实施　/ 124

4.3 新员工落地最佳实践 / 135
　　4.3.1 新员工落地面临的问题 / 135
　　4.3.2 一般企业新员工落地方法的局限性和不足 / 137
　　4.3.3 销售团队新员工落地方法 / 140
4.4 引以为戒的反面教材 / 152

第 5 章　销售培养体系建设 / 154

5.1 为何要在公司内部建立自己的销售培养体系 / 155
　　5.1.1 外部培训市场的局限性和不足 / 155
　　5.1.2 公司内部建立销售培养体系的重要性 / 156
　　5.1.3 内部建立培养体系对公司长远发展的积极影响 / 157
5.2 销售培养体系的构建 / 158
　　5.2.1 传统销售团队培养方式的不足 / 158
　　5.2.2 销售培养体系的核心要素 / 160
　　5.2.3 如何建立销售培养体系 / 161
　　5.2.4 建立销售培养体系中可能会遇到的问题 / 168
　　5.2.5 解决策略与方法 / 169
5.3 培训资源与培训人员的构建 / 172
　　5.3.1 培训资源的筹备 / 173
　　5.3.2 培训人员的选拔与培养 / 174
5.4 培养体系的效果评估 / 176
　　5.4.1 设定评估指标 / 176
　　5.4.2 选择评估方法 / 177
　　5.4.3 根据评估结果进行调整与优化 / 181
5.5 销售培养体系的落地执行 / 182
　　5.5.1 制订详细的执行计划 / 183
　　5.5.2 执行过程中的监督与管理 / 186
　　5.5.3 确保销售培养体系的持续性与稳定性 / 188
5.6 引以为戒的反面教材 / 190

第 6 章　销售过程管理　/ 194

 6.1　销售过程管理体系建设基本原则　/ 194
  6.1.1　承接销售策略和企业发展战略　/ 194
  6.1.2　做到销售行动标准化和可复制性　/ 195
  6.1.3　控制销售过程的风险　/ 196
  6.1.4　支撑绩效考核和激励　/ 197
  6.1.5　实现可量化、可监控、可复盘　/ 197
 6.2　销售过程管理体系建立方法　/ 198
 6.3　客户管理：客户分层与覆盖　/ 199
  6.3.1　客户分层机制设计　/ 200
  6.3.2　客户覆盖与管理机制设计　/ 205
  6.3.3　客户管理的运营机制设计　/ 213
  6.3.4　客户管理的落地监控机制设计　/ 217
 6.4　获客业务流程规划与监控　/ 218
  6.4.1　获客业务流程定义　/ 218
  6.4.2　获客业务流程规划的基本方法　/ 219
  6.4.3　获客业务流程的运用与落地监控　/ 229
 6.5　前场部门职能与资源规划和调度　/ 232
  6.5.1　分工与协作　/ 232
  6.5.2　考核和激励　/ 241
  6.5.3　数字化系统建设　/ 242
  6.5.4　团队文化建设　/ 244
 6.6　风险管控与业绩预测　/ 245
  6.6.1　风险管控与业绩预测机制　/ 247
  6.6.2　风险管控与业绩预测机制的落地　/ 255
  6.6.3　业绩预测上报机制设计　/ 260
  6.6.4　建立负责任的销售团队文化　/ 260
 6.7　区域管理　/ 261
  6.7.1　区域管理要达成的目标　/ 262

6.7.2　制订区域营销计划 / 264
　　　6.7.3　区域管理的建设路径 / 265
　　　6.7.4　区域资源调度管理 / 266
　6.8　全国垂直行业管理 / 268
　　　6.8.1　全国垂直行业管理目标与规划 / 268
　　　6.8.2　全国垂直行业管理建设路径 / 270
　　　6.8.3　全国垂直行业资源调度管理 / 271
　6.9　全年销售节奏的控制 / 272
　　　6.9.1　建立企业的业务复盘节奏 / 274
　　　6.9.2　业务复盘控制办法 / 276
　6.10　过程管理落地平台建设 / 278
　　　6.10.1　过程管理落地平台 / 278
　　　6.10.2　如何建设过程管理落地平台 / 281
　6.11　引以为戒的反面教材 / 283

第7章　市场投放 / 287

　7.1　市场投放策略 / 287
　　　7.1.1　为什么要做市场投放 / 287
　　　7.1.2　如何做好市场投放 / 290
　7.2　从线索到商机的转化 / 296
　7.3　市场和销售的双向正循环 / 300
　　　7.3.1　线索管理的监控 / 301
　　　7.3.2　线索管理的优化 / 306
　7.4　引以为戒的反面教材 / 309

第8章　渠道体系建设 / 310

　8.1　渠道体系内在逻辑 / 311
　8.2　渠道体系发展路径 / 313
　　　8.2.1　拐棍阶段 / 314

    8.2.2 渠道熟知客户覆盖阶段 / 314
    8.2.3 渠道自主产单阶段 / 315
    8.2.4 规模化、体系化产单阶段 / 316
8.3 渠道的招募与赋能 / 317
    8.3.1 渠道合作的目标设定 / 317
    8.3.2 渠道目标的实现路径 / 317
    8.3.3 渠道发展的愿景 / 318
8.4 渠道体系组织架构与配合机制设计 / 319
8.5 引以为戒的反面教材 / 322

附 录 / 323

附录 A 0—0.5—1—10—100 销售体系建设演进路线图 / 323
附录 B 创业公司销售体系管理发展路径图 / 324

Chapter 1

第 1 章

销售体系边界与组成

导言：

销售，是商业活动的核心环节。从最初的面对面交易，到如今的多渠道、智能化销售模式，销售的发展历程见证了市场的变迁和技术的进步。在这个过程中，销售不仅仅是商品与服务交换的简单行为，它已经成为一门深奥的学问，涉及心理学、市场学、管理学等多个领域。本章旨在探讨销售的发展轨迹，以及在此背景下销售体系的定义和演进。

随着市场竞争的加剧和消费者需求的多样化，销售体系也在不断地调整和完善。从最初的销售团队雏形，到如今系统化、专业化的销售管理体系，每一步发展都是对企业内外部环境变化的深刻回应。本章将深入剖析销售体系的发展脉络，探讨如何构建一个适应企业发展、具有竞争力的销售体系，以期为企业在激烈的市场竞争中脱颖而出提供有益的参考。

1.1 销售职业的历史与发展

销售是世界上最古老的职业之一,有商品交易、以货易货以来,销售这个职业就已经存在了。在最早的商业活动中,销售主要是面对面的直接交易,买卖双方直接协商价格和交易条件。随着社会的发展,出现了固定的市场和交易场所,销售活动开始有了更规范的形式。20世纪初,随着广告和营销理念的发展,销售职业开始重视品牌形象和市场推广。品牌形象是消费者对品牌的认知和情感反应的总和。随着市场竞争的加剧,企业开始意识到,一个积极的品牌形象可以吸引更多的顾客,提高产品的市场接受度。品牌不仅仅是一个标志或名称,它还代表了一种承诺,一种与消费者建立信任和忠诚度的方式。广告作为传播信息和塑造品牌形象的工具,开始在20世纪初得到广泛应用。企业通过报纸、杂志、广播和后来的电视等媒介,向公众传达产品信息和品牌理念。广告不仅推广产品,也塑造了品牌的公众形象。伴随着品牌形象和广告的发展,市场推广策略开始变得更加系统化和专业化。企业开始运用市场调研来了解消费者需求,制订针对性的推广计划。此外,促销活动、公共关系和直接营销等手段也被广泛采用,以增强品牌知名度和市场占有率。20世纪中叶,销售开始被视为一种科学,出现了销售心理学、销售技巧、销售方法论等研究领域。随着信息技术的发展,互联网、社交媒体的出现极大地扩展了销售的渠道和范围,也为销售提供了新的平台和工具。在现代销售活动中,在人工智能和大数据技术的推动下,分析消费者行为、预测市场趋势、优化销售行为和策略变得可能。同时随着消费者需求的多样化,销售开始更加注重个性化和定制化的服务,这给销售工作带来新的挑战。销售工作的不断演进推动商品交易的效率和规模不断增长。销售职业的发展反映了商业环境和技术进步的影响,同时也不断适应消费者需求的变化。随着技术的不断进步,销售职业将继续演变,以更高效、更智能的方式满足市场的需求。

对于企业来说，销售工作是创造收入和利润的手段。任何一个企业都希望建立一个高效的销售团队，为公司创造更多收入，这是最本质的需要。除了创造收入，销售工作对企业的重要性是多维度的，它不仅直接关系到企业的收入和利润，而且在整个企业运营中扮演着核心角色。首先，销售是企业实现产品或服务市场价值的关键环节，没有有效的销售，企业就无法将产品转化为收入，进而影响利润的生成。销售直接影响企业的现金流状况。良好的销售业绩可以为企业带来稳定的现金流，这对于支持日常运营和未来的发展计划至关重要。其次，销售活动还有助于企业更好地理解市场需求和客户偏好，这对于产品或服务的持续改进至关重要。通过与客户的互动，企业能够收集宝贵的市场反馈，这些信息可以用来指导产品开发和创新，确保企业能够快速响应市场变化。此外，销售是品牌建设和推广的重要途径。通过精心设计的销售策略和积极的客户关系管理，企业可以提升品牌知名度和形象，提高消费者的信任和忠诚度。这种信任和忠诚度是企业长期成功的关键因素之一。在竞争激烈的市场中，销售能力可以成为企业的竞争优势。通过高效的销售方法和策略，企业可以在市场中获得更大的份额。同时，销售团队还需要具备适应性，能够整合新技术，提高销售效率和客户体验。最后，销售与企业的整体战略紧密相连。销售策略需要与企业的市场定位、产品策略和品牌战略相协调，以实现企业的整体目标。这种战略一致性有助于企业在市场中建立强大的地位，并实现长期的可持续发展。

随着企业的发展，构建销售团队和销售体系是一个需要不断适配企业各个发展阶段的过程。在公司建立初期，销售团队通常人员很少，1~2人组成了销售小组，他们各自独立工作，负责寻找公司最初的种子客户并完成交易。这时候销售大部分是CEO自己或合伙人兼任。随着企业市场推广的深入，销售团队也开始更多从社会上招聘专职销售，团队人数开始不断变大。团队成员开始分工合作，共同完成销售目标。随着销售团队人员的增加，团队开始形成管理层级，出现了销售经理、区域经理等职位，负责团队管理和销售策略的制定。与此同时，企业开始重视销售人员的专业培训，提高销售技巧和产品知识，以提升销售效率。当销售规模不断扩大时，销售结果确定性、销售工作规范性变得越发重要。为了追求销售结果的确定性，以及销售效率优化的确定性，企业开始重视销售流程标准化，为销售流程划分了不同阶段，比如客户识别、需求分析、产品演示、谈判和成交等阶段，并设定了每个阶段的阶段目标和转化标准。随着管理不断深入，销售管理从经验管理过渡到制度管理，管理制度不断优化，做到体系化。为了更好地将制度落地，在公司内部构建客户关系管理（customer relationship management，CRM）系统，将制度和流程在CRM上运转起来，实现对客户信息和整个销售过程的管理。随着市场的深耕，销售团队开始采用多种销售策略，如直销、渠道销售、电子商务等，以适应不同的市场和客户群体。最终企业是希望将整个销售体系构建在企业组织能力上，最大限度屏蔽单个人员、单个客户、单一市场对销售工作影响，实现销售工作的标准统一、快速复制、高度可控、持续发展。对于销售团队和销售体系发展路径，我们会在本章具体章节详细阐述。

我们希望探讨如何构建一个可复制、可预测、可规模化和可持续发展的销售体系，并将这个体系构建在企业组织能力之上。

1.2　销售体系定义与边界

销售体系是一个企业销售管理和销售流程的总称，是一个组织内部用于管理销售活动的一系列流程、策略、工具和人员的集合。如图 1-1 所示，它涵盖了公司战略、销售策略、销售过程管理体系、绩效考核和激励体系、销售招聘和培养体系、市场营销体系等多个方面。销售体系的建立，主要通过团队管理、销售计划、客户关系管理、销售技能培训、销售策略制定等手段来实现，以提高销售效率和效果。

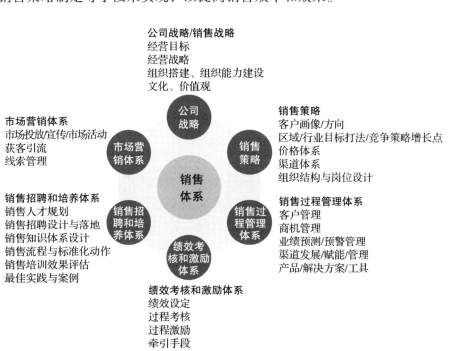

图 1-1　销售体系

我们可以对销售体系的结构做进一步分解，如图 1-2 所示。

从图 1-2 可以看出，销售体系可以分为三大部分。

第一部分是公司战略和销售策略制定的板块。

这部分主要包含的是公司战略以及为了完成公司战略拆解的销售策略。销售策略说明了销售的目标、方向和实现路径。销售如打仗，如果想打有准备之仗，打胜仗，就一定要在打仗之前做好充分准备和精心部署，要对整个销售过程做推演和测算，为每一步工作做好设计和部署，为实战做好指引工作。销售策略的制定，我们可以将它分为五部分：往哪儿打，怎么打，用什么人打，需要什么资源打，以及目标分解。关于销售策略的制定我们会在第 2 章详细地说明。

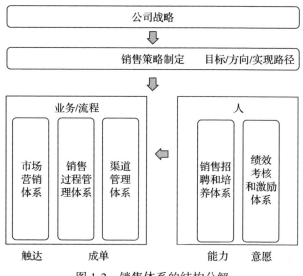

图 1-2　销售体系的结构分解

第二部分是人的板块。

人是体系的执行者。对于每一个销售，我们要求他既要有完成销售目标的能力，又要有足够的意愿完成公司给他的任务。

销售能力是完成销售任务的基石，能力不够，销售任务的完成就无从谈起。所以在销售体系设计中，会对销售及各级管理者设定胜任条件和明确每个职位的具体能力要求。胜任条件和能力要求是招聘的依据，公司要依据胜任条件和能力要求，设计招聘流程以及面试评估方法，对候选人的能力做出精准判断。公司需要建立广阔的获取人才的渠道，用以满足业务快速获得人才的需求。为了达到上述目标，公司要搭建销售招聘体系。当然，我们不能寄希望招到的人才能够满足所有能力的要求，比如产品知识讲述的能力、产品特定的价值传递能力等。如果在招聘进来前就满足要求，那对招聘对象的范围将是巨大的限制，我们可招的人才数量会急剧减少，也会直接影响我们获得人才的速度。所以对于销售能力，我们还要分两部分，即哪些能力是入职时候候选人就必须具备的，哪些能力是入职后需要公司自己培养的。对于需要自己培养的能力，公司需要建立一个培养机制，让销售快速获得这些能力，并对销售获得能力的水平做出考核和评估，以保障效果。针对不同人群，公司应该建立不同的培训机制。一部分是针对新入职的销售，希望他们快速具备销售所需的能力，快速落地，形成战斗力，这部分是新员工落地机制。另一部分是针对老销售，随着公司产品不断升级，市场环境不断变化，需要老销售的能力随之升级，这部分就是销售的培养和考核机制。当我们把销售能力分为"入职前具备"和"入职后培养"时，就形成了一个"跷跷板"现象。我们的销售培养体系越强大、越完善，我们能够培养和赋能的能力越多，我们对"入职前具备"的能力要求就越低，销售招聘的门槛也会随之降低，这会让潜在招聘者人群数量急剧变大，我们选择人员的余地也将变大，这样的策略有助于我们找到性价比更高的招聘方案，进而在不影响员工利益的前提下，实现薪资成本的优化。这将为销售人数快速增加、销售规模化增长带来有利条件。随着销售培养体系的逐渐强大，对销售能力的可塑性逐渐增强，销售的管理成本会逐步降低，而销售忠诚度会大幅提高。这些都是建立公司自己销售培养体系的好处。对于如何建立公司招聘和培养体系，请参考第 4 章和第 5 章。

销售人员的工作意愿与其销售业绩之间存在着密切的关系。工作意愿是指员工对工作的积极态度和内在动机，它反映了员工对工作的投入程度、热情程度和积极性。工作意愿的高低直接影响员工的工作表现。高工作意愿的员工通常能够展现出更高的工作效率、更好的工作质量以及更强的团队合作精神。因此,在销售管理上,我们应该通过各种方式来激发和维持员工的工作意愿,以提高公司整体的工作绩效。销售工作意愿度是整个销售体系的发动机。销售工作意愿的牵引涉及多个方面,包括激励、赋能、目标设定、工作环境等,尤其是建立合理的激励机制,包括奖金、提成、晋升机会等,会大大激发销售人员的积极性。所以我们需要设计一套行之有效且和业务特点相匹配的激励考核机制,能在同等成本情况下,最大限度激发员工积极性,起到最大牵引力作用。激励考核机制与销售过程管理机制也存在"跷跷板"现象。激励考核机制越有效,对销售管理水平的要求就越低,同时也降低了销售管理的成本。绩效考核机制不断提升,更有利于销售团队氛围的搭建和对公司战略的支撑。这就是一个正向循环。当然,如果激励考核机制设立不好,不仅薪酬成本没有降低,还会增加对销售管理水平的要求。同时,导致员工销售自主性降低,只能靠管理手段达到业务要求,这不仅会增加销售管理的难度和成本,也会造成目标达成的不确定性。所以提高绩效考核机制有效性的优先级要高于提高销售管理有效性。关于绩效考核和激励机制的设定,请参考第 3 章。

第三部分就是为达到业绩产出而设计的业务 / 流程板块。

当我们在第一板块把目标和路径规划好,在第二板块把人的能力和意愿准备好,第三板块就是要把制度和流程设计好,让销售有序、高效地获取业绩结果。

销售业务 / 流程按目的结果划分,可以分为两个部分:第一部分是解决销售对客户触达的问题;第二部分是解决销售对客户覆盖和成单的问题。

销售对客户触达,首先,应该是有计划、有目的性的。事前做好目标市场的需求调研和竞争态势研究,明确区分目标客户和非目标客户。其次,销售对客户触达应该是精准的、低成本的。销售应该最大限度触达目标客户，在努力增加客户案例总数的同时，确保单个案例的成本也要保持在低水平上。最后，销售对客户的触达应该是高效的，应该在客户内心建立公司品牌形象，提高品牌知名度，并能让客户在最短时间内了解产品定位与竞争优势。这样才能为客户覆盖和成单打下一个坚实的基础。对于上述销售对客户触达的要求，需要公司建立一套行之有效的市场营销体系。市场营销体系大致包含：市场分析，市场投放策略，品牌建设与管理，潜在客户到业务机会的转化流程，以及特定客群触达流程等。在 To B[⊖]业务中，大家经常会提到对销售自身客户资源的依赖，特别希望销售自带客户，或者销售可以自拓商机。当企业未建立有效市场营销体系之前，销售自身客户资源对于企业一定是至关重要的，但这种依赖，是不长久或者不可规模化的。如果希望销售整体获客是规模化的，就需要把获客从依赖销售自身资源过渡到依赖公司市场营销体系。市场营销体系建设是否完备，很大程度会显现在潜在客户到业务机会的转化流程上。该流程的效率和质量，直接影响销售获客效率。所以为了提高该流程的效率和质量，我们需要标准化转化流程和转化动作，加快转化周期和效率。通过不断优化这一流程，企业可以更有效地利用市场营销和销售资源，提高客户满意度和企业收益。关于市场投放和体系建立，请参考第 7 章。

销售对客户覆盖和成单，是实现业绩目标的"最后一公里"。对于 To B 业务的业绩达成，销售通常有两个途径：一个是销售自主跟进客户，跟进项目，最后成单；另一个是和渠道合作，把渠道作为覆盖客户、成单的通道，配合渠道完成成单。对于销售自主跟进的客户和项目，公司应该建立销售过程管理体系。销售过程管理体系至少需要定义如下问题：

⊖ 英文全称为 business to business，简称 To B，即公司商业模式是面向企业，为企业提供服务。

- 客户分层机制。要将客户按重要程度区分层次,并规定好每一层的覆盖机制和办法。
- 单个客户管理制度和流程。要制定对于单一客户从认知到需求到合作目标到复购到客户满意度的管理制度和流程。
- 单个项目管理制度和流程。要制定单一项目从触客到成单以及到验收回款的管理制度和流程。
- 前场合作机制。建立跨部门跟进客户和项目的协作机制和流程。
- 站在行业建设和区域建设角度,制定垂直行业的管理制度和流程,以及区域管理制度和流程。

这样销售在行业、区域、客户、项目及跨部门协作中,都有明确的制度要求和行动规范指南去遵循。

对于和渠道合作,要把渠道作为客户覆盖、成单的通道,配合渠道完成成单,公司应该建立渠道管理体系。渠道管理体系至少需要定义如下问题:

- 渠道等级和发展机制。这是对渠道体系的层次和招募与发展做出规定。
- 渠道赋能机制。这是对渠道的能力培养与业务支持做出规定。
- 渠道和销售配合机制。这是对渠道覆盖客户,渠道和销售配合的方法做出规定。
- 渠道项目管理制度和流程。这是要制定渠道项目从触客到成单以及到验收回款的管理制度和流程。

我们致力于建立一个渠道管理体系,旨在实现对渠道业务的全面管理、风险控制和有效预期,以确保渠道业绩的顺利完成以及渠道与销售的协同效应,实现"1+1>2"的业绩倍增效果。

通过以上叙述,我们可以把销售体系进一步细化,如图 1-3 所示。

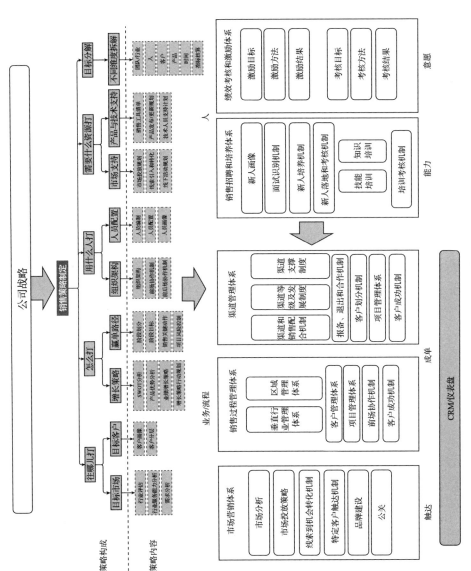

图 1-3 销售体系结构细化

公司战略和销售策略制定板块、人的板块、业务/流程板块，共同构建了整个销售体系。

1.3 销售体系建设的演进路径

销售体系建设，一定不是一蹴而就的，它是一个不断提升、不断迭代、不断适应公司发展阶段要求的过程。

在谈销售体系建设的演进路径之前，我们要先看看公司发展路径和每个阶段对销售团队和销售体系的要求，如图1-4所示。

这是一个产品型公司从初创到市场推广需要经历的典型不同阶段。

概念阶段：公司处在验证商业想法是否可行的初步尝试阶段。通常包括创建一个最小可行产品（minimal viable product，MVP）来测试市场反应。

产品开发阶段：在这个阶段，公司需要确保产品能够解决一个真实存在的问题（problem solving focus，PSF），确保产品开发的方向是正确的，这是产品成功的基础。在这个阶段公司几乎还没有专门的销售，通常CEO或者合伙人就是销售。他们需要找到最早批的种子客户，利用种子客户的信任和支持，验证产品的形态、功能是否在客户实际场景中能真正解决问题，发挥实际价值。所以那个时候几乎没有销售管理制度，没有太多流程、制度约束，大家都在摸着石头过河。所以在产品开发阶段，谈建立完整的销售团队和销售体系可能还为时过早。这个阶段客户数量和收入都不是最重要的，要追求的是种子客户的质量，要看种子客户是否具有代表性，是否具备灯塔效应，种子客户提供的场景在行业里是否具备大规模复制的可能性。

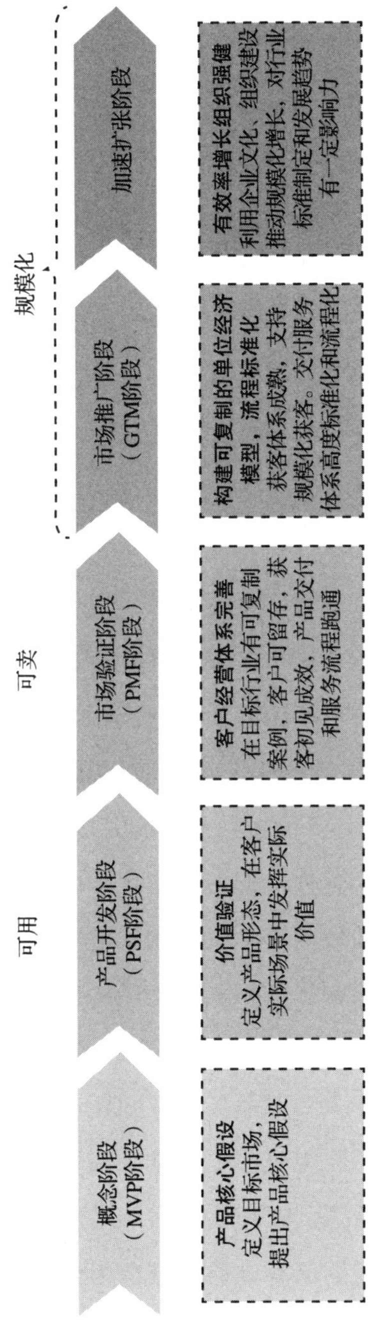

第 1 章 销售体系边界与组成

可用
- **概念阶段（MVP阶段）**：产品核心假设 定义目标市场，提出产品核心假设
- **产品开发阶段（PSF阶段）**：价值验证 定义产品形态，在客户实际场景中发挥实际价值

可卖
- **市场验证阶段（PMF阶段）**：客户经营体系完善 在目标行业有可复制案例，客户可留存，获客初见成效，产品交付和服务流程跑通

规模化
- **市场推广阶段（GTM阶段）**：构建可复制的单位经济模型，流程标准化，获客体系成熟，支持规模化获客。交付服务体系高度标准化和流程化
- **加速扩张阶段**：有效率增长组织强健 利用企业文化，组织建设推动规模化增长，对行业标准制定和发展趋势有一定影响力

图 1-4　公司发展阶段

市场验证阶段： 在这个阶段，公司需要验证产品是否真正满足市场需求，即达到产品市场契合度（product-market fit，PMF）。产品开始获得市场的认可，产品能够满足市场需求，之前获得的客户可以被留存下来。在目标市场，可以复制之前的种子客户使用场景和问题解决办法，新客户为此购买产品。获客初见成效，产品交付和服务流程已经跑通。在这个阶段，要追求的是标杆客户复制的效率。为了快速复制，首先，要目标明确，不能盲打。要梳理客户画像，抽取客户特征，区分目标客户和非客户的特性，并对客户进行优先级排序，也就是前面提到的需要建立客户分层机制。其次，为了能够提升标杆案例复制效率，需要对项目跟进流程进行关键节点的拆解，梳理从触客到成单的关键项目阶段。这个阶段对于销售具体动作和过程指标还是看不清的，更多是关注销售过程中销售的价值传递方法是不是更有效、更直观地让客户感受到产品价值。再次，公司要考虑从这个阶段起开始招聘专职的销售人员，从一两个到十个甚至二十个。对于销售，没有流程，没有清晰的规则和职能划分，更多还是在大量试错。所以这个时候销售更需要像一个"特种兵"，独自解决问题的能力要很强。为了能完成上述任务，需要有经验、有人脉、有资源的销售，发挥他们的已有优势，一个一个赢得客户。同时这个时期，也是各类销售频繁尝试和淘汰的过程。尝试用不同类型的销售跑业务，用结果衡量销售，积累下来最适应公司和业务的销售。这个阶段公司不需要特别去考虑销售流程、销售规范等销售体系建设问题，因为无论公司还是销售个人，对业务的认知还都比较浅，能做的就是在实践中不断摸索和试错。因为更多要靠结果衡量，所以绩效考核和激励制度是这个阶段建设的重点。要用高收益、高激励，提高销售主观能动性，让他们充分利用自己的已有经验和资源为获客蹚出更多道路，同时也积累更多的成功经验和失败教训。这个时期的绩效考核更多需要关注业绩结果，激励也更多是和明确结果强关联，以便建立重视结果、以结果论英雄的销售文化导向，树立销售拿结果的使命感。

市场推广阶段：一旦产品与市场契合验证通过，公司就进入了市场推广（go-to-market，GTM）阶段。公司需要制定有效的市场进入策略，包括市场定位、获客渠道、定价、推广等，以确保产品能够成功地推向市场并实现规模销售。这个阶段也是公司从侧重产品开发向侧重销售体系建设转变的过程。规模销售还有一个重要前提是构建可复制的单位经济模型。单位经济模型通常指的是单个产品或服务的经济表现，包括：**成本结构**，明确直接成本和间接成本；**收入模型**，确定每个单位产品或服务的收入来源和定价策略；**利润率**，计算每个单位产品或服务的毛利润和净利润；**客户获取成本**（customer acquisition cost，CAC），衡量获取一个新客户所需的平均成本；**客户生命周期价值**（life time value，LTV），预测一个客户在与公司关系存续期间带来的总收益；**盈亏平衡点**，确定达到盈利所需的最低销售量或收入水平；以及计算**业务可扩展性**，确保模型在增加销售量时，成本增加是可控的，利润率保持稳定或提高。一个可复制的单位经济模型意味着这个模型在不同市场、不同时间或不同条件下都能保持一致的盈利能力。可复制的单位经济模型也是确保公司能够持续盈利并扩大规模的基础。

通过对可复制的单位经济模型的剖析，我们可以推导出为了让可复制的单位经济模型持续复制，销售体系需要配套建设相关制度和规则以支撑其发展。

（1）基于单位经济模型的盈亏平衡点和利润目标，公司设定合理的销售目标和增长预期。公司将销售目标拆解到每个区域、每个团队、每个销售、每个产品以及每个收入类别。目标拆解一方面是任务的分派，另一方面是能够多方面复合计算，以确定目标的合理性。

（2）基于客户获取成本（CAC）和客户生命周期价值（LTV）的洞察，制定有效的销售增长策略和营销策略。销售增长策略和营销策略是销售的努力方向，也是销售打单的指南。

（3）要有明确的客户分层策略，客户画像清晰、明确，销售可快速做出判断。每个销售具体跟踪的客户是依据客户分层策略和客户画像与公司一起确定的，而不是销售随意选择的。这里面有一个指标——销售签约客户占自己客户列表的比重，比重越大说明我们的业务复制能力越强，我们对客户的把控力越强。

（4）为满足规模复制，对销售工作标准化和可复制性提出要求。对销售过程设定清晰标准的流程，每个流程有明确目标，任务的拆分为行动。行动是流程里最细颗粒度的描述，这直接影响销售实际动作。所以为了更好、更准确地制定行动，就要从过往跟进的项目中，提取最佳实践。将最佳实践转化成销售过程流程里的标准动作。这样既能保证动作标准化，又能拿最佳实践规范销售行为，缩小销售间的差距，向高标准看齐。另外在跟单流程基础上，建立有效的跨团队、跨部门前场协作机制和流程，让前场获客协作标准化，提高获客效率。

（5）建立风险控制的意识和初步建立风险控制模型，对大的漏洞及早发现、及早解决。风险控制机制的基础是有清晰的业务审查回顾机制，能用过程数据指导业务分析和决策，再辅以建立从线索到现金（lead to cash，LTC）的业务流程监控机制和内部业务审批机制，一同为业务把关。

（6）建立公司人员培养机制。在培养的内容和方向上，更多集中在对行业、产品知识以及关键技能（比如价值传递）的培养和考核上，以及新员工的培养与落地机制的建立，以达到销售快速上手、发挥作用的目的。这里面有一个关键指标，就是新销售从入职到可以独立做产品介绍和回答客户问题的时间。这个指标也是衡量此阶段销售培养体系建立是否成功的指标。通常这个值要达到小于 1 个月或 1.5 个月。因为业务和产品复杂度不一，此处给出的时间仅供参考。

（7）对于渠道建设，要做到渠道自主获客、自主产单还是比较困难的，因为各种外在条件还不具备。这个阶段，渠道更多是销售触客的管道，更多是在客情和商务上给予业务支持。所以这个阶段，更多的是建立渠道和销售合作机制，以及渠道业务报备和激励机制，促使渠道有动力和公司合作，也初步探索和打磨渠道和销售一起打单的模式。

（8）从重视结果激励和考核逐渐过渡到重视过程激励和考核。结果考核相对滞后，无法对风险、对预期差有更及时的管控。但为了在复制过程中，让结果更加确定，就要把牵引和引导逐步转向过程。过程好会累积到结果好。过程不好，结果也很难尽如人意。所以要搭建完善过程考核指标，确保过程完成的质量，提升过程中各阶段的转化率。

加速扩张阶段：公司在市场推广阶段，实现了获客的标准化和可复制，验证了单位经济模型快速复制的可行性，而在加速扩张阶段，需要在此基础上将复制效率进一步提高，将获客难度和成本进一步降低，逐步建立行业壁垒，更进一步提升市场占有率。为了达到以上目标，销售体系在加速扩张阶段要在以下方面进一步加强。

（1）将销售管理完全制度化和体系化，利用制度和体系，形成组织能力，并进一步带动优化销售团队文化。将公司业务发展建立在组织能力之上，屏蔽个体差异，最大限度降低个人因素的影响，用团队文化感召人，激励人。

（2）要建立标准化人员培养体系。培养体系从之前重视产品、技术和行业背景的培养，向人员能力培养过渡。只有过渡到人员能力培养，才能大幅度降低招聘门槛，才能更进一步降低人员成本，满足规模化人员增长的需求。很多公司到这个阶段，对销售人员基本实现了校招，而关闭了社招通道。本质上就是公司建立了销售能力培养的能力，校招最大限度地降低了人员成本，扩大了人员范围，更重要的是，销售校招培养的成本还要远低于社招培养的成本。

（3）业务管理完全行业化，逐步建立行业壁垒，因此，实现垂直行业的全国统一管理成为企业管理的迫切需求。建立相关垂直行业管理的制度和机制，实现了公司横纵双向的高效管理，实现了全国一盘棋。

（4）升级渠道体系。在市场推广阶段，渠道更多是扮演商务辅助的角色，还不能实现自主获客、自主产单。随着业务发展，以及获客方法的标准化和可复制，在加速扩张阶段就要实现渠道的自主获客、自主产单。这样才能摆脱依靠销售人员的增加而使业务增加的逻辑，真正意义上地扩大市场覆盖，降低销售管理成本，提升获客效率，为加速扩张打下坚实基础。为了达到自主获客、自主产单，在市场推广阶段建立渠道体系的基础上，还要补充渠道赋能机制、渠道能力认证机制，让渠道真正有能力去实现自主产单。另外还要进一步升级渠道奖惩机制，让渠道人员不仅有能力干，更重要的是有意愿去干。因为这个阶段渠道要自主获客，所以还要进一步升级渠道和销售配合机制以及客户引流和划分机制，让渠道和销售的目标都更加明确，进而更有动力去覆盖市场。

（5）再一次升级激励考核机制。在市场推广阶段我们将激励考核从重视结果指标慢慢过渡到重视过程指标，转变到过程及绩效考核阶段。在加速扩张阶段，我们要将激励考核转变到战略绩效运营管理阶段。也就是将激励考核和公司战略紧密结合，指标也要从业务过程指标过渡到战略达成指标，强调通过绩效管理驱动战略实现，最终为实现公司战略服务。

以上概述了不同阶段对销售体系建设提出的不同要求。销售体系的建设不是一蹴而就的，也不是越全、越深越好。每个阶段要解决每个阶段特有的问题，随着发展阶段的不同，面对的问题也会不同，所以要配套不同销售体系以解决相关问题。当然对于销售体系建设，我们的思考既要有系统性，也要有前瞻性和预见性。只有我们对销售体系每一个模块有系统的理解，才能既解决当下问题，还能看清前方的道路，对未来有预见性，能够为业务保驾护航。在后面几章我们会对销售体系各方面建设做系统阐述，以便读者更好地理解和实践销售体系建设。

Chapter 2
第 2 章

销售策略的制定

导言：

　　销售策略，是实现销售目标落地的执行策略。在对市场展开调研分析后，做出对目标市场及客户的选择和分级，制定竞争策略和打法，设计具体行动的实施路径。所以，销售策略是全年销售工作的总纲领。销售策略要明确告诉团队：往哪儿打，怎么打，用什么人打，需要什么资源打。制定销售策略旨在追求销售工作的确定性。

　　对于 CEO 而言，销售策略的制定是业绩管理的重要手段，CEO 务必亲自参与其中，发挥引领与监督的作用。CEO 需要把控方向，验证推理的合理性，并针对制定过程中的关键问题做出决策。

　　主管销售工作的副总裁（简称销售 VP）理应成为销售策略制定工作的主导者。其应当设计销售策略的讨论框架，把控销售策略的落地步骤与节奏，统筹各部门的参与及协作，并对最终制定策略的质量负责。

　　关于销售策略制定的具体办法和路径，将在本章详细讨论。

2.1 销售策略与公司战略的关系

在探讨制定销售策略之前，我们首先需明确一下公司战略与销售策略之间的关系。每个人对公司的战略都有不同的理解和认知。被誉为"竞争战略之父"的美国著名管理学家迈克尔·波特认为："战略是公司为之奋斗的一些终点与公司为达到它们而寻求的路径的结合物，它具有计划性、全局性、长期性的特点。"简单说，公司战略是公司的使命和目标，是公司赖以生存、谋求发展以及获利的准则和方式。而销售策略则是对公司战略的承接、细化与落实。

公司战略中明确的公司经营目标，比如年度业绩目标、市场占有率目标等，这些目标构成了销售策略的目标指向。为了实现这些目标，公司的销售团队有必要将这些目标进行更进一步的细化拆解，比如在公司业绩目标确定后，首要任务便是依据区域、行业、产品、时间等维度对目标进行拆解。此外，为了实现公司目标，还会衍生出一些其他辅助性目标，比如人员的扩充和培养目标、细分行业头部客户的覆盖和复制目标等。还有与之配套的销售体系建设与升级目标，比如渠道体系、价格体系等具体的销售体系建设目标。

公司战略中的原则、方法和策略，同样是销售策略制定过程中需要严格遵守和继承的。销售策略中的竞争策略、打法策略，以及具体行动的落地路径设计，都需要以公司战略为依据和标准，从公司一级部门逐步拆解到二级或是更细颗粒度的部门或团队。例如，倘若公司战略明确要求聚焦某行业的头部市场且希望凭借差异化竞争策略赢得客户，那么在销售策略的客户选择和分层环节就需要依据这个原则，拆解目标行业的头部客户特征，制定客户分层分类的标签，并明确每个二级部门（比如区域部门、子行业部门）对应的头部客户名单。依据筛选后得出的客户特征，基于差异化策略，制定相应的打法和落地路径。最终需要做到，每一个前场最小作战单元都能清晰知晓：往哪儿打，怎么打，用什么人打，需要什么资源打。

制定销售策略的过程，也是不断验证的过程。随着目标被逐层拆解，我们需评估到前场最小作战单元的目标合理性及其实现路径的可靠性。若存在问题，便要重新审视目标的制定与拆解的准确性，判断是否需要优化调整。这个过程一定不是单向的拆解，而应该是上下互动，将拆解中的疑点、难点和思考反馈给管理层，促使管理层对公司战略做出进一步优化和提升。

因此，通过承接、细化和落实，能够使销售策略成为公司战略最有力的支撑。

2.2　销售策略的制定要点

在谈销售策略的制定之前，需要先明确销售策略制定的目标，以便更有效地指导我们制定销售策略。

2.2.1　销售策略制定的目标

销售策略的制定除了上文所述，是公司战略的承接与细化，是明确整个前场团队：往哪儿打，怎么打，用什么人打，需要什么资源打，还需要达到以下几个目标。

1. 投入与产出的数字测算

销售策略制定后可以估算投入费用。比如前场投入的资源：投入多少人，这些人是什么级别，大致的入职时间是什么时候，组织什么样的市场营销活动，一线销售人员的营销费用是多少等。这样大致可以估算出前场投入的费用。对应地，为了达到目标，产品部门、研发部门和生产部门需要配合的生产资料和人员投入等也会相对明确，这些数据也可以大致推算出后场投入的费用。

销售策略还需要对整体和不同维度的细分领域的产出做出预测。比如就某个行业、某个区域、某款产品的产出做出预测，并且将这些预测按时间、收入确认、回款金额等进行分类。

根据投入和产出的数据，可以大致估算公司的盈利与亏损情况。对于盈利，要判断是否符合我们的预期；对于亏损，要判断我们是否可以承受。如果预期结果与公司战略有偏差，我们就要依据数据做更细颗粒度的分析，并决策从哪里下手调整，最终将销售策略调整到预期值内，做到在打仗之前就对全盘有把握。

在局部层面，通过不同维度的投入产出细项预测，我们可以计算出每个区域、每个行业、每款产品的投入产出比和人效。这为二级部门或更小单元进行精准评估提供了依据。将这些局部预测数据与历史数据进行对比，可以为我们制定改进和提升目标提供重要参考。

投入与产出的数字测算，是对未来的预测，也是我们重要的决策依据。所以这就要求预测的数据一定要尽可能地细化、量化且准确。它不能只是概念或模糊的数字，也不能是某人拍脑袋得来的。比如对于销售人员的数量以及对应的售前或技术支持人员的数量的预测，为了准确，我们应该依据上一年的实际经验值、今年人员变动和人员能力的提升预期，以及不同区域、不同行业业务阶段与产出情况，综合考虑给出明确的推导值。所以为了有相对准确的数字测算，我们事前应准确定义每项数据，并且整个推理逻辑应该完整和合理。

2. 一根主线，全盘拉通

销售策略不只是销售部的策略，也不只是为销售部工作做的规划，它应该是整个公司的销售策略。销售人员好比是一支球队的前锋，要想赢得比赛，前场、中场和后场应该步调一致，齐心协力。所以销售策略应该是由销售部牵头制订的全公司的营销计划。以实现公司战略目标为主线，规划销售部门、售前部门、售后部门、中台部门、产品部门、生产/研发部门等部门的行动和资源投入，做到前、中、后场的行动计划互相支撑，协调统一。

所以销售策略制定的过程应该是公司各部门充分协作沟通的过程，是各部门行动计划的相互比照、通盘拉通的过程，更是CEO和管理层不断深化和落实公司战略和经营理念的过程。

3. 实现闭环管理

销售策略不仅是目标和计划，它还需要有具体行动的设计，对行动管理的办法做设计，做到可量化、可检查、可复盘。

销售管理中有句话："如果过程相对完美，那结果也一定不会差。"最终结果是过程结果的积累。在管理上，我们希望问题前置，不希望等最终结果出来了，才发现有问题，到那个时候为时晚矣。所以过程的检查和管控是销售管理中最重要的一环。为了能做到过程管理，销售策略的制定不仅要把目标、策略、计划说清楚，还得针对这些目标、策略、计划，推导出具体落地的任务和行动，这些任务和行动要具体到人，要明确完成的时间和完成的衡量标准。只有这样，销售经理才能在实际工作中有所依据地进行过程管理和监督，从而不断提高行动质量，实现闭环管理。

所以销售策略至少要包含四级内容：目标、策略、行动/动作、衡量指标。

2.2.2 销售策略制定框架模型

销售策略涉及很多方面，关联众多部门。若要在相对有限的时间内制定出销售策略且能够促使各方达成共识，就必须构建一个框架体系以及配套的行为规范，只有这样才能凝聚各部门协同工作，实现有序的成果产出。

制定公司战略和销售策略的方法有很多，其中较流行的，有华为的战略管理框架"五看三定"，以及 IBM 提出的业务领导力模型（business leadership model，BLM）和业务执行力模型（business execution model，BEM）。这些模型在大型公司中都有很好的落地和实践。但据我观察，对于创业公司，尤其是处在天使轮到 C 轮融资阶段的公司，很少有把这些模型在本公司落地成功的案例。究其主要原因，在于那些大公司体系非常完备，并且具备支撑这个体系落地的人力、物力和社会资源，以此保障体系的有效施行。比如以"五看三定"来讲，需要开展大量的市场调研工作，同时也需要丰富的外部信息输入，而这对于很多创业公司是难以完成的任务。此外，受创业公司现有人才水平的限制，驾驭这些复杂模型颇有难度，让现有人员学会且能够实际操作，本身就是一项极为艰巨的工程。所以近年来，很多投入大量精力学习和落实这些模型的创业公司，最后大多收效甚微。

结合创业公司的实际情况，也结合我近年来在创业公司的落地实践经验，我整理出来一套相对简化且容易落地的销售策略制定框架模型。借助这一模型，可以在相对可控的时间范围和投入限度内，制定出契合本公司业务状况和特点的销售策略。

此模型如图 2-1 所示。

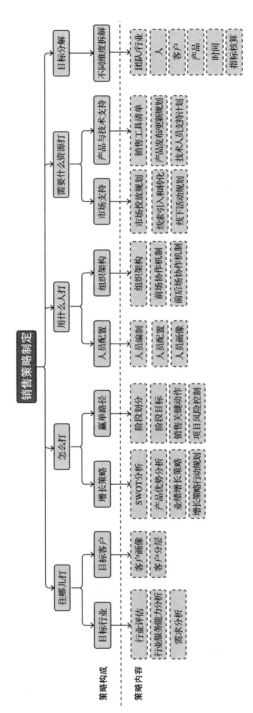

图 2-1 销售策略制定框架模型

这个模型由五部分组成，也是对应回答五个问题。

1. 往哪儿打

在"往哪儿打"这个模块我们要解决两个问题：一个是目标行业选择；另一个是在具体行业中的目标客户选择。

（1）目标行业选择。

对于目标行业选择，我们需要从"外看"和"内看"两个角度着手。

从"外看"时，我们会针对每个行业的规模大小、政策和所处环境等因素开展评估。这里就要考量一个问题，即我们需要考虑将问题探究到何种细致程度。在创业公司里，我们对于行业的熟悉是一个逐步深入的过程。做行业梳理时，并非旨在把行业研究做得很广、很深，而是要在有限的认知和资源情况下，对行业进行排序，找到最值得深入的行业。在 PSF 阶段和 PMF 阶段，更多的工作还是围绕匹配和验证展开，在行业应用方面更多是寻求破局，所以我们可以不追求全面性，而是采用依据关键维度打分的方式，对结果做排序，用最小的代价达到我们的目的。

从考量维度来看，除了行业规模、行业潜力、产业政策以及发展环境，客户使用该产品的意识与水平、对产品功能和方案的敏感度等方面，都是这个阶段需要特别关注的。

另外，为了使结果更接近真实情况，在每一项打分背后，打分人理应给出相应的理由或评述。评述既是思考结果，也是思考的过程。在汇总信息时，我们不仅要关注打分结果，更要重视与打分对应的评述。我们希望不仅在打分上大家的认知趋同，还在思考逻辑和思考角度上趋同，从而最终对结果达成一致。当认知达到高度一致时，也是我们离真实情况最近的时候。为提升此过程的效率，设计了行业评估表，如表 2-1 所示，帮助大家对行业进行打分。

表 2-1　行业评估表

行业评估表：单个行业详细分析		
待评估目标行业：（细分行业名称）		
打分标准：0~5 分。和行业平均水平对比，0~1，低；2~3，中；4~5，高。累加单个行业的各维度评估分数		
评估内容	打分	评述（要有细项和具体描述）
行业产值排名和比重		
产业政策和发展环境		
客户数量与规模		
客户使用该产品的意识与水平		
对产品功能和方案的敏感度		
公司竞争地位和影响力		
市场潜力		
选中的重点目标行业：		

在此过程中，还有另外一个需要留意的要点，即行业划分的颗粒度。在实际工作中，我们都会把行业划分得较为粗略，但实际情况是，在一个大行业里，细分行业之间还是有很多差异的。比如我们通常所说的金融行业，若进行细分，至少可以分为银行、证券、基金、保险和小金融[注]等子行业。银行行业的需求和决策模式与保险行业、证券行业有很大的区别。我们细分行业的目的就是希望从行业角度找到某类客户的共性特征，并依据此共性来设计销售策略，即人员的行动方案，从而实现销售人员行为的可复制性，提高行动效率。同时，我们对该行业的需求、场景、决策逻辑的了解和归纳越清晰，我们越能制定出更有针对性、更有效的销售人员行动。所以，我们细分行业的原则是看客户的需求、使用

注　指提供小额存贷款、支付结算、财务管理等金融服务的公司。

场景、决策逻辑是否一致,当趋同时我们就将它们归为一类,不一样的就要分开。

向"内看"时,主要是审视我们自身在该行业的积累,以及资源准备的程度。在考量的维度上,我们开展行业分析最根本的目的是要在行业内达到规模化复制,所以应该聚焦于那些决定我们在行业内能够实现规模化复制的维度。表2-2所示的行业能力分析表可以作为向"内看"的参考。

表2-2 行业能力分析表

行业能力分析表					
行业名称					
考量维度	0~2	3~5	6~8	得分	待改进点描述
市场	无行业市场投放,无专项行业活动	有适当投放,力度一般	有专业、持续投放,有较强认知度		
销售	无行业资源部署,无行业销售经验、能力	有资源部署,有一定行业销售经验、能力	资源长期部署,行业销售经验较多、能力较强		
售前	无行业售前顾问,无行业售前经验	有部分售前经验,可做部分售前工作	有资深行业顾问或专家,具备专业售前能力		
应用场景	无明确使用场景	有使用场景但不能完全覆盖	有明确使用场景		
解决方案	无行业方案	有方案,专业、完整性一般	方案完整、专业,有竞争力		
产品	标准产品/标准应用	有部分行业应用,满足部分行业需求	行业应用成熟,可满足深入应用		
交付	无行业交付能力,无行业交付经验	可交付少量局部应用,有部分行业交付经验	成功交付多家全面应用,有丰富交付经验		
样板用户	无样板	有1~2家/局部应用区域样板	深入应用全国样板		

向"内看"的过程本质上也是自检的过程。通常在打仗过程中很难以第三方视角审视自己，总是自认为在某个行业已经做了很多工作，但往往实际情况和自我认知存在偏差。正好可以趁此机会看清自己在该行业内的积累和储备水平，判断是否已经具备了规模复制的条件。倘若尚不具备，那么还欠缺什么，差距有多大。自检结果对我们制定销售策略具有重要的指导作用。

（2）目标客户选择。

当我们确定一个细分行业后，接下来便需要对该行业中的具体客户展开梳理工作。

在此有两个问题需要预先阐释清楚：

- 是不是在选择了一个细分行业后，该行业内的客户都是我们的客户？
- 在一个细分行业内的客户，是不是应该无差别地对待，在第一时间就全面覆盖？

两个问题的答案显然都是否定的。看似答案很明确，大家一定会认为我们不可能犯这种低级错误，但往往在实践中，这种错误却经常出现。这两个问题对应实践中经常发生的两个场景。一个场景是在招聘销售人员时，一定是希望他们具备行业经验，如此一来，他们或多或少都会自带一些熟悉的客户资源。所以入职后，当销售人员问销售经理应该从哪儿开始干起时，销售经理通常会指示他们从熟悉的客户干起。但过了一段时间，销售人员会向经理反馈，该客户现阶段条件还不成熟，并非公司的目标客户，所以放弃了这个客户，接着去寻找下一个客户，这是对资源极大的浪费。实际上，一开始我们就应当深入思考，这个销售人员熟悉的客户是公司当前阶段的目标客户吗？销售人员熟悉的客户是公司要最优先覆盖的客户吗？

另一个场景是我们会借助市场活动引流，从而带来很多销售线索和机会，还会从代理商那里获得很多销售机会。这些机会分配给销售人员后，销售人员会无差别地跟进，耗费大量时间和精力不断甄别，最终才筛选出有明确意向的客户。这个过程不但漫长，而且非常耗费精力。最终筛选下来的客户，是当下阶段在细分行业里最需要优先覆盖的客户吗？上述两个场景是不是我们日常工作中经常发生的事情？看似大家没异议的问题，却还是在现实中成为我们开展业务的绊脚石。

为解决这些问题，在制定销售策略时，首先要明确谁是我们的目标客户以及客户覆盖的优先级。

确定谁是我们的目标客户，需要对客户进行特性抽取，将其共有的特性提炼并描述出来。比如，如果我是卖水冷机房的，那肯定对机房的面积、计算单元数量以及机房基础条件是有要求的。另外，买水冷机房的客户通常对机房的可靠性也有比较高的要求。**这些特性都是客观成交需要具备的条件，也就成为我们选择客户的标准。这些特性的集合便是我们经常说的"客户画像"。但要强调的是，客户画像不是一成不变的，随着市场深入拓展、产品持续迭代，客户画像也是需要不断更新的。**

一般情况下，提炼出特性后，客户画像也就清晰了，大家往往觉得可以采取行动了。实际上，客户画像仅仅描绘了我们理想中的客户模样，但未指明哪些不是我们的客户。**跟进非目标客户，纯粹是对资源的浪费，是拉低我们工作效率的最大黑手**，所以在面对非目标客户时，要在第一时间果断放弃，而非在销售人员花费一段时间和精力后才放弃。为了能够在第一时间确定是否放弃，我们必须在明确目标客户画像的基础上，进一步明确非目标客户的特性描述。**非目标客户的特性越具体越好，越容易判断越好**，以便让销售人员在初次电话联系或第一次拜访时就能做出判断。不要轻视非目标客户的特性描述，据我观察，就这一个小小的举动，至少可以让新入职销售人员的工作效率提升10%。

客户分层，是指依据人为设定来确定销售人员跟进客户的优先级，以及针对不同客户的资源投入程度。如果做客户分层，首先需要列明客户清单。客户清单也是做销售业绩预测的基础，若在初期阶段看不到具体客户和具体项目，那行业的产出预测也将是非常缺乏说服力的。在客户分层方面，要结合自身业务的实际情况进行分类。通常情况下，建议分为两大类：第一类是已归属客户（named account，NA），此类客户有很强的归属性质，由专属销售负责跟进；第二类是非NA客户，此类客户没有明确的销售跟进。

至于客户分级，建议至少分为三个等级。第一等级是战略客户/关键客户（key account，KA），这类客户在行业内有较强的影响力，可作为行业标杆的头部客户，或是预期能够带来比较高收入的客户，这些客户是在行业中必须拿下的客户，一个行业内KA客户一般不超过20个。第二等级是个人重点客户（personal account，PA），是相对于KA客户来说的行业肩部或腰部客户，需要销售人员主动拓展覆盖。原则上，一个销售人员持有20~30个PA客户。KA客户和PA客户共同构成了公司的NA客户。这些客户需要逐一详细罗列，并且要明确到具体负责的销售人员，是要特别关注覆盖和跟进进展的客户。第三等级就是储备客户或公海客户，此类客户属于非NA客户范畴，是指除了KA客户和PA客户以外的，并且在我们销售画像内的，对其没有强制要求销售强覆盖或没有明确归属销售的客户。

客户分层本质上是一种战略选择，也是对销售行为的规范。分层后的客户需要销售人员强有力地跟进，同时，我们要密切关注KA客户和PA客户的跟进状况，并协同销售人员一起分析和制订具体的行动计划，也就是通常所说的制订客户经营计划,以保障对这类客户的业务的顺利推进以及按时按质地达成业绩。关于如何制订客户经营计划,首先需要确定谁是我们的目标客户,可以参考表2-3进行目标客户选择,我们将会在第6章销售过程管理予以详细阐述。

表2-3 目标客户选择

目标客户选择									
区域	行业	子行业	NA客户特性描述	非NA客户特性描述	KA客户画像	KA客户名单	PA客户画像	PA客户名单

到这里,行业选择以及目标客户的选择与分类就完成了。

2. 怎么打

"怎么打"这部分是整个销售策略制定的核心,这部分主要说明两个层面的问题:

- 在具体的行业或区域内,我们所采用的销售策略是什么,以及对应销售策略的销售人员行动、行动结果衡量指标是什么,这就是行业/区域销售策略。

- 针对单一客户，我们所采用的销售策略是什么，以及对应的从触客到成单总共分为几个阶段，每个阶段的具体打法、销售行动以及行动结果衡量指标分别是什么，这就是单个客户的销售策略。

做到这两点，才能真正实现"策略有效，制定到位"。所以接下来，这部分内容我们分两个层面来探讨。

（1）行业/区域销售策略（增长策略）。

在"增长策略"这部分主要解决的就是"怎么打"的第一个层面的问题，即如何制定行业/区域销售策略，以及明确销售人员承接销售策略所需的行动计划和结果衡量指标。

首先，我们仍需借助传统的态势分析方法，即 SWOT 分析法，对企业所处的竞争环境展开分析。从全局视角出发，正视企业所处的竞争地位，以及机会、优势、劣势和威胁的具体结论和描述，以指导后续增长策略的制定。这个分析在现实中通常都会做，但许多人却认为它对实际工作的指导价值有限，最终使其沦为形式主义的走过场。在我看来，SWOT 分析如同一个标尺，在分析了机会、优势、劣势和威胁后，一年后需验证结果：增长是不是从机会中来的，增长过程中是不是发挥和体现了企业优势；劣势在这一年里是不是被有效规避且劣势差距缩小了；威胁是否还存在，是否找到好的解决方法。所以 SWOT 分析是个标尺，是比照物。同时，为了达到上述目标，在制定策略时，要关注是否真的参考和融入了 SWOT 分析的结果，SWOT 分析是否真正起到了指引作用。这个分析方法很常用，在这里不再过多阐述具体落地的实施细节，但要强调的是，实践中一定要做，不能忽略，并且每一项不只要有结论，还必须配上具体描述和佐证。一方面是追求结论的准确度，另一方面则是为后续策略的优化与改进提供不可或缺的依据。

对于创业公司来说，分析自己往往比研究对手更重要。在创业初期，我们不是要做市场的统治者，而是做轻骑兵，快速增长才是我们追求的目标。此外，我们期望在快速增长中，建立市场优势，依靠独特的产品、技术打天下，并且希望利用自身产品和技术去引领客户需求，以此重新定义市场，建立自己的市场优势。因此，**以己为准，发挥自身优势，让客户快速感知产品的优势和价值，才是更为迫切需要解决的问题**。所以在宏观态势分析后，最重要的是梳理自己产品的优势和价值，以及梳理传递优势和价值的方法，即对 SWOT 分析做进一步细化，旨在提高销售人员行动的标准化和有效性。

在产品优势及传递方法的分析和梳理过程中，大家可以参考表 2-4。

表 2-4 产品优势及传递方法

产品优势及传递方法							
行业	触达客户路径/方法	主打业务场景	技术场景	优势/价值点	价值传递方法	劣势/风险点	规避/应对方法

在总结产品的优势和价值点时，我们常会发现内容繁多且与竞争对手相比可能存在共性。我们要认识到，当一个客户决定选择某一产品时，一定不是它全方位都好才会选择的，**往往是该产品的某一两个点正好是**

客户特别关心且能满足当下客户重点需求的。所以有两个关键点,一个是客户的考虑点不会太多,可能就 1~2 个,其次一定是满足客户当下最迫切的需求。 所以,在提炼优势和价值点时,一定要有重点,而不是把所有要点都罗列上去。

另外,客户需求一定是在某个使用场景里实现的,所以要回归到使用场景中,结合实际应用情形总结客户最迫切的需求和痛点,并依据这些来介绍产品的优势和价值点。因此,我们首先要区分不同的使用场景,然后再定义在这个场景下,希望客户感受到哪些优势和价值点。

当优势和价值点梳理清楚后,就要解决怎么让客户在最短时间内感知并认同这些优势和价值点,这就需要设计销售行动。

任何一次销售行动都应该是经过精心设计的。为什么要设计,还需精心设计?

因为产品优势都是相对的,没有哪个优势是处在绝对的领先地位,如果真是绝对的领先地位,客户会主动前来购买。

客户能够明显感受到的相对优势,必然是在一个稳定的比较框架下展现的。因此,我们需要精心构建这样相对稳定的比较环境。比如我曾经辅导过一家做安全防护类设备的公司,这家公司有一款针对视频加密和防泄露的产品。这款产品的最大优势就是普适能力强、兼容性好,可以做到不更换客户现有网络摄像机和网络视频录像机就可以使用,在该产品的宣传材料里大量用到"零改造""即插即用"等词。然而,因为这种词太常见且客户第一感觉有夸大宣传的嫌疑,所以客户会选择直接无视。另外,即使销售在现场讲解时再三强调,客户在感知上也不知道这个优点到底对自己意味着什么,能给自己带来什么实际的好处。这一点属于相对优势,对于之前对此类产品接触比较多的、不能花大笔钱做重新建设的客户,这一优势特别突出。而对于本身历史建设比较少的或是没有该方面建设的客户来说，这一点就不是优势了。所以为了让这类客户理解，得给客户讲一个更长的故事。那怎样才能避免客户的无视和无感知，并且这个过程时间要尽量短、代价要尽量小（比如大规模测试、比拼，这本身是很耗资源的）？那优势和价值点的传递就需要被设计。

首先，在介绍产品之前，站在客户角度为客户拆解项目投入和改造成本，引导客户关注整个项目成本。其次，整理出已成客户项目综合投入对比表，让客户实际感受到在资金投入和性价比等方面的差异。最后，在介绍产品时不再使用"零改造""即插即用"等概念词，而是从项目实际实施角度出发，阐述不同方案用以满足客户的不同要求，以及客户需要开展的相应操作。为此，他们还让技术部门定制了专门的视频，用图文并茂的方式给客户做展示。这个举动首先引导了客户思考的方向和层面，从纯技术层面扩展到资金投入和实施难易的层面。另外，这个方法不用重复给客户强调产品优势、不用实地测试，也能让客户简单、快速地理解产品优势，并将这个优势深深印在脑子里，把产品优势变成客户自己的需求。客户也会拿这一点去要求竞争对手，变成对竞争对手的要求。

如果我们的销售行动都是经过精心设计的，那么我们还可以从被动响应的销售方式转变成主动引导。如同上述例子，我们有意识地引导客户思考方向和层面，引导客观认知和需求，也就是在制定市场的衡量标准，这应该是最高阶的营销方式了。

如果销售行动都是经过精心设计的，我们还可以以此规范销售行动，并提炼出销售行动的**最佳实践**，指引销售人员的工作。最佳实践可以促使我们不断优化销售行动。设计销售行动是培养新销售人员的好办法，也是对资深销售人员的行为不断提升和规范的好方法。

如果销售行动都是经过精心设计的,我们便能更具有针对性地筹备与规范支持销售行动的资源及支撑举措,极大地降低销售支持的难度,提高整个销售的支持效率。

销售行动的精心设计涵盖一系列动作与动作规范,必须逐一明确和规范。当然,任何方法在实施过程中都会伴随着劣势和风险点,对于这些劣势和风险点还需要提前准备规避和应对的办法。只有这样,才能保障设计过的销售行动在实践中可落地、风险可控。

至此,通过表2-4把产品优势及传递方法推导出来,进而针对如何突出产品优势,也制订了销售的行动计划与行动规范操作指南。

接下来需制定业绩增长策略和增长策略行动规划。在谈这个问题之前,我们首先得明确什么是业绩增长的底层逻辑,也就是业绩产生的路径,如图2-2所示。

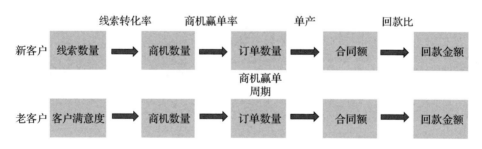

图2-2 业绩产生的路径

无论你用什么办法,业绩的增长都是通过提升业绩产生路径中的一步或多步的转化率而得以实现的。所以,如果希望最终业绩提高,便需要提高每一步的转化率。依据图2-2,我们可以得出如下公式:

$$
\begin{aligned}
线索数量 \times 线索转化率 \times 商机赢单率 &= 订单数量 \times 单产 \\
&= 合同额 \times 回款比 \\
&= 回款金额
\end{aligned}
$$

业绩和以下因素有关：线索数量、线索转化率、商机赢单率、商机赢单周期、单产。

我们把以上五个因素统称为"业绩五因素"。

再看下面两个公式：

$$\frac{线索数量\times 线索转化率\times 商机赢单率\times 单产}{商机赢单周期}=\frac{1.1\times 1.1\times 1.1\times 1.1}{0.9}\approx 163\%$$

$$\frac{线索数量\times 线索转化率\times 商机赢单率\times 单产}{商机赢单周期}=\frac{0.9\times 0.9\times 0.9\times 0.9}{1.1}\approx 60\%$$

从这两个公式可以看出，如果影响销售业绩五因素，每个影响因素能提高10%，我们的业绩将提高63%。如果每个影响因素都降低10%，那我们的业绩将减少40%。从正增长63%到负增长40%，波动幅度是巨大的。所以，要想提高业绩，最重要的就是提高销售业绩五因素中的线索转化率并提高回款比，以此提高本年度的回款金额。

所有的销售增长策略都要围绕这几个影响因素来展开。

那影响业绩五因素的主体分别是谁？与之对应的有以下几个主体：市场部、客户、销售人员、售前人员或技术支持、产品或服务人员。我们把这几个主体统称为"业绩五主体[一]"。也就是说，如果我们找到业绩五主体影响业绩五因素的办法，那我们就能实现业绩增长目标。

我们可以总结出如表2-5所示的业绩增长策略。

业绩五主体 × 业绩五因素 =25个有效业绩增长策略。

对于业绩增长策略的制定，我给出表2-6这个案例供大家理解和参考。

[一] 是五个主体，每个主体里面包含不同的角色，比如售前人员和技术支持是一个主体。

表 2-5 业绩增长策略

销售策略		市场部	客户	销售人员	售前人员	技术支持	产品	服务人员
获客线索增加								
线索转化率提高								
赢单率	新商机赢单率的提高							
	复购率的提高							
	商机跟进时间缩短							
项目单产提高								
确认优化及回款优化								

表 2-6 业绩增长策略（案例）

销售策略		市场部	客户	销售人员	售前人员	技术支持	产品	服务人员
获客线索增加		增加行业会议的参与，包括参会和发言		通过行业协会获得行业动向和需求，如出台改造相关的计划				
		增加网络媒体的传播，包括定期给行业客户推送优秀的微信公众号文章		组织新客户与该产品标杆客户的交流				
线索转化率提高				活动线索判断和选择性跟进	差异化竞争优势的体现			
				形成行业内的标准打法和指导	提供针对性的案例分析和解决方案			
				提炼方案价值，有效触达客户	总结和准备针对性的产品验证（POC）方案，提升 POC 赢率			产品技术过硬，愿意根据市场需求做适度调整和技术倾斜	强竞争环境下的价格支持
赢单率	新商机赢单率的提高		摸清客户组织架构关系，梳理各条线，找出决策路径，加强关键决策人的客户关系，培养支持者	拥有价值销售和关系型销售的能力	解决方案价值传递到位			
	复购率的提高			做好客户成功	做好客户成功	做好客户成功	提升产品的稳定性和易用性	
	商机跟进时间缩短			寻找核心重大项目的机会	做好核心项目解决方案和 POC			
项目单产提高				优化产品组合	节点数的合理设计			
				服务包、工具包、赋能培训等设计				
				为二期扩容做好销售垫				
确认优化及回款优化								

每个主体应该负责制定自己对业绩五因素的改进策略，将这些策略拼成一整张图，就是公司整体的业绩增长策略。

在实际中，是不是这25个策略都能罗列出来且付诸行动？答案是否定的。每个因素都有它自己的最大卡点。这个最大卡点可能只跟1～2个主体有关，一般不会跟5个主体都有关，所以要提升这个因素的转化率，就要找到最关键的方法。另外，因为公司整体资源是有限的，在一年内，也很难做到多个业绩增长策略的落地。在实际中，我们可以先拟出这25个有效业绩增长策略，然后做比较，做减法，最终留下直接影响转化率且最容易落地的3～5个业绩增长策略。

业绩增长策略制定好了，那接下来就是怎么把这些策略落实到位。

依据业绩增长策略，我们就要制订增长策略行动规划。增长策略行动规划是对每一个策略做更深入的拆解，拆解到人员行动、具体时间，以及每个行动的衡量指标和标准。

大家看表2-7可能有些抽象，我给大家举一个例子做参考和示意，如表2-8所示。

至此行业/区域销售策略以及策略对应的销售行动及行动结果衡量指标，我们就拆解完成了。行业/区域销售策略不仅明确了增长策略，也明确了每个策略的行动主体、行动时间、行动指标和标准，实现了策略的目标、策略、行动/动作、结果四层的贯穿，如图2-3所示，为过程监控、质量检查和复盘铺平了道路。

（2）单个客户销售策略（赢单路径）。

在增长策略部分，我们讲述了如何制定具体的行业/区域销售策略和行动规划，此外，我们还要明确在单一客户、单一项目中的具体策略和打法。

表 2-7 增长策略行动规划

区域	行业	增长策略	策略衡量标准	销售行动	售前行动	售后行动	产品行动	时间（季度）	行动衡量指标	行动衡量标准

表 2-8 增长策略行动规划（案例）

区域	行业	增长策略	策略衡量标准	销售行动	售前行动	售后行动	产品行动	时间（季度）	行动衡量指标	行动衡量标准
A区域	A行业	横向做宽	新增客户数量	头部券商攻坚插旗，从点到线再到面，逐步打开局面，再带动中腰部券商的拓展	打磨好行业解决方案，形成行业内的标准打法和指导	对于新客户攻坚，协助售前部分做好POC和部分提前交付工作，主动往前站一站	产品在功能和性能方面存在局限，待提升	全年	新增客户数量	新增客户数量达到10个

（续）

增长策略行动规划

区域	行业	增长策略	策略衡量标准	销售行动	售前行动	售后行动	产品行动	时间（季度）	行动衡量指标	行动衡量标准
A区域	A行业	纵向做深	老客户持续挖掘新商机数	重点客户要在深水区发展，做好客户成功，逐渐在深挖掘，先易后难，逐步突破核心要站稳脚跟，还是突破核心场景（在证券行业需要突破核心场景）	提炼方案价值，有效触达客户；差异化竞争优势的体现	老客户做好售后支持，以及持续做好客户成功	简易系统外行业的重要业务系统，包括核心系统，多数都是甲骨文数据库替换，看重高性能，需要产品侧的支持	第二季度	客户增购签约额占老客户签约额的比例	客户增购签约额占老客户签约额的比例达到30%以上
A区域	A行业	做好客户成功	老客户的续签和增购率	客户关系是销售的第一生产力，持续维护客情关系，培养发展更多客户线的支持者。全面拓展客户，建立结构化客情和组织化客情，搞定决策单人。不同位置上的关键人是最重要的	深入了解客户侧的业务，挖掘更多适合我们的应用场景，持续与客户沟通交流，加强与客户的黏性。生产中支持好新项目试点的服务响应	以高效专业的技术服务，持续获得客户的认可和信任，成为客户的并肩战友	对于客户反馈的产品问题，产品研发部门可以给予足够的重视，并想办法解决	第三、四季度	客户续签比例	客户续签比例达到上年度签约比例

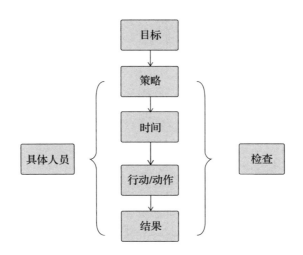

图 2-3 策略的目标、策略、行动/动作、结果四层贯穿

首先我们拆解一个项目的赢单流程,也就是我们所说的"赢单路径",赢单路径的销售阶段如图 2-4 所示。

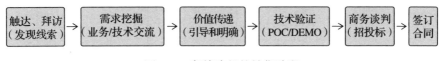

图 2-4 赢单路径的销售阶段

图 2-4 是一个相对标准的赢单路径的销售阶段,每个客户的项目从触客到成单都可以像上述描述一样,把流程划分为几个阶段,每个阶段定义出关键行动和里程碑。

对于一个单子我们不仅看重它的输赢,更要看重时间,也就是从触客到成单的用时。我们希望能赢且用时越短越好。那为了达到这个目的,理论上我们只要做好每一步且每一步都高效即可,所以我们对每一步进行分解,如表 2-9 所示。

表 2-9　赢单路径

销售阶段名称	客户采购行为	销售阶段任务	销售关键动作	售前关键动作	销售最佳实践	客户支持行为	我方交付成果	阶段留存信息	阶段转化标准	最长停留周期	销售工具清单
触达、拜访（发现线索）	调研市场、收集信息（包括名目不限于产品供应商、同行）	进入短名单									
需求挖掘（业务/技术交流）	使用端参与制定标、需求确认	了解需求，梳理决策链，绘制作战地图									
价值传递（引导和明确）	预算、技术指标、需求确认	引导需求，传递价值									
技术验证（POC/DEMO）	测试方法、评判标准	确定解决方案可行性									
商务谈判（招投标）	招标/商务谈判	价格谈判									
签订合同	报批	推进流程，尽快签约									

每一阶段我们应该明确里程碑（转化标准）、销售本阶段的关键任务和关键动作、配合支持人员（比如售前和其他角色）的行为，以及在本阶段需要用到的销售素材和工具。这几部分其实是在定义销售人员的标准化动作以及动作的执行标准。如果可以把每个阶段的动作拆得相对细致且有最佳实践的提炼，就可以把相对不确定的销售过程变得相对确定，把复杂流程简化，并且销售动作可以复制和传承。这样，最重要的是，可以对相对复杂的过程进行监控和评价。

我们审视一个项目，除看项目进行的阶段、销售人员的行为外，还要关注项目的风险。因为项目风险的发现与解决会直接影响我们的赢单率。那么风险点如何发现？首先是销售人员在跟进中察觉到风险点，他自己会有一个判断。但光靠销售人员自己发现，是远远不够的。人性是"趋利避害"的，有些风险点销售人员会无视，做不到真正反映项目风险点。所以作为管理者，要有方法帮助销售人员判断项目风险点。管理者可以从项目的"最长停留周期"和"客户支持行为"两个方面入手。

我们常听到一句话：久拖必有妖。大家可以回想一下自己管理的项目，当客户说"很忙""最近没有时间顾及""这个事不急，再等等"时，往往项目推进的结果都不会太好。要么是这个项目在客户眼里已经不再重要了，要么就是项目有变化，改变了客户的既定进程。出现这种情况，只是客户不好和你直说。客户走每一步一定有他的计划，所以通常超过既定标准时间，往往预示着风险的存在。

在项目进程中，我们会和客户多次交流，但因为各种原因，客户表述会含糊甚至不真实，我们不能只靠听他说了什么来做判断，更重要的是看他的行为，行为一定最真实。所以我们要提炼出客户什么样的行为代表他对这个阶段的工作或进展满意。然后关注客户的每个行为，将其与提炼的客户认可行为做比照，如果出现一致，说明进展还算顺利，如果没有出现一致，至少代表不确定客户是否真的支持你。

很多企业是没有梳理过自己业务的"赢单路径"的，但并不妨碍销售人员的售卖，甚至不妨碍销售人员签订很大、很重要的订单。这类企业的销售人员的行为一定是因人而异的，我们经常形容这种现象为"八仙过海，各显其能"。如果任由每个销售人员自己"发挥"，而没有办法将销售行为规范、统一，业务的规模化发展也就无法实现。所以我们追求的是销售行为的可复制、可规模化、可监控、可检查、可优化，最终实现整个业务的规模化发展。同时我们也必须承认，做到上述标准，不是一件容易的事情。它需要我们有一个好的落地"框架"，按此框架对业务的每一个阶段的每一个行为进行提炼，同时吸收外部好的方法论，最终确定销售人员的标准化行为。表2-9正是这样一个框架，让销售标准化行为的制定有很好的落地方法和路径。

"行业/区域销售策略（增长策略）"和"单个客户销售策略（赢单路径）"说清楚了新一年我们"怎么打"。接下来说"用什么人打"。

3. 用什么人打

"用什么人打"这部分是要说明人员配置以及组织架构问题。

（1）人员配置。

人员配置是要说清楚基于业绩目标需要配置的人员角色、数量以及现有团队人员的调整。

我们可以按表2-10做更详细的拆解。

表 2-10 人员配置

所在区域	主要行业	角色	团队名称	业绩指标	量化指标					组织与人才发展计划			
					人员编制	人均单产	人均年薪	人员预算	现有胜任人数	调整替换人数	招聘引入人数	招聘引入时间	能力建设计划
		销售人员											
		售前人员											
		售后人员/实施人员											

人员配置

这里有几个事项需要明确：

- 业绩目标和销售人员数量是孪生指标，两者同比例增加和减少。不可能为完成业绩无限增加销售人员，而应该考虑的是在合理业绩增长前提下的人员要求。
- 合理业绩增长是不同维度拆解验算的结果，在合理基础上有一定的挑战。在这个基础上，考虑到老员工的能力以及产品市场的不断成熟和效率的提高，要给每个老员工一个合理任务值（怎么设定合理任务值，可参考第 3 章销售绩效考核和激励）。对于新员工，要考虑入职时间和以往平均新人成单时间和产出额，应该给每个新员工设定一个针对性目标。实践中往往会给新人统一一个值，这是不合理的，也是预测中的一个大坑，所以应该尽量把新人的任务制定得更细致、更合理。
- 用业绩目标和个人任务值来推导人数。当然这里面还要考虑到主动和被动离职对业绩的影响，需要留出一定的弹性空间。
- 虽然按业绩拆解到人，但在实际中，团队销售经理的业绩目标是不应该随团队人员变化而变化的，因为招聘和管理本身就是销售经理工作最重要的组成部分。
- 先确定销售人员的数量，再确定支持人员（比如售前和售后等角色）的数量。

（2）组织架构。

看到组织架构这个词，大部分人想到的是公司内部的部门设定，这样理解还是比较片面的。组织架构表达的是公司内部的运作机制。它不仅要说明公司内部的部门设定，还要说明汇报关系、业务流程、部门间的协作机制及部门间的信息流转机制。它可以归纳为三个流：汇报审批流、信息流、工作流。规定好这三个流，才能真正让一群人有效地工作和配合。

组织架构的设定，服务于公司战略和组织建设目标，应该单独进行且随公司战略的升级而不断调整。所以在实践中，不建议在销售策略制定部分讨论组织架构，而是在公司战略层面做考量和优化。在销售策略制定时要考量组织架构对销售策略的影响。

4. 需要什么资源打

"需要什么资源打"是要说明需要什么样的配套资源来支撑销售目标的达成。达成销售目标需要的资源，可以大致分成三部分。第一部分是销售线索引流。公司不断在市场上提升知名度且不断在特定领域投放广告宣传，引发客户产生兴趣，就产生了销售线索，线索数量和质量直接影响销售业绩。第二部分是销售过程的支撑资源，也就是在前文赢单路径和增长策略中叙述说明的支持资源。第三部分是产品与技术支持。产品是龙头，产品特性决定销售方向，同时产品也要为目标市场服务，我们的最终追求是业绩和市场份额的双增长。另外在售前、售中和售后都离不开技术支撑。

销售过程的支撑资源和产品与技术支持的支撑资源在"怎么打"和"用什么人打"这两部分做过详细拆解，这里不再赘述。"需要什么资源打"更多是对销售线索引流部分所需资源的拆解和明确。

（1）市场支持。

一切市场活动都是为公司形象和获客引流做服务。引流获得的销售线索的数量和质量对公司业绩会产生直接影响，所以在销售策略制定的时候要对其有明确规划。

我给出一个市场与销售活动规划的框架，如表2-11所示。

表 2-11　市场与销售活动规划

市场与销售活动规划

品牌传播专项：

专项名称	目标人群	目标效果			工具/通道	预计时间	预算	负责人
小计								

市场活动专项：

专项名称	目标人群	参会人员数量	重点参会人	邀请角色	主题	贡献线索量	举办场次	量化价值	预计时间	场均预算	预算	负责人
小计												

销售活动专项：

专项名称	目标人群	参会人员数量	重点参会人	邀请角色	主题	贡献线索量	举办场次	量化价值	预计时间	场均预算	预算	负责人
小计												

对市场与销售活动的规划可以从三方面拆解。

第一部分是品牌传播，主要是针对品牌建设和形象建设做的专项工作。

第二部分是公司在市场上参加的通用市场活动，以及本公司自己组织的产品发布、用户大会等。它有两个作用，一个是品牌宣传，另一个是在一定范围内引流。这部分需要关注投入产出比，需要量化活动产生的内在价值以及对应的销售线索数量。

第三部分是针对特定领域、特定人群的专项市场活动。市场活动之前已阐述过，最大的作用是品牌宣传和获客引流。针对获客引流我们还可以进一步拆解为销售线索和客户触达。对于销售线索，更多是广撒网，产生更多购买意向，然后销售去跟进，最终成单。这种方式的好处是线索数量增加了，不足是不够精准，不精准也就带来销售客户触达效率的低下。之前我们在行业选择和客户选择部分也谈到，我们对客户不能"一视同仁"，不能无差别对待，所以我们把客户分成了 KA 客户、LA 客户和非 NA 客户。目的就是让销售活动更聚焦。而对于 KA 客户和 LA 客户，销售的第一步就是去触达。怎么触达，怎么找到客户的关键人往往是销售的第一道门槛。对于客户触达，大部分公司都是依赖销售人员自己的人脉以及销售人员的陌生拜访解决。这种办法对销售人员水平和能力的要求比较高，也就会使销售成本提高，招聘难度也更高。所以第三部分的销售活动专项最重要的目标不是带来多少条线索，而是尽可能精准、高效地触达特定客户人群，以支撑销售跨越第一道坎。

我们为销售活动专项举个例子。比如想要快速触达某一类金融客户，一个一个地陌生拜访一定是效率很低的。我们就要想怎么样在一次活动中尽量多地触达一类客户。之所以称为一类客户，是因为他们在产品的基本使用场景和面对的问题方面是大致相同的。每个客户对这些问题的重视程度不一样，如果很重视，会变成客户工作KPI的一部分，即使不在KPI里，也是客户需要关注的事情。站在客户的角度，客户一定有了解行业内通用解决办法的意愿。所以我们要从帮助客户实现他自己的KPI的角度去思考，什么样的话题是客户普遍关心的，什么样的活动是能满足他的实际需求的。另外在一类客户里，同岗位的人，他们或多或少会互相认识，也在不同场合有过沟通和交流。那么这些人里一定会有相对活跃的"积极分子"或者"意见领袖"。积极分子或意见领袖有组织这一类客户的能量，也具备影响他人的能力。所以我们可以找到这类人并与其沟通，利用其能量和影响力，组织和影响该类客户群体。有了共同的场景和问题，有"意见领袖"的组织和影响，我们就可以组织一个专项活动。在这个活动上我们可以做到快速触达。利用意见领袖的影响，把我们的主张和观点融入讨论，最终潜移默化影响与会者的想法和认知。所以专项活动可能单次成本高，但可以很精准、很高效地解决触达问题，更能解决价值传递的问题。

需要注意的是，第三部分的活动规划需要由销售人员提出，市场部门配合在市场上找到相应资源，支撑该活动举行。但这一切的前提是销售人员要对特定领域、特定客户有一定认知，要在行业选择、客户选择、场景描述里有深入理解和总结。销售人员的这种认知越深，活动举办的效果会越好。

专项活动有明确规划、产出预期和时间，之后就可以执行落地了。

（2）产品与技术支持。

产品与技术支持贯穿售前、售中和售后的各个部分。我们在前文已经说明产品与技术支持是业绩增长策略制定中的一部分，并且已经明确它的具体策略、策略行动规划中的具体行动计划、时间、衡量标准。在赢单路径和人员配置里，也明确了具体项目跟进中需要的支持活动、销售工具、拆解后的相关人员的数量。所以产品与技术支持部分我们不再单独拆解。但对于售前、售后、产品部门，可以把之前拆解的目标和动作汇总，形成本部门新一年的行动计划。

5. 目标分解

目标分解不仅是对单一业绩目标的分解，而且是对一个目标组合的分解。这个组合中不仅有业绩数字目标，还包含市场覆盖和行为效率等反映经营质量的指标。市场覆盖指标包含不同级别客户的成单率和覆盖率、新获客数量、市场覆盖率等指标。效率指标包含单产平均额、销售过程阶段转化率、销售行动的饱和度和有效性等指标（其中对于销售过程阶段转化率，建议不要对每个阶段的转化率做考核，而是考核特别需要提高的阶段的转化率）。业绩数字目标是业绩结果目标，而市场覆盖指标和效率指标是保障业绩质量的过程质量指标。我们希望达成业绩目标，更希望业绩质量是健康且可持续的。因此，在设定目标时，应从业务特性出发，分析哪些指标对业绩健康影响较大，哪些指标需要长期关注，并将这些指标纳入目标组合。在设计绩效考核指标时，也应将这些指标考虑在内。

对于业绩数字目标，除了设定公司整体目标值，还要将目标向下传导，所以要对数字做更多维度的拆解。按收入性质，将整体目标分解到不同的收入类别中。按团队，将整体目标分解到每个团队、每个销售人员甚至每个客户。按产品，将整体目标分解到每个业务单元和每个产品。这些做法旨在实现公司整体目标的下沉承接。另外，业绩数字分解还是一个预测和验证的过程。比如你考虑是否给一个销售人员一年 500 万元销售额的任务，首先，和过去历史平均值做对比，看今年的目标是不是在一个合理的变动区间内。然后，进行行业和客户的分解。通过数据分析，可以知道跟进中项目的金额、其中已经有预算的金额、已经到招投标或商务阶段的金额。不同阶段对应不同可靠度，据此可以做一个预测判断。500万元销售额如果在跟进项目中就能消化，那么确定性一定比未知客户要高得多。如果依靠未知客户的未知项目，我们还需要用历史数据去分析：这部分业绩要靠获得多少未知客户来完成？时间和资源是否允许？这一系列的分解和验证，可以帮助我们评估目标完成的可能性以及预测最终的完成情况。当然我们给销售人员的任务一定是比实际预估值要略高的，给其向上发挥的空间。但同时我们也要理性思考，并预估销售人员的实际完成率。完成率太低，反而会让销售人员不再重视完成率，目标也就失去了牵引和激励的意义。另外，目标分解还可以帮助销售明确新一年的工作目标和工作重点，将每个任务都分解到具体客户。哪些客户的数字是确定的？哪些客户的数字存在较大的风险？通过数字分解可以促使销售思考，倒逼销售把自己的客户情况和跟进项目状态看清楚，同时捋清工作的优先级。

建议业绩目标的分解至少从区域、团队、个人、客户、产品、时间、收入性质、项目可靠度等维度着手。通过不同维度的对比，并结合历史数据的对比，我们可以对目标的合理性以及年度预测产出做出判断。

2.3 制定销售策略的路径

在第2.2节，我们主要讨论了销售策略制定的框架模型，以及销售策略在这个框架下的深度。这一节我们主要探讨销售策略制定的路径。

销售策略制定，不仅仅是输出一个结果，更重要的是投入与产出预测、前后端部门全盘拉通并实现闭环管理。所以我们一方面要达到预设的维度与深度，另一方面也要贯彻公司战略，凝聚各方共识。下面从参与人员和制定过程两方面阐述销售策略制定的路径。

2.3.1 参与人员

销售策略的制定需要各部门的参与,以便听到一线的真实声音,凝聚广泛共识,并保障决策的高效。在参与人员的设置上,建议分为两层设计。第一层是决策层,负责对重大议题做出决策。这个决策层应包含公司核心管理层,以及销售运营、售前、交付等关键职能的管理者。决策层的人数应控制在 8～10 人,以保持决策效率。第二层是参与制定层,这层人员需要将一线的实际情况带入讨论,并提出决策建议。这层人员应包括各部门的一线经理和一线代表。对于一线代表,往往大家会推荐业绩表现很好的人员,但实际中,更应推荐业绩表现中间的人员,听取他们的意见和建议。参与制定层的人员建议在 10～15 人,这样总共有 20 人左右参与销售策略的制定。建议除 CEO 和销售 VP 外,其他人员按组分配,确保每个小组人员配置相对平衡,便于后续的讨论和共创。

2.3.2 制定过程

在销售策略制定的过程中,时间是我们首要考虑的因素。大部分公司选择在每年的 11～12 月以及次年的 1～2 月来制定策略。11～12 月销售人员还在"打仗",是年度业绩的冲刺阶段,而 1～2 月虽然业务相对较少,但会受到春节假期的影响。我们希望在新的一年中,能够尽早完成策略的制定,减少员工的观望时间,确保从年初开始就能明确目标和行动,全力以赴。此外,我们希望整个制定过程的时间不宜过长,尽量在 2 个月内完成。

整个过程我大致把它分成四个阶段:框架共识阶段、认知表述阶段、拆解共识阶段、策略定版阶段。

（1）框架共识阶段。如前所述，制定销售策略首先需要有一个框架模型，并且每个参与人对框架模型的理解以及产出目标的认知必须统一。否则，后续的讨论和产出可能会产生偏差，增加达成共识的难度。要达成对框架的共识，至少需要准备一到两次的沟通会议，对框架的内在逻辑和关系进行充分的解释和沟通，并对产出的每一个字段做出明确的定义。一个好的方法是在事前为每个字段准备一个对应的示例，这样可以快速统一参与者的认知，并为后续的产出提供参照和示范。

每个公司进行战略拆解的过程都是从无到有、从有到精的。因此，在初期阶段，可以借鉴现有的相对完整的框架进行落地。但是，在每一次讨论和落地过程中，决策层都应针对框架进行优化，使其更适合自身的业务特性，并逐步积累属于自己的框架。随着时间的推移，大家对框架的理解将更加深刻，这项工作也会变得越来越容易。

（2）认知表述阶段。这个阶段需要完成两个动作。第一个动作是在预设目标下，每个参与者要按照框架独立进行一次拆解。可能不是每个人都能对所有的项进行拆解，但至少应对自己擅长的领域部分进行拆解。更重要的是，每一个拆解都必须有明确的说明和理由，这也是后续讨论和达成共识时需要解释的。第二个动作是在自己小组内，将每部分的结果拼接在一起，形成一个完整的拆解。这个动作需要小组内部进行讨论，并对结果达成共识。这部分工作相对耗时且分散，因此每个小组应该推举一位组长，由组长负责组织和推进。

（3）拆解共识阶段。当每个小组都有一个完整的结果后，就需要组织一个工作坊。工作坊的目的是充分表达每个组的意见，并最终形成一个共识版本。这部分是整个拆解过程中最重要的部分。它至少需要四个角色的配合。一是主持人，主要负责整体节奏把控和共识确认。二是挑战者，对每个人的表述和观点提出更深层次的问题和质疑，驱使发言者能够更深入、更全面地阐述自己的观点。三是外部经验输入者。整个拆解过程，除了公司内部人员的思考，还需要外部视角的思考以及外部经验的输入，尤其是外部最佳实践的输入。这会大大激发大家思考的深度，更重要的是利用外部经验规避实践中的陷阱。哪怕能避免一个陷阱，都是巨大的收获。四是意见输出者，也就是每个小组的成员。他们需要对自己组的意见进行充分表达，尤其是对得出结论的理由和思考的过程。在工作坊开始之前，要对四个角色进行确定，每个角色一定要做好充分的事前准备。一般这个工作坊会持续相对较长的时间，可能连续几天，但一定要保障讨论是连贯的、递进式的。

（4）策略定版阶段。在拆解共识阶段，一般对框架的大部分内容已经形成了一定的结论。但是，一部分框架细节仍需在工作坊后进行细化。因此，这一阶段必须安排专人对细化部分进行整理和输出，然后提请决策层审议，以确定最终版本。另外，需要对预设目标进行合理性分析，以确定最终目标。这个阶段是一个交互过程，每个部分的责任人需要不断与决策层进行讨论，充分落实达成的意见，推动整个销售策略制定的完成。

最终版本达成后，应在不同层面进行宣讲以达到形成共识。

宣讲时，建议不要采用单向输出的方式，而应选择输出加反馈的方式。输出加反馈强调了互动和双向沟通的重要性。我们向下传递信息时，不仅需要表达策略制定组的结论，还需要收集接收者的回应和意见。通过接收反馈，我们可以了解信息是否被正确理解，以及是否有需要澄清或调整的地方。同时，这个过程还应包括信息的实际落地，即把沟通的结果转化为具体的行动。每个人都应该根据销售策略拆解的结论，结合自己的工作，输出自己的工作计划。这样，有传达、有落地，才能保障销售策略的上下贯通和实际落地。

2.4 引以为戒的反面教材

反面教材

因销售策略不当对行业失守

某科技有限公司是一家专注于为企业提供人工智能解决方案的科技公司，在市场上享有盛誉，产品在性能和安全性方面均处于行业领先地位，尤其在医疗保健行业获得了很多成功案例。在新一年年初该公司选择了多个行业进行销售，包括制造业、零售业、金融业和医疗保健业。

由于行业选择错误，公司销售策略失效，最终导致市场失利。在制造业，由于该行业对人工智能技术的需求并不迫切，导致销售进展缓慢；在零售业，面对众多成熟的竞争对手，该公司的产品未能脱颖而出；在金融业，公司同样因为缺乏行业专注度和深入的市场调研，未能抓住客户需求。在原本有优势的医疗保健行业，因为资源的减少，也被竞争对手夺去了大部分的市场份额。

这种"广撒网"的销售策略使得该公司在各个行业中均未能取得预期业绩，市场份额逐渐被专注于特定行业的竞争对手所蚕食，公司最终失去了市场主导地位。

反面教材

只有策略不谈行动

某从事大数据分析服务的公司，它的半年度业绩不理想，在年初选定的行业中也没有取得预想中的成绩。在半年度复盘时，大家一起分析其中的原因。

公司的销售团队成员比较年轻，信心满满地制定了一套完善的销售策略，希望在关键的行业取得突破，给公司带来显著的业绩提升。

销售团队的负责人深知市场的重要性，因此召集了最优秀的员工，在年初带着销售部门，协同市场、售前和售后等部门一起闭关一周精心打造了一套看似无懈可击的销售策略。他们分析了市场趋势，预测了客户需求，甚至设计了完美的产品定位。

然而，就在所有人都信心满满准备去大干一场时却发现，忽略了一个最基本的问题：如何执行这些策略。他们既没有制订具体的行动计划，也没有规划实施细节。策略虽然完美，却像空中楼阁，缺乏落地的桥梁。随着时间的推移，策略的执行变得越来越混乱，团队成员开始迷失方向，不知道下一步该做什么。

由于缺乏有效的行动计划和执行规划，销售策略彻底失败。公司的增长速度也不如竞争对手，失去了抢占市场的先机。

在半年度复盘时，销售负责人以为是销售的执行力不足，但是多位销售反馈：自己对销售策略信心满满，然而最终在执行时，自己并没有明确的执行步骤和方法，不仅没有取得好的业绩结果，也在过程中不断地试错降低了效率，慢慢自己的信心也被磨没了。

在团队复盘的过程中，整个团队也发现只有销售策略是不够的，还应该有行动规划，让这些年轻的销售有可以参考的赢单路径。对销售管理者来说，也要有定期监控和评估反馈的机制。

Chapter 3
第 3 章

销售绩效考核和激励

> **导言：**
>
> 在当今市场竞争日益激烈的环境中，销售团队对企业的影响力与日俱增，销售团队作为企业盈利的核心力量，其绩效表现直接关系到企业的生存与发展。因此，如何科学、合理地设计销售绩效考核和激励体系，成为企业经营者和管理者关注的焦点。
>
> 本章将会从考核和激励的本质出发，揭示它们与业绩达成的内在联系，帮助企业优化绩效考核和激励的设计方案，提升考核有效性，提高销售效率。

3.1 绩效考核和激励的设计原则与发展路径

人的自然属性导致人是容易懒惰的，这是人在自然进化中养成的习性，幸好人也是理性的，通过理性的思维，能够赋予工作意义，从而激励我们持续为某个目标努力，进而改变自身行为。因此企业面对人天生的惰性和欲望时，必须深入洞察人性，研究如何激发人的主观能动性，对抗人的惰性，制定有效的绩效考核和激励机制，并采用基于人性动机和欲望的管理方法，从而激励员工持续努力追求目标。所以，考核和激励的本质是解决人对工作的意愿度问题。

人性最难把握，古今中外，人类穷尽智慧上下求索，对人性进行研究。从管理学角度看，中西方管理学对人性有很多的研究和总结，都在试图寻找全面而确切的答案。但有一点几乎是共识：人性不是单纯的善恶，在人的身上，善恶是共存的，这一切皆归因于人的欲望。管理组织中的人，就是管理人性，也就是管理欲望。组织管理的原理在于：基于人性、人的动机和欲望，通过管理行为激发人的潜能，以实现组织的目标。

综上所述，通过对人性深入洞察和合理运用激励机制，企业能够有效地激发员工的主观能动性，对抗人的惰性，使员工能够在工作中持续努力并获得成就。这不仅仅是管理的问题，更是对人性理解和应用的深刻体现，是实现组织长期发展的关键。

3.1.1　销售团队的特点

销售团队的职责非常明确，即辨识、获得客户，并为其提供服务，将公司的产品和服务销售给新老顾客，其终极目标是通过销售来实现公司业绩的增长。可以说，销售是企业经营的根本，是企业盈利持续增长的前提。尤其是在当前市场经济环境下，销售团队的能力甚至关乎企业的生死存亡。

销售的工作结果可以直接体现在"业绩"这一单一结果上，因此销售岗位的目标导向性极强，在团队内以结果论英雄。因此，需要简单直接的绩效激励方法，来驱动销售取得更好的业绩结果。然而，仅对结果做考核和激励存在滞后性,并且对过程行为和过程结果缺乏考核和激励作用。所以在现实中,对单一的结果进行考核和激励效果往往并不好。例如,大部分公司仍以合同额作为考核和激励的依据,用合同额乘以系数作为发放奖金的计算依据,从逻辑上看,大家都会努力完成更多合同额,以实现自己更高的收入。但往往现实的结果是,对销售人员的行为牵引是有限的,大部分销售人员不会因此发挥自己最大的能量,实现最大的业绩结果。所以,对销售人员不仅要进行结果考核,还需补充对过程的管理和要求,对销售过程指标的达成和日常工作行为提出要求,并进行管控和激励。

为激发销售人员的最大潜能,必须建立一套全方位的、立体式的考核和激励机制。销售人员任何的动力都不是自动产生的,一定要针对销售人员设置一定的机制和触点,要根据企业的业务模式、发展阶段和销售人员的能力等各方面的综合考量,设计出适合当下的销售团队的绩效考核和激励体系。

3.1.2 销售业绩达成的逻辑

在做销售绩效考核和激励设计时,我们首先要充分了解销售的工作特点和销售业绩的影响因素。

第一层聚焦于销售个人。销售人员完成工作需要具备能力和意愿。能力决定其是否可以胜任销售的工作以及完成的销售工作的质量。意愿决定销售人员是否积极主动去做,是否愿意付出努力和时间来完成工作。只有两者同时发挥作用,销售才能取得好的业绩,其中一项为零,销售业绩就是零,其中的一个因素做不好,整体的业绩结果就会打折扣。

因此在做销售的绩效考核时,要考虑如何同时牵引销售人员的能力和意愿。除了考核销售人员的工作是否饱和,也要去看每项工作的质量以及完成度。当两个指标同时提升时,销售人员才可以提升业绩。

第二层聚焦于销售团队的管理。如何达成销售业绩,首先可以从组织能力杨三角出发,如图3-1所示。

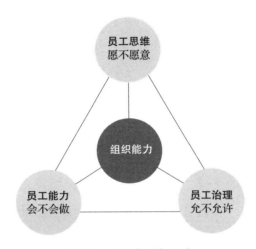

图3-1 组织能力杨三角

销售团队管理的三个动作:管控、激励和赋能。

第一个动作是管控。做好管控,首先需要销售人员认同公司的制度和要求,其次是销售人员能够按照制度和要求完成工作,知道还能做到,达到知行合一的境界。做到这一点,我们要做好过程管控,对销售的工作过程和质量进行监督和考核,保证员工按照公司的要求去完成工作。但管控本身是一个高成本的行为,管控越多,做得越精细,成本也就越高。尤其是在公司初创和发展阶段,高昂的管理成本是公司难以承受的。所以管控我们一定要做,但不能完全依赖管控,必须在管控和成本之间找到平衡点。所以除了管控,还希望激发销售人员自身的意愿和动能,使其主动、发自内心地去接受公司的制度和要求,并能自觉完成。那就需要用考核和激励在这方面提供支持。

第二个动作是激励,通过正向或者负向的评价引导销售行为。正向的评价引导销售人员按照正确的方向去努力，负向的评价引导销售人员规避错误的做法。激励包括销售的绩效提成、奖金等物质奖励，也包含排名、口头表扬等精神奖励。这些激励方式在做体系设计时都可以运用。

第三个动作是赋能，去帮助员工提升自己的能力。有些员工没有能力是因为没有学习的动力，有些是没有好的渠道和方法。所以赋能，一方面要为有意愿提升自己能力的员工提供渠道和方法，帮助他们提升自己的能力；另一方面，要用考核和激励的办法，使销售人员产生提升自己能力的意愿和动力。

销售团队的三个管理动作相互之间不是孤立的，是互为关联的。比如，如果没有激励的支撑，赋能就没有效果；如果只有管控，没有激励给一些正向的反馈，会让员工产生抵触的情绪；如果没有赋能，只对员工进行管控，是没有办法提升销售能力的，这就变成了单纯的打击；如果没有管控，只给激励和赋能，那就没办法去检验赋能的成果，无法评估激励手段的实际效果。所以在做销售团队的管理时，管控、激励和赋能要统一且平衡，互相促进，缺一不可。

3.1.3 绩效考核和激励的设计原则

通过对销售团队的特点与销售业绩达成逻辑的分析，我们可以看到：一方面我们需要利用绩效考核和激励，从过程到结果，激发销售人员个人的最大潜能，实现最佳的业绩结果；另一方面，我们希望绩效考核和激励能够最大限度地支撑管理中的赋能与管控，最终实现组织能力的提升。所以如何结合企业自身的业务特点和需要，并能行之有效地实现上述目标，我们就要设计一些绩效考核和激励原则。

原则一：直接且及时。

在销售绩效考核设计中，"直接且及时"原则是确保考核和激励有效性的关键要素之一。直接强调在绩效评估过程中,考核标准要清晰且直接,销售人员能够清晰理解目标和考核标准,清楚地知道自己的工作重点,并能在完成目标后迅速获得反馈且对对应奖励清晰明了。

及时性是指在销售人员完成业绩目标或阶段目标后,能够迅速获得相应的奖励或认可。及时的奖励能够显著提高员工的积极性和工作动力,及时的奖励更能有效地塑造销售正确的行为。

"直接且及时"原则在销售绩效考核设计中至关重要。通过明确的绩效标准和及时的反馈,企业能够有效地激励销售团队,提高工作效率和业绩。

原则二:导向增量考核。

导向增量考核是一个重要的原则。企业必须始终追求业务的有效增长,这不仅包括直接的经营性指标,如销售额、利润额等的增长,还涉及企业整体业务流程的优化和关键环节的价值创造。激励机制不应仅仅是为了激励而设立的,而是应当通过明确的目标和奖励机制来推动业务的持续增长。

具体来看一下对增量的定义,不仅是狭义上对业务指标的追求,还要关注企业长期的战略增长,就是要构筑公司的持续盈利能力和竞争能力,能让企业活得久一点。不要因为短期的业务数据层面上的增长,而忽视面向未来的公司核心能力的构建,如新的市场的开拓、生态环境建设、重大竞争项目的卡位、内部管理能力的提升等。这些面向未来的战略目标往往对当期的业绩贡献有限,甚至与当期经营目标有冲突,导致长期目标建设被忽视。但在做绩效考核和激励体系时,这些问题都需要关注和平衡。

这种导向增量的考核方式,不仅能够确保企业持续提供更好的利益分配机制,关注到企业更长周期的发展战略,还能够吸引和保留优秀的人才，从而提高组织的活力和个人的动力。

原则三：导向组织效率。

个人效率和组织效率都是我们应当特别关注的，但当二者出现冲突或需要进行选择时，我们更应该侧重于组织效率。组织效率关注的是整个组织的表现和产出，而不仅仅是单个个体的贡献。当组织作为一个整体运作时，其效率和成果往往超过单个成员独立工作的总和。组织效率关注的是长期的可持续性和发展，一个高效的组织能够在人员变动、市场波动等不确定因素下依然保持稳定和竞争力。组织效率的提升依赖于成员之间的协同合作。良好的团队合作可以产生协同效应，使得组织能够完成单个个体无法完成的任务。所以，无论短期还是长期，更应该优先考虑组织效率。在设计考核激励措施时，应该奖励那些能够提高组织效率的行为，而非仅仅关注个人成就。

假设某公司的一个部门经理，他的个人效率非常高，能够独立完成大量的工作任务。然而，他总是喜欢亲力亲为，不愿意培养下属，不愿意用团队力量完成任务。这样，虽然他的个人效率很高，但组织效率却受到了影响。所以我们在设计这个部门经理考核的时候，就要加大其对团队赋能、团队成员成长的考核力度，用考核牵引他的行为，并保障组织效率的最优。

此外，合理分工是保障组织效率的关键。只有在明确职责后，才能有效分配资源和利益，实施针对性的考核和激励，进而激发全员提升协同效率的热情。

原则四：导向多元激励。

很多企业在实施激励措施时，往往只关注头部和中上部的员工，时间久了，处于中下部的员工就会麻木，面对激励制度毫无反应，觉得和自己无关，从而无法被激励，也没有成长的动力。比如，大部分公司都会设立销冠奖、突破奖、单项第一奖等，通常越好的销售人员，在各方面都表现不错，那相当于这些奖都是为头部和中上部销售人员准备的。当颁布激励政策的那一刻，处于中下部的员工就自动认为这些和自己没关系，就更不会思考如何能得到这些奖。

所以，我们要对所有员工进行激励，只是激励标准和方法不一样。我们要对销售团队及其协同部门进行分层、分类和分阶段去做激励。

为确保激励的完整性，我们可以从时间、分配方式和人员层级三个方面搭建激励体系，即三维立体激励模型，如图 3-2 所示。

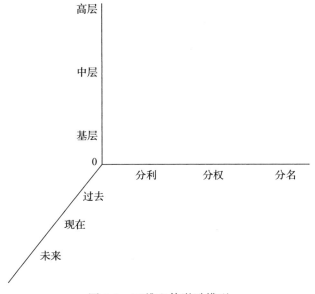

图 3-2　三维立体激励模型

第一维度：在人员层级方面，我们根据员工的岗位和能力差异，将员工分为基层、中层和高层，根据每一层级的特点，设置考核和激励机制，保证在每个层级的员工都被激励到且有意愿向更高阶段去提升。

第二维度：在时间维度上，我们要注重不同时间阶段采用不同的激励方式。例如，在过去、现在、未来的团队管理中，都应有不同的激励方式，导向员工在工作的过程中持续被激励，形成在时间上动态的激励体系。

第三维度：在分配方式上，我们不能只关注物质激励，而要整合公司内部资源。比如公司的晋升机制，就是我们可以利用的资源。首先，基于物质利益设计分配方式，通过利益的分配与员工构筑利益共同体；其次，基于职位的权力分配机制，我们可以把员工的晋升、评级等作为权力分配的方式，激发员工的使命感和责任感，选拔出更多优秀的员工；最后，注重团队内部荣誉体系的搭建，让员工发现更多工作中的意义，要在物质激励的过程中，通过精神激励升华物质激励，在精神激励的过程中，通过物质激励强化精神激励，配合物质激励一起达到持续激励的目的。

原则五：导向内在激励。

企业除了给予外部奖励和物质激励，还应着重关注激励员工内在的工作动机和职业发展。企业应为员工提供具有挑战性与发展空间的工作机会，同时建立公平公正的晋升机制，以有效激发员工的内在动力和创造力，进而推动企业的长期稳定发展

原则六：兼顾公平和差异。

考核和激励机制应兼顾企业的整体利益与员工个体的差异化需求。如前文所述，要实现全面激励，需覆盖不同岗位和层级的员工。在此基础上，还应思考根据不同岗位的贡献程度和业务价值，设立差异化的激励政策和奖励机制。通过公平公正的激励措施，有效地激发员工的积极性和创造力，从而促进企业整体业务的稳健增长。

因此，对于目标奖金制的使用一定要关注到这些问题，不能单纯使用目标设计的方式进行考核，例如华为的业绩目标不会单独与收入直接挂钩，而是会拆分目标达成的路径，即如何达成目标、有什么样的行动策略和资源需求，对于过程中的指标也纳入考核范围。

3.1.4 企业不同发展阶段的绩效考核和激励设计

我走访过很多企业，当我问及销售团队的绩效考核方案的设计依据时，大概率得到的答案是"以前就是这么做的"或者"业内好的公司也是这么做的"。然而，这些理由并不是我们在做绩效考核和激励设计时可以依据的正当理由。历史过往的做法在历史上虽取得了一定成果，但它是否适合当前市场情况，是企业需要深入思考的问题。而对于行业内的做法，也应先考察榜样公司在发展阶段、公司战略、客户群体等方面是否与自身一致。前面我们已经结合企业不同的发展阶段说明了销售体系的特点，绩效考核和激励体系的建设也会因企业处于不同发展阶段，有不同的建设重点。随着企业不断发展，绩效考核和激励体系要适配当前的情况，才能有效推动企业发展和战略的达成。所以企业一定要有一个符合当前发展阶段和商业特性的绩效考核阶段设计和激励考核阶段设计，如图3-3和图3-4所示。

PSF阶段：在这个阶段，公司首先要确保产品能够解决客户实际的问题，这是企业产品化的关键阶段，客观上，销售体系还非常不完善，对于销售团队的绩效考核更倾向于简单、直接。可通过直接激励，快速实现从0到1的突破。例如，可以利用额外的奖金或者物质激励来促成短期目标的达成。

PMF阶段：在这个阶段，公司的产品相对稳定，需要在市场上获得验证。销售团队需要更加系统化和持续的考核与激励机制。首先，在业绩的绩效考核上，除了对结果指标的考核，还应加入对销售过程的考核，比如销售的拜访客户数量、产品试用或测试数量等。这个阶段是销售体系完善的重要阶段，销售团队人数也日益增多，为了增加结果的确定性，所以要增加对销售人员日常行为的考核。其次，这个阶段对结果的考核，需要增加更多的维度，比如要区分新老客户、不同类型产品的收入等，要从关注业绩达成的规模向关注业绩达成的质量过渡。

企业	可用		可卖	规模化	
绩效考核设计要点	PSF阶段	PMF阶段	GTM规模化早期	加速扩张阶段	
	• 设计业绩绩效考核，根据现阶段企业目标，通过绩效实现业绩的达成	• 在业绩绩效的基础上加上过程的考核，对销售人员的关键任务和关键动作进行考核，规范销售人员的日常行为 • 在结果考核中加入多维度的考核，在追求规模扩张的基础上，利用多维度指标牵引销售人员对业绩质量负责	• 完善过程考核，考核关键过程里程碑节点，确保过程完成质量，提升牵化率 • 优化结果考核细粒度，加入业绩效率考核 • 能够承接企业战略，对销售有足够的牵引	• 在过程考核和结果考核中，加入对战略的支撑，强调对长期战略执行的牵引 • 引入竞争排名机制，增加对人员能力提升的牵引 • 绩效考核能够战略落地后，员在完成战略牵引地后，能够主动提升自己的能力	

图 3-3 绩效考核阶段设计

企业	可用		可卖	规模化	
激励考核设计要点	PSF阶段	PMF阶段	GTM规模化早期	加速扩张阶段	
	• 做项目和短期的激励，能够快速拿到业绩结果，促进短期目标的达成	• 补充多维度的激励项目，在物质激励的基础上补充精神激励，让销售人员有荣誉的意识	• 搭建激励体系，在不同时间维度上补充激励内容，减少物质激励，增加精神激励，初步形成体系化的激励机制和荣誉体系	• 利用激励机制和荣誉机制，促使销售体系文件的形成，用团队文化激励销售人员行为	

图 3-4 激励考核阶段设计

在这个阶段，激励机制要去做多维度的补充，要在物质激励的基础上去补充精神激励，比如引入荣誉体系，让销售人员建立荣誉意识，这也是整个销售团队风格打造的关键手段。

GTM 规模化早期和加速扩张阶段：公司的产品经过市场验证后，便进入市场推广的阶段，这也是规模化拓展的关键时期。此时，销售团队的体系搭建更加完善，在绩效考核和激励方面也要加入更深入和更长远的机制，以支持长期战略目标的实现和整个销售文化的建立。

首先，在业绩结果考核方面，需进一步优化，不仅要关注业绩的达成，还要注重业绩效率和质量的提升，确保销售团队的业绩能够支持企业战略目标，比如销售收入的增长率、销售个人业绩增长等。在过程管理方面，除了考核过程是否完成，还要确认每一个阶段我们的转化是否高效，行动质量是否达标，如销售的阶段转化率是否提升、客户满意度是否提升等。当前阶段也是处于加速扩张的阶段，销售团队的规模会快速扩大，所以在这个阶段，可以在销售团队内更多地引入竞争排名机制，来激发销售人员的个人能力，提升团队的协作效率，最终促进销售业绩的持续发展。

在激励方面，要进一步完善激励体系，例如在时间维度、人员层级、分配方式等方面去审视激励是否完善，更多地加入精神激励的内容，通过精神激励和荣誉体系的搭建，促进销售团队自身文化的形成，使大家更有责任感、更有意愿去完成工作，最终达成业绩目标。

企业可以根据不同阶段的特性和战略目标，利用以上绩效考核和激励的设计，有效激励销售团队的行为，促进销售战略的达成和长期发展。综合考虑物质激励和精神激励，构建完整的激励体系和荣誉机制，有助于塑造有使命感的销售文化和团队动力，持续推动企业建立增长和竞争优势。

综上所述，有效的绩效考核和激励机制应当在导向增量考核、组织效率、多元激励、内在激励、兼顾公平和差异等几个方面进行全面考量和设计，以支持企业的长期发展战略，提升组织的竞争力和持续盈利能力。

3.2 绩效考核的模式与选择

3.2.1 绩效考核的模式：销售团队中的提成制与目标奖金制

在销售团队中，提成制和目标奖金制是两种常见的绩效奖金发放模式。公司通过绩效考核旨在激励销售人员达成工作目标，提升工作表现，从而实现业绩成果。然而，在实际操作中，不同的奖金发放模式存在显著差异，需要根据企业的具体情况来定制设计。

下面简要介绍提成制和目标奖金制的特点。提成制通常是根据销售额或回款额等业绩指标，按固定比例提取奖金，这种方式直接、清晰且具有相当不错的激励效果。而目标奖金制则是预先设定一个奖金池，销售人员达到特定目标或按目标完成比例领取定额奖金。

接下来，我们将具体分析这两种奖金模式。

1. 提成制为什么效果越来越差

长期以来，提成制一直是企业广泛采用的激励手段，它对企业的高速发展和业绩的快速增长起到了至关重要的作用。

提成制的激励效果直接且显著，它与销售业绩直接挂钩，能够有效激励销售人员投入工作，同时促进团队内部的竞争。此外，提成制相对灵活，允许在短期内根据业务策略的变化调整考核指标，以更好地适应市场变化。

然而，随着市场竞争加剧和企业走向成熟，提成制的局限性和潜在负面影响开始显现。当企业度过快速增长期，增长速度逐渐放缓时，销售提成的增长可能不如预期，这会对销售人员的士气和心态产生较大影响。

此外，销售业绩不仅受个人努力和能力的影响，还受到市场客观因素的制约。例如，不同区域的经济差异显著，新市场与旧市场的开发难度不一。如果仅采用简单的提成制，销售人员可能会倾向于选择容易在短期内完成业绩、操作简便的区域和方式，甚至采取价格战等短视策略，这对企业的长期发展极为不利。在客户选择上，销售人员可能更倾向于追求短期业绩，而不愿意投入时间和精力维护长期的客户关系。

长期实行提成制还可能导致客户资源私有化的问题，销售人员掌握客户资源，每次合作都能获得提成，这使得他们即使自己无法完成交易，也不愿将客户资源分享或转交给其他同事。更严重的是，销售人员可能会将客户资源带到竞争对手公司，或利用手中客户资源向公司索取更多利益，从而损害公司的整体利益。

综上所述，销售提成制在企业发展初期可以取得良好效果，能够有效激励销售团队。但当企业发展到一定阶段时，就需要更细致的设计，不能单纯依赖提成制，而应结合其他考核方式和管理方法，以规避提成制的不足，更好地适应企业不同阶段的发展需求。

2. 虚伪的目标奖金制

有很多企业采用目标奖金制，比如利用常见的 KPI 和 OKR 等绩效衡量指标，希望通过目标设定激励员工完成工作目标。

目标奖金制在外企和大宗交易的销售团队中尤为流行，它具有明显优势。对公司而言，这种制度有助于控制预算，防止销售人员因偶尔的大额交易而获得过高的提成。对个人来说，目标奖金制能够清晰地展示目标达成后可获得的薪酬，销售人员可以明确自己的总收入，并在工作过程中持续关注总业绩目标的实现，这增强了他们的目标感。

目标奖金制在激励销售人员方面具有显著效果，但在实际执行中也面临一些问题。

首先，目标设定常常成为一场耗时持久的拉锯战。公司希望员工设定更高的目标，而员工则倾向于压低目标。员工可能会通过隐藏信息、强调困难等方式在目标设定过程中讨价还价，企业则需要投入大量时间进行思想工作，不断激励员工。最终，即使目标得以确定，双方可能都认为结果不尽如人意，甚至可能出现双输的局面。

其次，目标奖金制可能对团队氛围产生不利影响。它可能导致团队成员之间的竞争，而不是合作，大家相互比较，确保大多数人能够完成目标，而个别人可能成为牺牲品。最终，利益可能在私下被重新分配，或者销售人员私下相互竞争，导致少数人业绩突出，获得高额奖金。这种现象损害了公司的整体利益。

传统的提成制和目标奖金制已不再完全适应现代企业的需求。随着市场动态的变化，企业需要采用更为多元化的绩效考核方法。这些方法不仅应关注业绩目标的实现，还应涵盖销售人员的个人行为、能力提升等方面，以作为对考核内容的补充。将多样化的奖金结构和发放机制结合，可以更有效地实现绩效考核的目的。接下来，让我们一起分析销售业绩实现的过程，探讨如何优化绩效考核的设计。

3.2.2　绩效考核的设计框架

之前我们已经探讨了销售业绩实现的基本原理。在个人层面，销售人员能否完成既定的工作任务和目标，主要取决于他们的动机和能力。从销售人员完成业绩的过程进行拆分，发现影响销售人员业绩达成和效率提升的因素可以总结为四点：愿不愿意做、去不去做、会不会做和做得好不好。

首先看是否有动力去做，看销售人员是否有意愿、是否愿意投入工作。之后看是否有行动，去不去做。然后在做的过程中看销售人员会不会做，是否具备相应的能力。最后验证销售的结果就是做得好不好，这会体现在业绩结果上。如果这四个答案都是肯定的,那么销售人员一定可以完成业绩并且获得好的结果。

基于这四个影响因素——愿不愿意做、去不去做、会不会做和做得好不好,我们为绩效考核和激励设计提供了一个重要的框架。接下来就围绕这四个因素来设计有什么样的管理提升手段,可以采用什么样的考核方式,这可以总结为图3-5,接下来我们阐述其中的逻辑。

图3-5 绩效考核的设计框架

销售人员达成业绩的影响因素已经明确,那么通过什么管理手段来提升?

在销售管理的角度看,销售业绩达成的逻辑有三个方面:管控、激励和赋能。这三个方面会影响销售人员的工作过程,与四个影响因素可以一一对应,作用于销售人员的整个工作过程。通过这三个主要的**提升手段**去共同促使销售人员达成个人业绩目标,进而影响销售业绩达成的因素。

如何通过绩效考核的手段影响销售业绩的达成?

在设计绩效考核时,我们必须将这些影响销售人员业绩达成的因素都考虑进去,以确保考核体系能够全面反映销售人员的表现。通过对销售行为的分析和管理提升手段的补充,我们可以更准确地根据销售人员的业绩达成情况来完善绩效考核体系,从而进一步提升销售团队的整体表现,接下来针对销售人员业绩达成的四个影响因素做具体的介绍。

- 愿不愿意做:销售人员的意愿是推动业绩达成的基础。为提升销售人员的意愿,必须深入挖掘并激发销售人员的动机。这可以通过精心设计的激励机制来实现，确保绩效考核中设定的激励措施能够吸引销售人员并激发他们内在的工作动力。

- 去不去做：销售人员的行动直接影响业绩的实现。行为绩效考核是确保销售人员采取行动的关键。这包括关注销售人员的日常行为和过程是否达标，即其日常工作的饱和度和有效性。饱和度衡量销售工作是否充实，有效性则关注过程动作完成的质量。在团队管理中，管理者应确保销售人员不仅采取行动，而且行动得当。通过正向或负向激励，让销售人员主动完成关键动作，因此在绩效考核中加入对过程行为的考量。
- 会不会做：销售人员的能力是业绩达成的保障。为了提升销售能力，管理者需要提供能力提升的资源和机会，即赋能。同时，在绩效考核中加入能力考核，激励销售人员提升必要的能力。这对于销售人员明确提升方向和提升团队对销售人员能力的重视都至关重要。
- 做得好不好：最终销售的工作成果做得好不好，体现在销售业绩的达成上，因此一定要加入业绩绩效的考核，通过对销售的可量化的目标设计，与公司整体的战略和策略拉通，让销售人员可以清晰地知道目标和方向，有针对性地制定自己的销售策略和行动计划。通过对业绩达成的激励和反馈设置，销售人员可以在目标和激励的驱动下更努力地投入工作，实现个人业绩的达成，从而推动整个销售团队和公司的目标达成。

以上就是从销售人员完成业绩的关键要素拆分到如何去提升和考核，推导出销售绩效考核的三大部分，通过不同的组合和设计让销售能够更有质量和效率地达成业绩结果，接下来我们会对每一类别的绩效如何考核、用什么指标考核一一进行介绍。

3.2.3　绩效考核项的辨认与提取

（1）行为绩效设计。行为绩效考核旨在对销售人员的日常工作提出具体要求，以促进其提升工作效率和质量。在进行行为绩效设计时，首先需要将销售岗位的工作内容具体化，并从中提炼出关键且重要的工作任务，以便进行量化考核。

对于员工的行为要求，可以从饱和度和有效性两个方面进行考核。饱和度考量员工的投入度，即是否在积极参与工作；有效性则看员工是否按照公司要求的工作流程和方法在行事，以及在阶段性的工作中是否取得了效果。

考核销售饱和度还是比较简单容易的，相对直接，比如电销人员要考核每天的电话数量或者通话时长，面销人员要考核每月的客户拜访数量和对单一客户的拜访频率等。

有效性的考核则需要更细致的考量。首先，需要明确销售的工作流程、工作方法和完成标准，然后从中提取对业绩结果影响较大的关键内容。例如，从客户触达到成交的过程中，可以单独提取拜访、测试、出方案和签约等阶段，并制定相应的流程和工作要求。这些要求应明确指出应该做什么、怎么做以及达到什么标准，这些关键点可以作为销售工作有效性的考核内容。比如在客户拜访中，是否可以在拜访前完成拜访的规划、约到关键的决策人、拜访后及时完成拜访记录等。

销售的特性就是相对自由，所以在加入对饱和度和有效性的考核时，销售人员普遍会认为这样比较麻烦，但是经过长时间践行的企业会发现需要关注的点越来越少，因为大家在这种要求下，出于对自身利益的考虑，会形成良好的习惯，主动适应这些要求。

把以上的关键点总结到一张表，如表3-1所示，就生成了行为绩效设计的工具，在设计行为绩效时，可以利用以下框架做思考。首先，将行为绩效分为饱和度和有效性两个维度，并基于此分类确定销售行为的考核指标。在制定考核细则时，我们要确保每一项指标都有明确的内容描述、考核的重点和要求。对于可量化的指标，我们需要明确其量化的标准和衡量的方法；对于需要定性评估的指标，则要提供明确的判断准则。最后，这些指标可以通过什么方式考核，以及可量化的结果在哪里验证都写在考核方式中。对于拥有多个行为绩效考核指标的情况，需合理分配权重比例或为单项指标设定激励金额，以确保考核的公正性和激励的有效性。

表 3-1 行为绩效考核设计案例

分类	说明		考核指标	比例/金额	考核细则（可参考）	考核方式
行为绩效	通过行为绩效要求销售人员的销售过程和行为合规且标准，引导员工按照公司的要求做事情，最后实现业绩达成	饱和度	日常工作的安排符合标准的公司流程		• 是否按照公司的安排，准时出勤 • 遵守公司着装等其他要求	考勤
			客户触达数量		• 电话数量或者通话时长是否达标 • 客户拜访数量是否达标	CRM 数据
			做好日常的工作计划与总结		• 每天完成当日计划和工作总结 • 月度或季度完成绩效目标，设立周期期末目标完成度评估	CRM 数据
		有效性	工作计划完成度		工作计划的完成情况	CRM 数据
			转化率		客户从接触到摸清需求、谈判、签约和回款等流程的转化程度	CRM 数据
			CRM 更新		客户信息是否更新及时、准确	CRM 数据

（2）能力绩效设计。能力绩效的设计是销售绩效设计里的难点，也经常容易被忽略。许多企业并不清楚销售人员应该具备哪些知识和技能，

因此在招聘新销售人员时，更多地要求有销售经验和行业资源储备。然而，入职之后发现大量销售人员无法与岗位匹配，造成销售岗位频繁更换，这不仅是因为企业未能有效鉴别销售人员的相关能力，还因为企业对相关知识和能力的培养不够到位。

能力绩效的考核难点在于如何提取考核项，因为销售工作涉及多种技能和知识的应用，是一个需要多方面能力的工作，销售人员需要处理各种不同的情况。这使得提取具体的能力项变得复杂，因为销售人员可能需要展示多种能力来应对不同的挑战。销售工作不仅需要硬技能，如产品知识，还需要软技能，如人际交往能力、情绪管控能力和智力。这些软技能难以量化和考核，因为它们更多地体现在非正式的交流和日常工作中。可以通过对销售流程的分解，分析岗位的职责和工作内容，识别关键行为和表现，找到公司内部或外部同行业的优秀销售案例做参考，通过最佳实践的提取来设计能力考核项。

如何考核也是在绩效落地过程中的难点。对于销售人员的能力考核而言，销售能力的培养和提升是一个长期且复杂的过程，需要时间来观察和评估。可以从以下几个点去落地，知识性的内容可以采用笔试考试的方法，对于实际的问题可以采用实操的方法解决，比如提炼案例或者在实际场景中去看销售人员对实际问题的反应能力以及积极处理问题的能力。

在设计能力绩效的考核时，可以使用表 3-2 来更全面地制订考核方案。首先，需要定义销售人员所需具备的能力，即考核指标，选择最重要、最关键的能力进行考核。其次，要明确考核细则，也就是针对这项能力有哪些考核的重点和要求。最后，在考核方式中明确采用何种方法进行考核。如果存在多项能力绩效考核，需要为不同的指标分配权重比例或设置单项的激励金额。通过这样的方法，可以确保能力绩效考核的全面性和有效性。

表 3-2 能力绩效考核设计案例

分类	说明	考核指标	比例/金额	考核细则（可参考）	考核方式
能力绩效	根据岗位的能力和知识要求，进行绩效考核和薪资发放	产品价值传递能力		• 掌握某些产品的知识，可以向客户进行介绍 • 熟知服务的内容和细节，可以为客户报价 • 具备销售方面的专业知识	考试、演练
		行业知识和竞争对手		• 了解行业的发展历史 • 了解行业所服务的对象、客户以及特点 • 了解公司在行业内的地位和优势	考试、演练
		客户需求挖掘		• 能够解答在销售过程中客户提出的常见问题 • 了解行业内客户可能的需求 • 能够针对客户的需求，提供相应的产品或解决方案 • 了解市场上的竞争对手 • 掌握竞争对手的产品内容及优势，可以和自己的产品或服务做准确对比 • 能够明确在竞争时，产出应对策略	CRM 数据
		业务推动能力		• 项目阶段转化率高，项目推进快速，与平均用时长短做对比	CRM 数据
		系统和工具的使用		• CRM 更新准确度及时性 • 业务/客户调研分析工具	CRM 数据
		沟通能力、跨部门协作、资源调度		• 掌握沟通过程中的相关技巧和方式 • 能够很好地进行跨部门协作和沟通 • 能够解答客户提出的疑难问题 • 能够善用公司资源，合理、高效	跨部门评价
		学习及学习转化能力		• 在参与培训或学习之后可以掌握相应的知识内容	团队的 CRM 数据

（3）业绩绩效设计。销售业绩是销售人员的核心工作成果，因此，企业通常将业绩结果作为绩效考核的重点。然而，许多公司在这方面的做法过于简单粗暴，往往仅以签约额或回款额作为考核指标，却忽视了合作客户、产品类别、利润等因素的差异性。这些因素的不同会导致业绩质量存在差异，进而对企业未来的发展产生不同的影响。

因此，销售业绩的考核不应仅局限于销售额，还应考虑业绩的质量，也要承接企业战略。例如，如果公司的战略方向是开发新客户或新市场，那么在绩效设计中应体现这一战略目标，这可能需要设置更高的提成点或额外的激励措施。相反，如果企业正从追求规模转向追求利润，那么在绩效考核中应加入对利润的考量，以避免员工仅追求业绩和规模，甚至通过低价策略来获取客户，从而损害公司的整体利益。

同样的工具也适用于业绩绩效的考核设计，如表 3-3 所示。在设计考核指标时，应确保它们能够支撑战略目标的实现。在考核细则中，需要明确具体使用哪些数值，例如在签约客户方面，是选择新签客户数量还是签约金额作为考核标准，这都需要结合战略目标来决定。同时，还应利用历史数据来评估这些指标是否合理。关于业绩绩效的具体设计和计算方法，我们将在后续的"不同场景下的业绩奖金计算方式"部分进行详细阐述。

3.2.4　多指标考核项如何协同

销售绩效考核制度中的考核指标并不单一，而是由多种指标组合而成的。每一项考核以什么样的力度考核，各种指标如何配合，也是绩效落地的重点，具体有系数影响法和比例分配法两种方式。

表 3-3　业绩绩效考核设计案例

分类	说明	考核指标	比例/金额	考核细则（可参考）	考核方式
业绩绩效	完成业务目标及要求，即可获得对应的提成或奖金，牵引员工完成对应的业务，达成公司的绩效目标	客户新签年度经常性收入（ARR）		• 签约数量 • 签约金额 • 目标完成比例	根据销售业绩达成评估
		A产品签约		• 签约金额/签约数量 • A产品签约占比	根据销售业绩达成评估
		B产品签约		• 签约金额/签约数量 • B产品签约占比	根据销售业绩达成评估
		老客户续费		• 客户续费时间 • 客户续费金额	根据销售业绩达成评估
		回款		回款周期和次数	根据销售业绩达成评估
		利润		签约利润	根据销售业绩达成评估
		市场开拓		重点客户签约	根据销售业绩达成评估

1. 系数影响法

系数影响法可以通过不同类别的绩效结果相乘，来确认最终的实得奖金。举例来说，先根据业绩计算出销售的奖金，然后在过程考核中为行为考核项和能力考核项设计不同的标准和系数。在完成既定目标的情况下设置系数和为1，以保证销售人员可以拿到和之前一样的奖金，根据每一项指标的完成情况，可以设置多档得分，上限会有提升，让销售人员有做得更好的动力。

这个方法力度比较大且会与业绩结果的奖金相互作用。某些销售人员已经取得了非常好的业绩结果，对自己的奖金相对满意，就放弃了过程绩效，采用系数影响法后，若过程绩效未能完成，那么过程系数将为零或者0.5等较低值，就会对销售人员的业绩奖金大打折扣，所以系数影响法对销售人员的牵引力度非常大。业绩绩效和过程绩效考核互相影响，能够有效促进业绩绩效和过程绩效的相互提升。

2. 比例分配法

比例分配法是把结果绩效和过程绩效确定为固定的比例或者金额，二者互相不受影响，其优点在于可以更好地控制销售人员的薪酬和绩效方面的预算，同时也避免了如果销售人员业绩因客观原因没有达到预期，就丧失斗志，不好好完成日常工作的情况。这样会促使销售人员去追求过程方面的绩效，也为后续或者下一个阶段积累商机。

在实际的绩效考核设计中，考核指标一定不是单一的。在具体的实操过程中一定要结合绩效考核设计的目的，即想要达成什么样的效果，再选择多指标考核的结合计算方式。

3.2.5 不同场景下的业绩奖金计算方式

对于销售人员的考核还是以结果为导向，业绩的考核要占到相当大的比重，业绩考核的奖金计算也是多种多样的，需要结合企业的实际情况去选择，以下从方法定义、适用场景和计算公式几个方面做介绍。

1. 固定比例法

固定比例法是指企业事先确定一个百分比，用这个百分比与目标指标相乘确定奖金金额，这个目标可以是销售额、利润额、回款额等。固定比例法适合初创和需要快速发展的业务。

公式：奖金 = 目标值 × 固定比例

2. 分段比例法

分段比例法是指将目标指标进行分级分段，每段分别设置不同的奖金比例。例如，毛利润率在 50% 以上，比例设计为 3%；毛利润率在 70% 以上，比例设计为 6%。分段比例法适用于成长型公司，鼓励员工追求更高的业绩或者目标。

公式：奖金 = Σ(目标值区间段 × 分段比例)

分段比例法可以通过增加分段和每段比例，激励员工为更好的目标而努力。超额目标与分段比例的设定可能导致员工与企业之间的利益博弈，员工可能倾向于设定低目标以获取更高的分段比例。

3. 奖金包比例法

销售人员完成某目标后可以获得对应的奖金，根据目标的完成率确认最终的奖金金额，目标可以是单一的目标，也可以是多种目标的结合，看汇总的完成率来确认奖金。奖金包比例法适用于相对成熟且销售周期较长、销售额较大的业务。

公式：奖金 = 目标完成率 × 业绩奖金

奖金包比例法可以更好地控制销售人员获得的奖金数额，避免因为偶发性大单的签约支付过高的销售报酬，但是对销售人员的激励性较弱。

4. 增量比例法

增量比例法是指当年的奖金以上年度的奖金为基础，和考核指标的完成率增量挂钩，激励员工去努力创造增量。增量比例法适用于相对稳定但仍有增长空间的业务，员工对历史奖金分配满意且对业务增长有信心。

公式：奖金 = 上一年奖金 × (1+ 目标指标的增长率)

增量比例法可以牵引员工为业绩改进和增长而努力，利用历史指标作为起点，避免目标制定过程中的拉锯战。当没有历史指标、历史指标为零或被认为不合理时，可能影响下一年的奖金。

5. 加权比例法

加权比例法是指将多个目标指标进行加权平均，综合作用于奖金的计算方法。加权比例法适合多元化业务的公司，能够根据不同业务的表现进行合理分配。

公式：奖金 = Σ (业务完成目标值 × 业务提成比例)

通过对不同目标指标的加权，能够更灵活地反映各项指标的重要性。

6. 利润加权法

利润加权法是通过利润率的达成来影响销售的奖金，比如在不同的利润率下设计不同的系数且设计最低标准，鼓励员工在签单的基础上可以拿到更高的利润。利润加权法适合利润波动较大的行业，能够有效控制风险。

公式：奖金 = 利润率系数 × 期望奖金

确保只有在利润率超过最低标准时才进行分享，保障企业的基本利益，能够用考核牵引销售人员去保证公司利益。

绩效考核的提取和计算是考核设计的核心，绩效考核体现的是对销售全方面的评估，因此对销售的考核不仅要考虑绩效结果，还要考虑销售过程的动作行为和能力提升。

绩效考核的计算方式多种多样，做设计时需要根据自身的业务特点和管理需求，选择合适的考核方法，来确保可以达成管理目标，从而更好地适配企业阶段。

3.2.6 绩效的评价办法

绩效评价的核心在于衡量销售薪酬和绩效投入是否带来了预期的实际效果，这个也是 CEO 最关心的问题，销售薪酬和绩效成本对于公司来说是一笔相对较大的支出。因此，评估绩效的有效性，即投入是否带来了相应的产出对于公司而言至关重要。

对于绩效方案的评估，可以从以下三个维度进行分析：

- **战略一致性**：评估绩效方案是否与公司的战略目标相一致。确保绩效考核指标与公司的长期愿景和短期目标保持一致，以促进公司整体目标的实现。

- **考核有效性**：评估销售人员是否被充分激励，以及销售团队的业绩结果是否合理。这包括对每项考核指标的有效性进行评估，确保它们能够准确反映销售人员的贡献和业绩水平。
- **设计原理**：评估绩效考核指标是否完整，包括是否覆盖了所有关键的能力和业绩维度，以及这些指标是否能够全面评估销售人员的表现。

在每个绩效考核周期结束时，都应该对这三个维度进行全面且正式的评估。这有助于发现绩效考核方案是否有效，并在发现问题时能够及时进行调整和优化，以确保绩效考核能够持续推动销售团队的表现和公司战略目标的实现。

1. 从战略一致性评价绩效

销售绩效考核的首要目标是确保其能够支持和承接公司的战略目标，从而实现业绩结果。因此，绩效方案的评估首先从公司战略的支持度开始。

（1）战略匹配度。首先要确认公司的战略和销售团队的策略目标，接着查看绩效考核中的每一个指标，看是否可以对标到战略上，然后根据绩效的相对权重检验是否符合战略目标的重要性。

如果绩效考核指标与公司战略不匹配，可能会导致销售团队的努力与公司的长期目标不一致，从而影响公司的整体业绩。

（2）业绩成果与薪酬成本分析。对销售团队的整体薪酬成本和业绩成果做分析，如图 3-6 所示，对数据的变化趋势和相关性做分析，看是否有同一趋势的表现。

如果薪酬成本与业绩成果之间没有相关性，可能意味着绩效考核未能有效激励销售人员，或者需要调整薪酬结构以更准确地反映业绩表现。

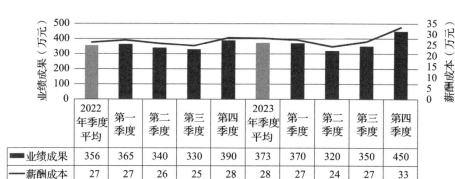

图 3-6 业绩成果与薪酬成本分析

（3）销售薪酬绩效成本分析。选取不同时间段和不同人员做薪酬绩效成本分析，如图 3-7 和图 3-8 所示。观察内部成本的数据变化，同时与行业数据进行对比，发现问题后考虑是否可以在绩效政策上进行优化。

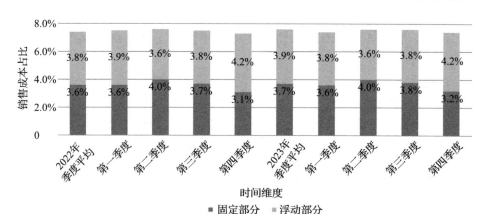

图 3-7 销售薪酬绩效成本分析（季度维度）

从不同绩效人群的销售成本差异去看绩效设计是否合理，如果绩效表现不佳的销售人员仍然获得高薪酬，这可能表明绩效考核体系存在漏洞，导致成本浪费和不公平。

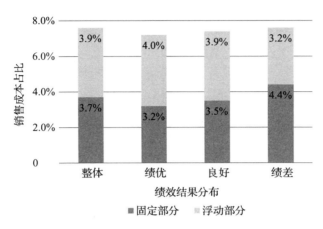

图 3-8　销售薪酬绩效成本分析（绩效维度）

（4）管理支持度和文化匹配性。从组织发展的角度看，绩效制度是否对组织战略有支持，这部分可以通过对人员的访谈得出结论、发现问题，可以对销售管理者进行访谈，了解绩效是否对销售人员有足够的支持，如日常管理的要求是否契合。管理的重点是否都体现在了绩效考核中。最后也要结合公司的文化去看绩效制度，看其是否和价值观匹配。

如果绩效考核未能支持销售管理的要求或与公司文化不匹配，可能会导致销售团队士气低落，影响公司的整体氛围和员工的忠诚度。

2. 从考核有效性评价绩效

（1）团队绩效分布。好的绩效政策会让销售团队的绩效结果呈正态分布，如图 3-9 所示，大部分人可以达成销售目标，也需要有小部分人无法达成和小部分人超额完成。如果绩效考核的尾部（未达成人员）过多，可能意味着绩效制度过于严苛，导致员工压力过大；如果头部（超额完成目标的人员）过多，可能意味着绩效考核过于宽松，员工的工作压力不足。

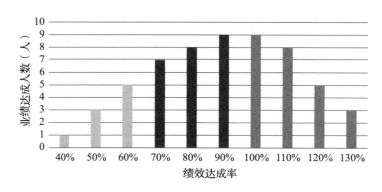

图3-9 绩效达成率分析

（2）单项考核指标的有效性。对于单项考核指标的有效性可以从两方面进行分析，一方面是对于整体的业绩达成是否有正向相关关系，以证明单项考核是否能够正向影响业绩结果的达成。如果完成率呈现正向分布，表明指标设计合理；如果完成率过于集中或分散，可能需要调整指标的难度或激励措施。

比如，图3-10是某公司的销售拜访量与业绩达成的相关性分析，可以看出，销售拜访量对业绩达成没有绝对的关系，这说明在绩效考核里加入对销售拜访量的考核不太必要。

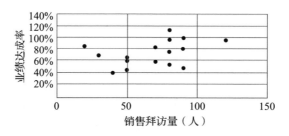

图3-10 销售拜访量与业绩达成的相关性分析

另一方面，通过看单项考核指标的达成率是否可以正向分布，来分析指标设计的强度和力度是否合适。比如，如图3-11所示，单项考核指标的强度设计相对合理。

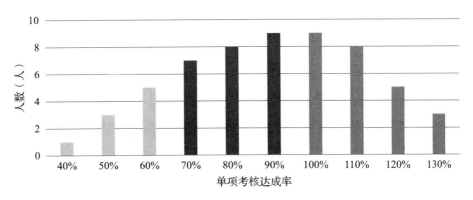

图 3-11 单项考核达成率分析

（3）是否对员工有足够的激励。要确认绩效方案是否对员工有足够的激励，除了上述对业绩结果的分析，还需要了解销售团队对绩效方案的主观感受和评价。这可以通过对销售团队不同层级的人进行访谈，了解他们是否认为绩效制度能够激励他们努力实现目标，以及绩效制度是否公平。

以下是一些可以参考的访谈维度：

- 是否可以理解绩效考核方案，通过绩效考核方案能够明确工作重点？
- 公司的绩效制度会激励你努力实现目标吗？
- 你认为绩效制度是不是公平的，业绩表现好的人和你认为的优秀员工一致吗？

除了对在职员工的访谈，也可以去参考离职员工以及面试后未入职员工的意见，了解绩效在行业内是否具备吸引力。

3. 从设计原理评价绩效

从设计原理的角度评价绩效，需要审视绩效方案在设计时是否考虑了考核指标的完整性、运营效率、人力和精力的投入以及方案的易懂性。

看考核指标是否完整还需要回归到绩效考核维度，评估绩效考核是否涵盖了销售的行为绩效、能力绩效和业绩绩效。这包括检查是否所有的关键能力和业绩指标都得到了覆盖，以确保绩效考核的全面性。

对于运营效率的评估，可以深入了解销售团队的运营人员和销售管理的员工如何测算绩效和发放奖金，查看整个绩效流程中发布阶段需要的运营成本，看过往出错是否频繁，销售人员对业绩结果是否认可，销售团队是否能及时公布绩效结果，从而起到即时激励的效果。

3.3　激励的模式与组合

在西方管理学中，有很多关于人的激励理论，比如熟知的马斯洛需求理论、员工激励的 X 理论、期望理论、强化理论和公平理论等。各个理论都在被企业应用，也作为激励的基本原理，这些理论各有方法，但有一个统一的核心，即人在被激励时可以创造更多的价值。

基于这个假设，在制定激励策略时，应当回归到员工的基本动机和需求上。不同岗位和层级的员工可能被不同的激励内容所影响，他们有着各自独特的动机和需求。因此，激励机制的设计需要考虑到员工的个体差异，制订差异化的激励方案。通过深入了解员工的需求和动机，企业可以更有效地激发员工的积极性，从而提高整体的工作效率和业绩表现。

在大多数企业中，激励往往集中在那些已经表现突出的员工身上。确实，企业需要激励为公司带来更大价值的人，但不能因为激励一类人而忽视一群人，结果忽视对其他员工的激励，这样可能会导致团队整体动力下降。从长期来看，如果大多数员工认为激励与自己无缘，他们可能会失去动力，不再愿意付出额外的努力，公司无法达到激励目标，从而出现员工"躺平"的现象。

然而，激励的目的是让团队中的每个人都感到自己可以被激励，有机会通过努力获得相应的奖金或荣誉。如果大多数销售人员意识到，无论他们多么努力，都无法获得激励，他们可能会放弃努力。然而，企业的目标实现需要整个团队的合作和努力，而不是仅仅依靠少数顶尖的销售人员。因此，在设计激励机制时，我们应确保对所有人进行激励，只是激励的手段、方法和评价标准可能需要根据不同的情况而有所区别。

在制定激励制度时，我们要进行全方位设计，做到全面、精准和有效的激励。

"全面"是指要对所有人进行激励，在对人员进行分层分类后，在每一类中再去做精准激励的设计，实现对组织中所有人的精准激励。

如何做到全面、有效和精准的激励？这就需要分层、分类、分阶段地实施激励，为了达到这个目的，实现全面覆盖，扫除盲区，我们构筑了一个基于时间维度、人员分层和分配方式的三维立体的全面激励体系。

1. 从时间维度看激励

对企业而言，持续不断地激励员工至关重要，不仅包括对当下行为的即时反馈，也包括设定可以为之长期奋斗的目标。

从时间维度来看，激励可以分为即时激励、专项激励、短期激励、中期激励和长期激励。

- **即时激励**是对员工的行为或阶段性成果即时给予肯定，重在即时性，做到"激励不过夜"。即时激励是员工行为的塑造系统，要根据企业的文化和价值观，明确提倡什么、反对什么。这更针对行为本身，与业绩结果关联度较弱。即时激励通常会结合物质激励和荣誉激励。

- **专项激励**是企业针对员工取得的业绩成果给予的激励，通过加强奖金评议和发放的及时性，强化过程激励、项目激励。以提高激励效果为目标，要将激励规则提前发布，导向冲锋。专项激励的时间根据项目的时间周期确认，不像季度或年度奖金一样，有明确的时间点。专项激励是成果导向，不是行为导向。专项激励强调物质激励，而非荣誉激励。
- **短期激励**主要是指销售的月度基本薪资，在月度固定发放，是最基本的激励机制，用以保障员工最基本的生活。
- **中期激励**机制指有相对明确的发放时间，并基于业绩结果，如季度绩效奖金、半年度奖金、年度奖金等。在销售部门，主要是以销售提成或奖金发放的激励。
- **长期激励**主要指企业希望以员工构筑利益共同体，发放期权或者股票等，鼓励员工和企业长期共同发展，为企业的长期价值做贡献。

2. 从人员分层看激励

在销售团队内，要根据销售人员的岗位和能力的差异进行分层，可以简单分为高层管理者、中层管理者和基层员工，要针对每一层级设计激励机制，在层级内部进行精准激励，结合不同层级的特点和要求"对症下药"。

我们以华为为例，不同分层的关注点可以总结为：

- **高层**：应以事业心和使命感为驱动，而非单纯的物质利益。高层领导需要具备强烈的责任感，关注企业的长远发展和社会价值。
- **中层**：如果中层管理者无法完成任务、凝聚团队且斗志减退、自私自利，将面临被调岗或降职的风险。中层管理者需要保持积极的工作态度，带领团队迎接挑战。
- **基层**：应对奖金、晋升和成功有强烈的渴望。基层员工的积极性和动力来源于对个人成长和物质回报的追求。

针对层级的特点和要求进行精准的激励设计，比如对于高层，要引导其关注精神和荣誉激励，激发他们的荣誉感和使命感。

而在层级内部，比如基层销售人员，会因为能力原因有不同的职级划分，要考虑到每一能力等级的销售人员都有属于自己的激励设计，让所有人都有努力跳一跳就够得着的目标。

3. 从分配方式看激励

许多企业在谈到激励时，常常因预算问题而感到困扰，认为没有足够的资金就无法进行激励，甚至认为员工只能通过物质激励来激发积极性。然而，激励并不仅限于金钱，企业中的晋升机会、权力和荣誉体系等都是宝贵的资源。因此，我们需要更新认知，不应仅将注意力集中在金钱上，而应整合包括荣誉、权力等在内的多种机会和资源，实现多元化激励，避免出现一切"向钱看"的导向。

因此，激励的分配方式可以总结为分利、分权、分名。

- **分利**：基于物质分配的分配方式，不限于员工基本的工资、绩效奖金等，还包括公司提供的各种福利。物质资源的分配不应仅限于企业当前的物质条件和预算,还应包括预期未来的资源,如期权和股票等,这些可以更有效地激励员工长期努力,并在员工与公司之间建立长期利益共同体。

- **分权**:公司中的晋升机会和权力是稀缺资源。企业可以给予表现优秀的员工适当的授权,激发他们的使命感和责任感,同时也体现对优秀员工的认可。
- **分名**:企业应重视荣誉,建立并维护一个有效的荣誉体系。物质激励可能在短期内效果显著,但长期来看,物质激励的边际效用会递减,而通过物质激励获得的满足感也会下降。因此,企业的荣誉激励是不可或缺的,但荣誉激励的建立和维护需要长期的投入和努力,包括持续的宣传、树立榜样等,以强化员工的认知,并产生长期的效果。

3.4 激励项的辨认与提取

3.4.1 不同维度的激励项如何提取

从销售业绩的达成逻辑来看,绩效会从销售的业绩结果、正向行为和能力三个方面进行考核,激励设计也是为了促成销售人员达成目标,并提升销售业绩达成的效率。

1. 业绩结果激励

对于业绩结果的基本要求在绩效考核中已经设计,是适用于全体员工的相对基础的标准。在激励体系中,激励的内容有更高的考核标准和差异性。

业绩结果激励应与销售团队的策略导向保持一致，作为向下传递的信号。例如，如果企业有明确的战略客户，可以在激励设计中加入针对这些客户的专项激励，以鼓励销售人员增加对战略客户的关注和投入。

2. 正向行为激励

正向行为激励主要包括销售在工作过程中值得鼓励、提升效率的行为，通过激励去巩固和反馈销售的正向行为。

比如在工作过程中能够主动思考，并做出有创新和突破的方案，或者能够主动在团队内部分享经验和知识，促进团队内部的沟通和协作。通过激励，销售人员能够感受到自己的工作被认可，从而增强他们的认同感和工作动力。

3. 能力激励

能力激励是希望通过激励的设计让销售人员可以产生自驱力，能够持续学习和提升自我，比如对完成某些认证的员工给予奖励。

通过这些不同维度的激励设计，企业可以全面激发销售人员的工作热情和动力，从而提升销售业绩和团队的整体效能。

3.4.2 结合时间维度完善激励体系

有效的激励需要具备及时性，这是至关重要的。如果激励措施延迟实施，即使强度相同，其效果也会大打折扣。这是因为延迟满足会导致绩效的效用减弱，从而影响激励的效果。在设计激励机制时，特别需要关注时效性，确保能够及时且持续地对员工进行激励。

因此企业在设计中长期激励时，还需要额外去思考如何解决延迟满足带来的效用减弱的影响，找到时间与衡量贡献之间的平衡，以便持续、有效地激励员工。

从正向角度来看，结合不同时间维度激励的特点和可以达到的效果，将提取出来的考核项分配到不同的时间维度上，通过将考核标准和发放的时间标准相结合，可以更有效地激励销售团队。

例如，对于销售人员正向行为的反馈应该放在即时激励中，通过即时的反馈和奖励，让销售人员感受到自己的努力被认可，从而增强他们的工作动力。对于客户关系的维护考核，则应该放在中长期激励中，可以设计季度或年度的激励项，让销售人员能够在长时间内持续维护客户关系。

从逆向角度来看，也需要通过时间维度去复核销售团队的激励体系是否完整，是否在不同的时间段都有持续的激励措施。如果发现激励过度集中在即时和短期，销售人员可能会在某个阶段感受到巨大的压力，甚至去追求短期的结果，这可能会损害长期利益。反之，如果缺乏即时和短期的激励，销售人员可能会在短期内积极性不足，失去对目标的关注度。

因此，在设计激励机制时，需要综合考虑即时激励、短期激励、中期激励和长期激励，以确保在整个工作周期内都有有效的激励措施，从而持续激发销售团队的潜能和动力。

3.5　绩效考核和激励的落地：从钻石图看绩效与激励的设计落地

一个精心设计的销售绩效考核和激励的方案，能够直接反映销售团队策略和业绩规划，对企业的管理和策略落地也是有正向的支持作用。

在实际操作过程中，设计一个有效的薪酬绩效方案确实是一个复杂且关键的任务，需要考虑多方面的因素，并遵循一定的流程。

根据过往在企业中的实践经验，我们总结了销售薪酬绩效设计钻石图，如图 3-12 所示，它能帮助团队逐步设计绩效考核，完善激励机制。

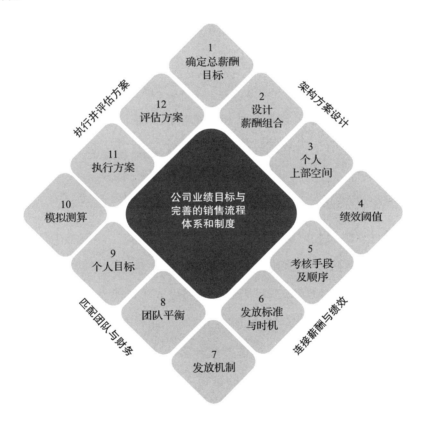

图 3-12　销售薪酬绩效设计钻石图

接下来，我们会根据"钻石图"的每一个步骤来分别讲解，在不同的阶段该如何实操，应如何避免风险，让绩效方案的设计更高效、更好落地。

1. 确定总薪酬目标

团队总薪酬目标是根据公司战略，再结合整个部门的人工成本预算来确定的，会综合考虑团队规模、团队投入产出比（return on investment，ROI）和年度业绩达成等数据。这包括了基本工资、业绩绩效和激励奖金等，作为销售薪酬绩效设计的初始值，为整个方案确定了大致范围。

个人目标总薪酬指销售人员在工作中所获得的收入，它不仅包括基本工资，还包括了奖金、绩效、股票期权、福利以及其他形式的补偿，以确保员工能够获得符合其贡献和市场价值的总体薪酬，作为销售薪酬绩效设计的参考值，用来评估对个人的影响力度。

2. 设计薪酬组合

在设计薪酬组合时，我们不仅要考虑基本工资，还要考虑绩效奖金、股票期权和福利等多种形式。这一部分的设计重点是销售的基本工资和绩效奖金，这通常包括基于目标绩效的提成或年度奖金包。

需要确保销售团队及其协同部门的岗位职责和目标与薪酬组合相匹配。由于销售过程的特征、销售类型和客户类型的不同，薪酬组合也会有所差异。例如，专注于大客户的销售人员可能需要更稳定的基本工资，以确保客户关系的稳定性，这样的薪酬组合可能为50%的基本工资和50%的浮动奖金。而专注于开发中小规模新客户的销售人员，在绩效设计时需要鼓励他们积极开拓新市场，因此可能更倾向于40%的基本工资和60%的浮动奖金。

在制定薪酬组合时，需要关注以下几个问题：薪酬组合是否与岗位角色相匹配？薪酬的不同比例会如何影响销售行为？较高的基本工资是否能让销售人员保持更稳定的心态，还是可能导致他们产生"躺平"的心态？这些问题的答案将直接影响员工的激励效果和团队的整体表现。

3. 个人上部空间

个人上部空间是指绩效优秀者可以达到的绩效奖金。这些员工通常位于团队绩效排名的前10%，通常会超额完成目标，所获得的薪酬与团队大部分人可能会有数倍的差距。上部空间在吸引和留住市场上的优秀人才方面至关重要，同时也为团队明确了高绩效的标准。

在制定薪酬组合时，需要关注以下几个问题：顶级收入者是否真正代表了顶级绩效者，导致高绩效收入是因为偶发性的大单还是有稳定的能力？我们是否能够清晰地区分为绩效优秀者和绩效普通者设计的奖励薪酬？这些问题的答案将有助于优化薪酬结构，确保激励机制的有效性。

4. 绩效阈值

绩效阈值是指触发薪酬绩效方案的最低绩效标准。这个阈值通常代表了最低绩效水平，若销售人员的业绩低于这一标准，通常在团队中难以胜任其岗位，公司会因不胜任而辞退他，个人也会因收入不够理想而选择离开。

不同的公司可能会设定不同的绩效阈值。一些公司可能会设定较高的绩效阈值，这意味着每位客户经理都需要具备稳定的客户保留能力才能达到这一标准。这样的设置确保了只有能够持续提供高绩效的销售人员才能获得相应的薪酬。而另一些公司可能不会设定绩效阈值，对于新业务拓展者而言，每一笔交易都被视为增值，这可以鼓励他们积极开拓新市场。

制定绩效阈值时需要关注的问题包括：销售要保住岗位或获得奖励，其最低可接受的绩效水平到底是多少？是否存在绩效低下但薪酬过高的情况？这些问题的解答将有助于优化薪酬结构和绩效管理。

5. 考核手段及顺序

绩效考核手段清晰地界定了每个销售岗位最核心的考核维度。这些考核手段应当反映销售角色在可控销售策略中最重要的内容，并且可以结合基本行为绩效、能力绩效和业绩绩效等维度来提取。在这个过程中，最大的挑战在于如何在众多可能的考核手段中选择最合适的几项，这些考核手段应当围绕销售岗位的核心预期进行设计。

需要关注的问题包括：考核手段是否能够有效反映每个岗位的关键目标，是否与团队策略一致？是否由于考核手段过多，导致方案的核心目标被稀释？此外，销售人员是否能够有效控制他们所参与的每种考核手段？对这些问题的解答将有助于优化销售绩效管理和薪酬激励机制，确保考核手段能够准确反映销售人员的工作表现。

6. 发放标准与时机

为了确保每种考核手段的有效性和公平性，必须清晰地定义考核标准。例如，销售团队可以在个人或区域层面设定收入考核指标。每个考核内容应在特定的时间框架内进行评估，并根据月度或季度的时间框架支付相应的报酬。考核标准和评估时机的选择将直接影响销售人员的行为。

一方面，如果考核标准设定得过高，销售人员可能会感到缺乏控制感，这可能会影响他们的工作动力和业绩。另一方面，如果考核频率过高,可能会导致考核周期与较长的销售流程无法有效对接,这可能会影响销售人员的工作效率和团队的整体绩效。

高管层需要关注的问题包括:考核标准是否与对销售人员考核手段的影响力相匹配?考核和支付的频率是否与销售周期的节奏相适应,还是说这种频率正在异常地延长或缩短?这些问题的解答将有助于优化考核机制和提升销售团队的绩效。

7. 发放机制

设计发放机制的关键在于明确绩效与薪酬之间的关系。很多公司都是先确定发放机制,再去看考核项设计的。实际上,这是本末倒置的做法,发放机制的设计是为了更好地服务于考核项,要与销售流程更好地结合,因此要在确认考核项后,再去设计发放机制。

尽管发放机制看似复杂,涉及多种比率、门槛、激励和积分制度等,但可以将其简化为两类:第一类是基于比率的机制(通常称为"提成"),它根据销售所产生的收入或毛利润的比例进行计算,或者根据每单位销售额支付固定金额;第二类是基于定额的机制,通常在销售人员达到特定目标或定额时支付奖励,这种机制会根据绩效水平确定具体的支付奖金总金额。

需要关注的问题包括:计划机制是否易于理解和计算?收入水平能否令销售人员满意?这些问题的探讨将有助于优化薪酬机制,提升销售团队的整体绩效。

8. 团队平衡

一项完整的销售薪酬绩效方案应涉及一系列岗位,即销售、销售支持和管理角色,以实现团队的协同工作。因此,方案设计必须作为一个整体系统进行统筹考虑。这种匹配点将验证销售人员如何作为团队成员与同事共同参与销售过程，这些同事横向看包括业务开发人员、客户经理、一线销售人员、产品和市场专家、销售支持人员以及渠道合作伙伴等；纵向看，包括从一线销售人员到管理层人员，看不同角色的考核内容是否存在一致性。

在设计团队平衡时应关注以下问题：销售薪酬方案能否促进团队合作，还是存在潜在的冲突？销售经理与一线团队是否使用相同的考核标准？

9. 个人目标

销售目标在绩效方案和销售薪酬之间扮演着重要的角色，销售目标应该基于市场情况，结合销售负责的客户和机会以及对销售人员个人能力的评估。很多企业使用的是基于历史的完成数据去做一个增量的目标设计，这脱离了客观因素，使得销售目标变成了一个数字，不能够有效地指导销售工作。

合理的目标设计可以在总的业绩目标基础上，结合每一项考核指标去单独设计目标，让业绩结果和绩效指标通过目标的设计有机结合。通过这种方式，销售目标不仅能够反映销售人员的努力和能力，还能够激励他们朝着特定的业绩目标努力，从而提高销售团队的绩效和公司的整体业绩。

10. 模拟测算

薪酬绩效的测算是用数据来验证考核制度和指标是否有效、目标制定是否合理、检验考核标准是否清晰且可以被计算。

有效的测算过程，可以评估现有绩效制度是否能够有效激励销售团队，是否能够推动业绩增长。如果发现某些指标或激励措施未能产生预期效果，可以及时进行调整。测算可以帮助公司设定合理的销售目标，确保目标既具有挑战性又可实现，进而激励销售团队的积极性。

11. 执行方案

随着销售薪酬绩效方案的逐步完善，在实施落地阶段，首要步骤是进行有效的沟通和正式宣贯。实际上，在方案评估阶段就应该开始沟通，如果沟通过程仅在方案正式引入时才开始，领导团队可能会面临被动局面。

在接下来的整年中，在执行的过程中要去关注考核的数据来源和评估标准，怎样结合数字化的管理去监督和追踪，怎样通过绩效的数据发现在业务管理和人员管理上的问题，这些都是执行过程中的关键，也是体现销售薪酬绩效制度的价值所在。

12. 评估方案

评估方案应该是一个全年都在进行的常规过程，查看绩效达成和薪酬绩效之间的多维度数据、绩效在团队内部的分布等。通过进场数据分析，去评估现有的绩效方案的执行情况，同时对后续方案提出优化的建议和方向。

评估时应关注的问题是：目前方案是如何执行的，可以用哪些数据佐证？是否已经形成固定的评估维度？

这颗"销售薪酬绩效设计钻石"就是将一个系统化的框架切分为更小的部分，清晰地看到在销售薪酬绩效设计时的每一个切面。在交流方案设计和分析时，让我们有了更清晰的流程和步骤，在每一步思考过程中去深入对销售目标的理解。

3.6 引以为戒的反面教材

—— **反面教材** ——————————————————

销售绩效考核没有有效承接策略

某科技公司专注于高端电子产品的研发与销售，随着市场竞争的加剧，公司决定通过调整销售团队的绩效考核机制来提升业绩。管理层决定将销售人员的奖金与销售利润直接挂钩，销售人员完成的订单利润率越高，可以获得的奖金数额就越高，因此销售人员忽略了对销售量的关注，销售人员会因为利润较低而放弃一些订单，导致在一个季度内销售额大幅下降。

销售绩效制度的调整，看似非常直接地承接了公司收支平衡的战略目标，但是实际上损害了公司的利益。由于销售人员只关注高利润的订单，而损失了其他利润较低的销售订单，尤其是利润低但是潜力巨大的订单被忽视。这是十分不利于公司长期发展的，而且也会给竞争对手机会，导致客户的流失，长此以往，对公司的发展是非常不利的。

—— **反面教材** ——————————————————

错误层面上的考核

一家 To B 的技术公司，希望销售经理可以专注于整体的业务结果，能够站在更高的层面思考工作。因此在设计销售经理的考核指标时，将整个销售团队和公司的绩效作为奖励指标，而且权重较高，而对于销售经理自己负责的区域团队的绩效却不太重视。

在经过三个季度的绩效考核周期后，公司发现不同销售经理之间的薪酬绩效水平也相对平均，没有特别突出的。对销售经理的绩效和区域团队的绩效进行分析后，发现两者之间没有直接的关系。因为考核指标的设计，销售经理缺乏对自己区域团队的管理，也不关心自己团队成员的能力提升。

---- **反面教材** ----

使用矛盾的考核手段

一家 To B 公司当年的战略目标是实现收入和支出的平衡，一线的销售团队对于服务订单有一定的定价权，所以今年的销售团队用毛利润作为主要的绩效考核指标。

在绩效设计时，大家认为这样的考核手段很有效，每一个层级负责一部分分解后的财务指标。销售经理作为主管的直接领导，对整体业务的增长和费用管理负责，他们的薪酬绩效与销售费用预算挂钩。销售主管和销售经理根据市场和客户情况去给产品定价，维持最佳的价格，同时保证利润的最大化。

但是实际上，销售主管会因为影响了自己的利润绩效，拒绝为一单生意而降价，导致签约失败。销售经理需要不断提升整个团队的销售收入才可以达成自己的业绩目标。当销售经理发现销售主管的这些行为时，会督促销售主管改正，他们之间因为不同的目标造成了关系的紧张，最终这样的绩效方案造成了内部冲突。

---- **反面教材** ----

不同的业绩考核方式塑造了不同的销售行为

一家技术公司为客户提供两种主要服务：一种是基于服务合同的销

售（称为"类别A"），另一种是基于客户实际使用情况的销售（称为"类别B"）。这两种服务由不同的销售团队负责，根据业务不同的特性设计了不同的绩效考核方式，也导致了不同的销售行为。

在类别A中，销售人员在客户下订单和提供服务时即可获得报酬。由于这项服务是合同性质的，收入是有保障的，一旦收入金额确定，公司就可以立即向销售人员支付薪酬。销售人员可以在完成一笔交易后，继续寻找下一个商机。类别A的收入和奖励方式都是明确、稳定且即时的。

与此相对，类别B的销售则是客户使用服务后，根据实际收入来获得薪酬的。这意味着在签订合同时，公司会收到一笔最低的预付款，而剩余的金额则会根据客户在协议期内的实际使用情况逐步入账。尽管公司在客户使用模式上拥有可靠的数据支持，能够准确预测客户消费，但是销售人员的绩效计算和发放还是会以实际付款情况为基础考虑。

这种类别A和类别B之间的薪酬结构差异，对销售团队在季度末和年末的行为产生了显著影响。在年末时，类别B的销售人员开始放假，自动回复的"离开办公室"邮件频繁出现，在第四季度开始时，之前预售的交易陆续开始回款，这些账单都计入当年的业绩，而新交易则要等到次年1月才能入账。即使在12月达成的新交易，销售人员也无法获得新的账单收入或薪酬。

相比之下，类别A的销售人员则是非常忙碌的，他们积极洽谈新业务。由于他们的薪酬是基于订单金额的，任何在12月达成的新交易都能计入当年的收入，并与当年的奖励薪酬挂钩。因此，类别A的销售人员不会停下脚步，会努力争取在年末前完成更多交易。

通过对这两种不同的绩效考核和薪酬支付方式的分析，公司不仅塑造了不同的销售行为，还培育了两种截然不同的企业文化。最后，公司在类别 B 中决定利用自身对客户使用情况的深入了解，增加销售人员的紧迫感和驱动力，以激励销售人员更积极地推动业绩增长。

Chapter 4

第 4 章

销售招聘与落地

> **导言:**
> 在多数企业中,顶尖销售人员的业绩通常是最差销售人员业绩的三倍。然而,他们所获得的薪酬总数却差距不大。这一巨大的效率差异不容忽视。若要提升销售团队的整体表现,使其接近顶尖水平,招聘和初期落地便是最为关键的环节。招聘的质量与效率将直接关系到企业整体的竞争实力。本章我们将深入探讨精准招聘和新员工落地的具体办法。

4.1 基于销售业绩的达成谈销售人才规划

4.1.1 战略一致性与人才规划

销售团队人才规划的最终目的是确保完成企业当前经营目标,并更好地推动企业长远战略目标的实现。在规划过程中,必须确保人才规划与企业销售目标和战略高度一致。虽然许多企业宣称重视人才，但往往缺乏具体的年度人才目标和招聘培养计划，这反映出对人才的重视并未转化为实际行动和具体规划。

在进行人才规划时，应确保其与企业的销售目标和战略目标相契合，深入分析市场动态和业务需求，预测未来的人才需求，并对现有团队的能力进行全面评估，以找出能力差距和提升空间。销售阶段的人才规划要求我们将销售目标分解到各个销售岗位，确保每个岗位都有合适的人才来实现这些目标，并为关键岗位制订人才储备计划。例如，实现一千万元与一亿元的业绩目标，对销售人员的数量和质量要求不同，并非简单的比例增加。不同的销售模式，如直销或渠道销售，对人才的画像和要求也有所区别。因此，我们需要明确所需人才的类型、数量以及他们达到胜任状态所需的成长周期，这些都是结合业务深入思考的结果。

在做人才规划时，有必要构建一个适度超配的销售团队，一般建议超配比例为10%～20%。许多企业因预算控制过紧而人力不足，当面临市场机会和增长要求时，才开始紧急招聘和培养人才，这往往已经错过了关键时机。保持销售团队的适度超配，不仅能有效预防因员工离职导致的岗位空缺，还能在人员优化时提供更多的选择和人才储备，从而更加主动地应对市场变化。

4.1.2　基于业绩达成的人才规划关键要素

要实现业绩和战略目标，必须密切关注销售团队的人才建设，对于人才建设而言，核心要素就是人才的招聘和培养，这两个环节相辅相成，共同构成了销售团队强大的基石。

招聘环节是构建销售团队的第一步，它决定了哪些人才能够加入我们的销售队伍。因此，在启动招聘之前，我们必须明确企业所需的人才画像。首先，我们需要深入了解企业的未来战略规划和近期的业绩目标，这些是绘制人才画像的基础。在此基础上，我们要对现有销售团队的构成进行深入分析，明确哪些类型的人才是我们所缺乏的，进而制定出精确的人才画像。同时，我们还需设计出一套合理的招聘流程，确保能够吸引并筛选出与企业文化和业务需求相匹配的候选人。在新员工入职后，企业应建立一套完善的新员工落地体系（落地体系包含在招聘体系里），通过这一体系，新员工能够迅速融入团队，掌握工作技能，从而快速胜任岗位。

培养环节是一个长期且持续的过程，需要企业投入大量的精力和资源。许多公司发现，即便招聘到了优秀的人才，他们在进入公司后也未必能立即取得良好的业绩，这时企业往往会归咎于员工能力不足或招聘过程存在问题。然而，真正的问题可能在于企业的培养机制不完善。企业需要通过系统的培养计划，帮助新员工更好地适应内部环境，同时提升销售团队对产品和行业的认知。为此，企业应当配备专业的销售管理人员，他们负责销售团队的培养工作，需要设计出有针对性的培养内容，制定合理的考核评估标准，以及探索有效的培养方式。

这些培养方式可以包括但不限于：定期的产品知识培训、行业动态分析、销售技巧提升、团队协作能力培养等。同时，企业还应关注销售团队成员的个人成长计划，鼓励他们在工作中不断学习和进步，从而为企业创造更大的价值。通过这样全方位、多层次的人才培养，销售团队的整体实力将得到显著提升，进而推动企业业绩和战略目标的实现。

总结来说，为了提升销售业绩，必须要把销售团队的招聘和培养工作做扎实，落到实处，在后续的章节我们具体分享如何设计招聘和培养体系，如何做落地。

4.2 精准招聘的设计与落地

4.2.1 为什么要选择精准招聘

精准招聘,即指在招聘活动中,通过精确的目标设定、详尽的需求分析、严谨的选拔方法和流畅的流程控制,确保所招揽的人才与职位要求高度契合,并能为企业创造长远价值。这一体系打破了传统招聘中"广撒网、多捞鱼"的模式,更加注重质量而非数量。

在不久前的一次聚会上,某企业的 CEO 讲述了自己企业的经历。他们在传统的招聘旋涡中摸爬滚打了十几年,一直以来,长期以招聘数量作为衡量标准,每次新员工入职都达到 50 人以上,每 3~6 个月,他们就会重新招聘一批新员工。就光招聘本身,该企业就产生了大量的成本,如招聘官、面试官的人工成本和招聘渠道的推广成本等,巨大的招聘成本让这家企业感受到了压力,更何况,每次新入职的 50 名新员工,留存率连一半都不到,要么是岗位不匹配,要么是基本知识不到位,这种情况让该企业一直处于招人、淘汰人的恶性循环中。直到去年,该企业的管理层引入了精准招聘理念,对整个招聘团队进行了优化和升级,既降低了招聘成本,又确保了所招聘人才的快速适配,从而推动了销售团队人力资源的顺畅和高效发展。

这个企业是精准招聘的典型受益者,精准招聘为它带来了显著的正面效果,那么到底好在哪儿,我们来逐个看看这套体系给企业带来的价值吧。

1. 精准招聘的重要性

精准招聘为企业带来的显著成效,归功于其独特的方法,包括精确的目标设定、详尽的需求分析、严谨的选拔方法和流畅的流程控制。这些要素为精准招聘的效果和重要性奠定了坚实的基础。在现代企业管理中，精准招聘的作用不容小觑，它贯穿于人才管理的全流程，从提升团队效能、降低员工流失率、强化企业文化到降低招聘成本等多个层面，对企业产生着深远的影响。

（1）**提升团队效能**：传统的海量招聘方式往往导致新员工与岗位匹配度低，影响团队效能。而精准招聘则确保新员工具备所需的专业技能、工作经验和文化适应性，能够快速融入团队，减少培训成本和时间，从而显著提高团队的整体效能。例如，一家软件公司通过精准招聘，吸引了一名与岗位需求高度匹配的销售。该员工入职后，不仅迅速适应了团队节奏，还分享了行业的经验以及市场竞争情况，为整个开发团队带来了显著的效能提升。但这需要招聘目标的精准定位，后面我们会展开讲。

（2）**降低员工流失率**：如果每个企业都可以通过精准的画像找到匹配度非常高的员工，那么新员工的流失率必然会降低。当员工与岗位高度匹配时，他们更有可能在工作中找到满足感和成就感。这为企业节省了招聘和重置的成本。

（3）**强化企业文化**：精准招聘强调候选人的价值观与企业文化的一致性，这有助于维护和加强企业的核心价值观。例如，有一家注重创新和团队合作的互联网公司，该公司在招聘新员工时，特别关注候选人的创新思维和团队协作能力。通过精准招聘，他们吸引了一批具有相似价值观的优秀人才。这些新员工的加入，进一步强化了公司的创新文化和团队协作精神，为公司的长期发展奠定了坚实基础。

（4）**降低招聘成本**：精准招聘通过提高招聘的精准度和效率，有效降低了招聘成本。明确岗位需求和候选人标准，避免了无目标招聘的资源浪费，避免了盲目广撒网导致的资源浪费；同时，由于员工与岗位的高度匹配，减少了不合适员工带来的重置成本，此外，精准招聘还能缩短招聘周期，提高招聘效率，进一步降低企业的招聘成本。

综上所述，精准招聘在现代企业中的重要性体现在多个维度，它不仅能够提升团队效能、降低员工流失率、强化企业文化，还能有效控制招聘成本。因此，企业应当高度重视精准招聘，不断优化招聘策略和方法，确保吸引到与企业发展战略相匹配的高素质人才。

2. 精准招聘对团队的长期影响

在探讨了精准招聘体系的众多优势之后，我们来深入分析它对一个团队乃至整个企业的长期影响。正如俗话所说，短期看优势，长期看效益。招聘作为企业人力资源发展的起点，其重要性不言而喻，它对企业长期发展的影响力是巨大的。招聘是企业与求职者最初的接触点，一个职场人士通过招聘信息、面试问题、面试官的态度等，就能对一家企业形成初步且深刻的印象。因此，高效执行的招聘工作对推动企业人才可持续发展有至关重要的作用。

（1）奠定人才基础（做好人才的储备）：精准招聘有助于企业吸引那些与企业文化、价值观和业务需求高度契合的人才。这些新员工不仅拥有必要的技能和经验，还具备与企业共同成长的潜力，从而为企业长远发展打下了坚实的人才基础。

（2）促进技能传承与创新：通过精准招聘，企业能够引入拥有多样化背景和技能的人才，这有助于不同知识和经验的交流与融合。这样的跨领域互动是技能传承与创新的重要推动力，使企业在不断变化的市场环境中保持竞争优势。

（3）构建学习型组织：优秀的招聘实践重视候选人的学习能力和适应性。当企业能够吸引并保留这样一群愿意学习、勇于探索的员工时，更容易形成一个学习型组织，激励员工不断提升自我，实现个人与企业共同进步。

（4）降低人才流失风险：精准招聘不仅考察候选人的专业技能，还注重其与企业文化的契合。当员工感到自己与企业相匹配，能够在工作中发挥潜力并获得成长时，他们更可能长期留在企业，从而降低人才流失的风险。

（5）提升雇主品牌形象：成功的招聘实践能够为企业树立良好的雇主品牌形象。当新员工在企业中获得良好的职业发展机会和成长体验时，他们往往会成为企业正面形象的传播者，吸引更多潜在求职者加入，提升企业的人才吸引力。

综上所述，高效的招聘工作是企业人才可持续发展的关键所在。通过精准识别、吸引和保留具有潜力、学习能力强和文化契合度高的员工，企业能够构建一个充满活力、持续创新的学习型组织，为长期的繁荣和成功奠定坚实的基础。

4.2.2　精准招聘的难点

众多企业正着手构建自己的精准招聘体系，然而，这套体系属于典型的"一看就会，一搭就废"。精准招聘的优势明显，但其难点也恰恰在于如何实现"精准"。如果不能真正做到"精准"，那么所有的努力可能都会付诸东流。精准招聘的挑战在于整个体系的精确性，从人才画像到需求分析，再到选拔方法和流程管理，每一个环节都要求极高的精确度。以下是对这些难点的具体分析。

1. 很难精准地制定出符合企业发展的人才画像、特质和潜力

（1）为什么难：

- 企业的发展战略和业务需求可能在不断变化，导致人才画像也需要不断更新。
- 识别和评估人才的特质和潜力是一个复杂且主观的过程，需要专业的知识和经验。

（2）企业遇到的情况：

- 一家初创公司在制定人才画像时，由于缺乏对市场和行业的深入了解，制定出的人才画像过于理想化，导致难以找到合适的候选人。
- 另一家公司在评估候选人的潜力时，过于依赖面试官的直觉和经验，导致招聘到的人员在实际工作中表现不佳。

2. 面试中很难快速、准确地识别符合画像的人才

（1）为什么难：

- 面试是一个在有限时间内的交互过程，很难全面、深入地了解候选人的所有方面。
- 面试官可能因受到自身经验、偏见和情绪的影响，做出对候选人不够客观和准确的评价。

（2）企业遇到的情况：

- 一家公司在面试过程中，由于面试官对候选人的某些观点或行为存在偏见，错失了一个非常适合该岗位的候选人。
- 另一家公司在面试中过于注重候选人的技能和经验，而忽视了他们的团队合作能力和适应能力，导致招聘到的人员难以融入团队。

3. 缺少高效的招聘流程

（1）为什么难：

- 招聘流程可能涉及多个部门和环节，需要协调和管理。
- 传统的招聘流程可能过于烦琐和低效，无法满足现代企业的需求。

（2）企业遇到的情况：

- 某公司招聘过程中，各部门之间沟通和协作不畅，导致招聘进度缓慢，甚至错失了优秀的候选人。
- 某公司的招聘流程过于复杂，包括多轮面试、测试和评估，导致候选人体验不佳，放弃该公司的工作机会。

4. 缺少统一的评价标准

（1）为什么难：

- 对候选人的评估需要综合考虑候选人的多个方面，包括技能、经验、潜力、文化契合度等。
- 建立有效的评估标准需要投入大量的时间和资源，包括制定能力评估标准、培训面试官等。

（2）企业遇到的情况：

- 一家公司在招聘过程中，由于没有建立明确的标准，不同面试官对候选人的评价存在较大的差异，难以做出决策。
- 另一家公司在招聘时过于注重候选人的技能和经验，而忽视了他们的文化契合度和长期发展潜力，导致招聘到的人员难以在公司长期发展。

精准招聘的难点需要企业通过深入了解市场、优化人才画像、改进面试流程、完善招聘流程和建立有效的评估标准来逐一攻克，以适应不断变化的市场和业务需求。

4.2.3 解决难点的方法

精准招聘的难点都很典型，也都是企业在多年的实践中最容易遇到的问题，有问题就肯定能解决，通过众多企业的不断尝试和探索，已经形成了一套成熟的解决逻辑。和其他解决问题的思路一样，就是定策略、跑流程和增能力，也就是企业需要量身定制一套招聘策略，确保招聘流程的顺畅和持续优化，以及招聘团队能力的不断提升。

在 4.2.2 节中我们已经说了精准招聘的难点，下面我们就具体来说说这些难点的解决方法。

1. 快速及准确地识别出匹配人才的有效面试策略

在面试过程中，如何迅速而准确地识别出符合人才画像的候选人，是许多企业面临的挑战，企业确实需要采取一系列具体且实用的方法来提高识别的准确性和效率。以下是对这一解决方案的详细展开。

在面试前，制定详细的人才画像是至关重要的。这需要根据岗位的具体需求和团队的文化特点，明确列出必备的技能、经验和性格特质。这样，面试官在面试过程中就能有一个清晰的参照标准，更容易识别出符合要求的候选人。

在面试过程中，行为面试法是一种极为有效的技巧。该方法侧重于通过候选人过往的经历和行为来预测其未来的工作表现。面试官可以精心设计一系列开放式问题，引导候选人分享他们的经历，从而洞察其行为模式、思维逻辑和问题解决技巧。

同时，结合情境模拟和案例分析等工具也是非常有帮助的。这些工具可以让候选人在模拟的情境中展示他们的实际能力和潜力，面试官能够直观地评估候选人是否能够胜任岗位工作，大大提高了识别的准确性。

面试结束后，及时整理面试反馈并与团队共同讨论也是非常重要的。这样可以确保对候选人的评价更加全面和客观。团队成员可以从不同的角度提供他们的观察意见，从而帮助面试官更准确地判断候选人是否符合人才画像。

通过制定详细的人才画像、运用行为面试法、结合情境模拟和案例分析以及及时整理面试反馈并与团队共同讨论，我们可以更有效地解决面试中难以快速及准确地识别出符合画像的人才这一难点。这些方法不仅提高了识别的准确性，还提高了面试的效率和质量。

2. 优化招聘流程：构建高效人才选拔机制的关键步骤

首先，对现有的招聘流程进行全面梳理和分析是至关重要的。这意味着要逐一审视从简历筛选到做出录用决策的每一个环节，识别存在的问题和瓶颈。例如，可能会发现简历筛选过程烦琐低效，或者面试评估标准不够明确和统一。通过这一步骤，企业可以清晰地了解到现有流程中的不足之处，为后续改进提供有针对性的方向。

其次，结合企业的实际情况和招聘需求，设计一套科学、高效、规范的招聘流程是关键。这一流程应涵盖从明确招聘需求到发布职位信息、筛选简历、面试评估、录用决策等各个环节。在设计过程中，企业需要注重流程的标准化和规范化，确保每个环节都有明确的操作标准和责任人。同时，也要考虑流程的灵活性和可调整性，以适应不同岗位和招聘需求的变化。

具体来说，在明确招聘需求环节，企业应与用人部门紧密沟通，确保对所需岗位的理解准确无误。在发布职位信息环节，应选择合适的招聘渠道，确保信息能够广泛传播并吸引到合适的候选人。在筛选简历环节，可以引入自动化工具辅助筛选，提高处理效率。在面试评估环节，应制定统一的评估标准和流程，确保每位候选人都能得到公平的评价。在做出录用决策环节，应综合考虑面试评估结果、背景调查结果以及用人部门的意见，做出明智的录用决策。

最后，新招聘流程的推出不能一蹴而就，而需要进行试点实施，并在收集反馈意见后不断进行优化和完善，这是必要的。企业可以选择部分岗位或部门进行试点实施，观察新流程在实际操作中的效果。同时，积极收集面试官、候选人、用人部门等多方的反馈意见，并据此对流程中存在的问题和不足之处及时进行调整和改进。通过不断地试点实施和反馈优化，企业可以逐步完善新的招聘流程，确保其能够满足企业的招聘需求，提高招聘效率和质量。

3. 建立高效精准的评估体系

在说解决方法之前，我想先谈谈为什么要建立招聘筛选人才的评估体系。建立招聘筛选人才的评估体系是因为现代企业在竞争激烈的市场环境中，需要确保招聘到的人才不仅具备岗位所需的专业技能和经验，还能与企业文化相契合，从而为企业创造更大的价值。

具体评估体系的内容应包括筛选候选人的成员组成、候选人能力的评定标准与标准化的评估流程和制度，这些都是企业评估体系所必需的内容。

参加评估的成员由管理层面、业务层面、人力层面等多层面组成，评估决策不应"一言堂"，而应考虑到不同岗位的权重。例如，业务层面负责人的意见可能更为重要。另外，每位成员都应熟悉人才评估的标准，从各自的专业角度出发，对候选人进行评价。最后，一套简单、高效的流程也十分重要，每一位参与成员都需要给出自己的建议以及对候选人的评定内容和理由，按照话语权重的顺序依次进行发言，最终选出候选人名单，并确保大家意见统一。每个企业都有不同的流程，没有绝对的好坏之分，只要适合企业当前的招聘策略、简单且可标准化运转即可。

只有建立了标准化的评估体系，才可以确保在筛选人才环节做到极大程度的细致、公平和严谨，为企业筛选出适合各方面发展的人才提供保障。

说了这么多，从精准招聘的重要性、对团队的长远发展到实施难点解决的办法，都是为了让我们先对企业精准招聘有个全面的认识。然而认识仅仅是开始，要想真正将这套体系逻辑落地，还是要说说我们该如何真正地去实施精准招聘。

接下来，我们将主要介绍所谓精准招聘的具体实施过程。我们将它分为招聘前准备、招聘中技巧与标准与招聘后筛选和评估机制三个部分，具体来谈谈一场精准招聘是如何在企业中实施和落地的。

而精准招聘的主要方法——精确的目标设定、详尽的需求分析、严谨的选拔方法和流畅的流程控制，也都涵盖在这三部分实施落地过程中，希望可以给众多没能实现精准招聘的企业带来一些参考和启发。

4.2.4　精准招聘的具体实施

精准招聘的具体实施流程需要设计，前中后期需要做好不同的准备，具体如图 4-1 所示。

图 4-1 精准招聘的实施流程

1. 招聘前准备

在踏上寻找优秀销售人才的征途之前，充分的准备工作是不可或缺的。这不仅关乎招聘的效率，也直接影响到企业能否找到真正合适的销售精英。

销售团队是企业盈利的关键，为了确保销售目标的顺利实现，做好销售团队的人才规划至关重要，尤其是要做好人才的储备和培养。而做好销售团队的人才规划，首先是要做好人才招聘和储备。

销售画像的梳理是企业对销售岗位深入理解的第一步。它不仅帮助我们明确职责、划定技能要求，更为我们构建了一个清晰、具体的候选人形象。这样的画像如同指南针，指引我们识别出那些具备销售潜力和特质的候选人，让招聘之路更加明确和高效。

销售特质与潜力项的梳理则是企业对候选人深入考察的关键。优秀的销售人员，不仅拥有基本的销售技能，而且具备独特的特质和潜力。这些特质和潜力，如同宝藏，等待我们去发掘。通过明确这些特质和潜力项，我们可以在面试和评估中更有针对性地考察候选人，确保他们不仅符合岗位的基本要求，还拥有成为销售精英的潜质。

在招聘销售精英的过程中，我们常常会提到"销售画像""特质"和

"潜力项"这三个关键词。它们各自独立，又相互关联，共同构成了一个理想候选人的三维模型。深入理解这三者的区别与联系，对提高招聘的准确性和效率具有重要意义。

销售画像是对销售岗位深入理解后的产物。它像是一幅精细的肖像画，描绘出了岗位所需的关键职责、技能要求和工作经验。销售画像的存在，使得我们在寻找候选人时有了明确的目标和参照。例如，一个销售画像可能包括具备 5 年以上销售经验、熟悉 To B 销售模式、拥有良好的客户关系管理能力以及出色的谈判技巧。这样的画像，能帮助我们快速筛选出那些符合基本要求的候选人。

然而，仅仅依靠销售画像是不够的。因为优秀的销售人员往往不仅具备基本的销售技能，他们还拥有一系列特质。这些特质如同他们的个性标签，使得他们在销售领域脱颖而出。特质是指那些相对稳定、持久的个人特点，它们影响着一个人行为和思维的方式。在销售领域，常见的特质包括积极主动、善于沟通、自我驱动等。这些特质是优秀销售人员必备的内在品质。

除了特质，我们还需要关注候选人的潜力项。潜力项是指那些可以通过培训和发展进一步提升的技能和能力。与销售画像中的技能要求不同，潜力项更侧重于候选人的发展潜力和可塑性。例如，一个候选人可能目前并不具备出色的产品知识，但他拥有快速学习和适应新环境的能力，这就是一个重要的潜力项。通过有针对性的培训和发展，他可以迅速掌握产品知识，并成为一名出色的销售人员。

销售画像、特质和潜力项三者之间既相互独立又彼此关联。销售画像是基础，它确保了候选人具备岗位所需的基本技能和经验；特质是灵魂，它赋予了候选人独特的个性和优势；潜力项是未来，它决定了候选人能否在岗位上持续成长和发展。在招聘过程中，我们需要全面考虑这三个维度，以构建出一个完整、立体的候选人形象。

以招聘一名 To B 销售经理为例。销售画像可能要求候选人具备丰富的 To B 销售经验、出色的团队管理能力以及良好的业绩记录。在特质方面，我们可能希望候选人具备积极主动、善于沟通、富有领导力以及能够承受工作压力等品质。而在潜力项方面，我们可能会关注候选人的市场洞察力、策略规划能力以及跨部门协作能力。通过综合考虑这三个维度，我们可以更加准确地识别出那些既符合岗位要求又具备发展潜力的优秀候选人。

快速精准地梳理出三维模型：在招聘销售精英的征途中，精准地梳理出销售画像、特质与潜力项，构建理想候选人的三维模型成了关键。这一模型的建立不仅能够帮助企业明确招聘标准，还能提高招聘的准确性和效率，从而找到真正能够推动销售业绩增长的精英人才。

首先，销售画像的梳理是企业对销售岗位深入理解的产物。它要求企业从岗位职责、技能要求、工作经验等多个维度出发，全面描绘出理想候选人的形象。为了完成这一任务，企业需要与销售部门紧密合作，深入了解销售部门期望的候选人特质，并根据岗位需求和部门期望制定具体的销售画像。例如，某企业在梳理销售画像时，明确了候选人需要具备 5 年以上的 To B 销售经验、熟悉特定行业、拥有良好的客户关系管理能力以及出色的谈判技巧等要求。这样的销售画像为企业提供了一个清晰的招聘标准，有助于快速筛选出符合基本要求的候选人。

其次，特质的梳理是识别优秀销售人员内在品质的关键。企业需要深入分析销售岗位所需的核心特质，如沟通能力、抗压能力、学习能力等，并根据岗位画像进一步细化特质的具体要求。在这一过程中，企业要考虑公司的文化和价值观，确保招聘到的候选人与公司相契合。以某企业为例，他们在梳理特质时特别强调了候选人的积极主动性、团队合作精神以及持续学习的能力。这些特质被认为对于销售人员在复杂多变的市场环境中取得成功至关重要。

最后，潜力项的梳理关注的是候选人的发展潜力和可塑性。企业需要识别出那些可以通过培训和发展进一步提升的技能和能力，并将其作为招聘时的重要考虑因素。例如，某企业在梳理潜力项时特别关注了候选人的市场洞察力、策略规划能力以及跨部门协作能力。他们认为这些潜力项对销售人员在未来能够承担更高级别的职责和推动销售业绩的增长具有重要意义。

通过精准地梳理出销售画像、特质与潜力项，企业可以构建出一个完整、立体的候选人形象，即理想候选人的三维模型。这一模型不仅能够帮助企业在招聘过程中更加明确和有针对性地寻找候选人，还能提高招聘的准确性和效率。

确定好人员模型后，就要开始准备招聘流程了。首先要决定谁来面试，招聘官的选择是至关重要的一环。招聘官名单的准备，是协同合作的基石。招聘不是孤立的任务，它需要多个部门和人员的共同努力。这份名单如同桥梁，连接着各个部门和人员，确保每个参与招聘的人员都清楚自己的职责和任务。通过这样的准备，我们可以确保招聘活动的顺利进行，同时提高面试和评估的准确性和专业性。

2. 招聘中技巧与标准

在探讨招聘中的技巧时，我们不得不提及三种被广泛认可且效果显著的招聘方法：行为面试法、STAR 面试法以及结构化面试法。这些方法之所以能够在众多招聘手段中脱颖而出，是因为它们各自拥有独特的优势与适用场景，能够帮助招聘者更精准、高效地识别并选拔出合适的人才。

（1）三种面试方法。行为面试法是一种深入挖掘应聘者过去行为经历的面试技巧。它侧重于让应聘者描述曾经面对的具体情境、所采取的行动以及最终的结果，从而评估其行为模式、问题解决能力和潜在的工作表现。选用行为面试法的理由在于，过去的行为往往是未来行为的最好预示，通过这种方法可以更加直观地了解应聘者在实际工作场景中可能的行为反应。

STAR 面试法，即情境（situation）、任务（task）、行动（action）、结果（result）面试法，是一种结构化的行为描述面试技巧。它要求应聘者详细讲述在特定情境下如何完成任务、采取了哪些具体行动以及最终取得了什么结果。STAR 面试法的特点在于其高度的结构化和具体性，它能够帮助招聘者系统地收集并分析应聘者的行为证据，从而做出更加客观、全面的评价。

结构化面试法是一种标准化程度较高的面试方式，它预先设定了一系列问题，并按照固定的顺序和评分标准进行提问和评价。结构化面试法的优势在于公平性和一致性，它能够确保每位应聘者都受到相同标准的考察，从而有效避免主观偏见和歧视。此外，结构化面试还便于对面试结果进行量化分析，为招聘决策提供有力的数据支持。

在实际招聘过程中，这三种面试方法可以灵活组合使用，以充分发挥它们的优势。对于需要深入了解应聘者过去行为模式和问题解决能力的岗位，如销售、管理等，可以采用行为面试法，让应聘者详细描述过去的经历和行为，从而评估其是否具备岗位所需的能力和素质。对于需要具体、详细了解应聘者过去在特定情境下如何行动的岗位，如技术、研发等，STAR 面试法是一个很好的选择，它能够帮助招聘者系统地收集并分析应聘者的行为证据，从而判断其是否具备岗位所需的实际操作能力。而对于需要标准化、公平化评价的岗位，如行政、人力资源等，结构化面试法则是最佳选择，它能够确保每位应聘者都受到相同标准的考察，从而提高招聘的公平性和效率。

在实施上述三种面试方法时，招聘者还应关注流程的简化与更新，以及这三种方法各自的优缺点和适用场景。简化的流程能够减少不必要的环节，提高招聘效率；定期更新能确保招聘方法与时俱进，适应不断变化的市场需求和人才特点。总之，通过灵活运用这三种有效的招聘方法，并不断优化招聘流程，企业可以显著提升招聘的质量和效率，为组织的长远发展奠定坚实的人才基础。

（2）**面试官的培训**。面试官培训则是统一标准、提升专业性的关键。不同的面试官可能拥有不同的面试和评估风格，这可能会导致对候选人的评价存在偏差。通过培训，我们可以确保所有的面试官都对岗位画像、特质与潜力项有清晰的理解，并掌握统一的面试方法和评估标准。这样的培训，如同磨刀石，让面试官更加锋利、更加专业，能够为企业的销售岗位找到最合适的人才。

招聘前的准备工作是确保招聘活动成功的关键。通过深入的销售画像梳理、细致的特质与潜力项分析、详细的面试官名单准备以及系统的面试官培训，我们可以为招聘活动打下坚实的基础。这样的准备，不仅关乎招聘的准确性和效率，更关乎企业的未来发展。

（3）**简化面试流程**。除了有好的面试方法和统一的面试标准，一套简化的面试流程也是提升企业招聘效率与应聘者体验的关键。传统面试流程存在烦琐冗长、信息重复收集、评估标准不一致等问题。为了简化流程，企业应明确招聘岗位需求，优化面试环节，减少不必要步骤，并利用技术手段提高便捷性与效率。同时，注重应聘者体验，提供清晰指引和及时反馈。

简化面试流程是提升企业招聘效率与应聘者体验的重要途径。为了实现这一目标，企业需要在多个方面对传统的面试流程进行精简与优化。

企业应当明确招聘岗位的核心需求和胜任力标准。这是简化面试流程的前提，因为只有明确了需求，才能有针对性地设计面试环节，避免信息的重复收集和无效评估。在此基础上，企业可以优化面试环节，将多轮面试整合为少数几轮，每轮面试聚焦不同的评估维度，确保在有限的时间内全面、深入地了解应聘者。

其次，企业可以利用技术手段来提高面试的便捷性与效率。例如，通过视频面试、在线测评等工具，企业可以在不牺牲评估质量的前提下，减少面试官和应聘者的时间和空间成本。这些技术手段的应用，不仅可以让面试官更加便捷地进行面试和评估，也可以让应聘者更加灵活地安排自己的时间，提升他们的面试体验。

同时，注重应聘者体验也是简化面试流程的重要方面。企业可以提供清晰的面试流程指引，确保应聘者能够充分了解并准备面试；在面试过程中，保持与应聘者的良好沟通，及时反馈面试结果，让应聘者感受到企业的专业和友好。这些措施可以有效提升应聘者的满意度和忠诚度，为企业树立良好的雇主形象。

具体来说，简化流程可以涉及以下几个方面：一是减少面试轮次，将多轮面试合并为少数几轮，每轮聚焦不同的评估点；二是标准化面试问题，制定一套标准化的面试问题，确保每位候选人都面对相同的问题和评估标准；三是利用技术工具进行远程面试和在线评估，减少交通成本和等待时间；四是优化面试安排，合理安排面试时间，避免让候选人等待过长时间；五是及时反馈和决策，在面试结束后尽快向候选人提供反馈和决策结果。

当然，实施简化面试流程可能会面临一些挑战，如面试官的培训与适应、应聘者的接受度等。但是，通过制订详细的实施计划、对面试官进行充分的培训与支持、积极与应聘者沟通并解释简化流程的目的与优势，企业可以克服这些挑战，为招聘到合适的人才奠定坚实的基础。展望未来，随着技术的不断进步和招聘理念的更新，简化面试流程将成为企业招聘的常态与趋势。

3. 招聘后筛选和评估机制

招聘后的筛选和评估机制是企业确保招聘质量、提升团队效能的关键环节。这一环节的重要性不言而喻，它直接关系到企业能否从众多应聘者中选拔出最适合岗位的人才，进而影响到企业的整体业绩和长期发展。因此，构建一套科学、有效的人才筛选与评分体系，以及设计并实施合理的评估机制，对于企业来说至关重要。

（1）**人才筛选和评分体系**。在建立人才筛选和评分体系时，企业应首先明确招聘岗位的核心需求和胜任力标准。这是体系构建的基石，只有明确了这些，才能有针对性地制定筛选标准和评分细则。评分体系应包含多个维度，如专业技能、工作经验、个人素质、团队协作能力等，每个维度下都应设定具体的评估标准和评分规则。这样，面试官就能根据这些标准和规则，对应聘者进行全面、客观的评估，从而选拔出最适合岗位的人才。

评估机制的设计与实施则需要更加精细化的考虑。这一机制的核心目的是确保只有真正符合岗位要求、具备发展潜力的人才能够顺利入职。因此，在设计评估机制时，企业应注重机制的公平性和透明度，确保每位应聘者都能在相同的标准下接受评估。同时，机制还应具有一定的灵活性，以适应不同岗位、不同层级的人才选拔需求。在实施过程中，企业应注重面试官的培训与指导，确保他们能够准确理解并应用筛选人才的标准和规则。

然而，在实际操作中，企业可能会遇到一些难点和困难。例如，如何确保筛选和评分体系的客观性和公正性，如何避免面试官的主观偏见对选拔结果的影响，如何设计既严格又具有人性化的评估机制等。为了解决这些问题，企业应注重体系的持续优化与完善，定期收集面试官和应聘者的反馈意见，对体系进行必要的调整和优化。同时，企业还应加强对面试官的培训与指导，提升他们的专业素养和评估能力，以确保选拔工作的质量和效率。

（2）避免主观偏见。在众多难点和困难中，筛选人才最大的障碍还是人的主观判断，这是每一个企业都很难避免的问题。企业为避免主观偏见，采取了一系列策略，并通过具体案例的实施，有效确保了选拔结果的准确性和公平性。

首先，企业通过制定明确的评估标准和流程，为每位应聘者提供了相同且客观的评估环境。这包括标准化面试问题和量化评分标准。例如，某互联网公司在招聘软件工程师时，制定了详细的面试问题清单，每个问题都对应着特定的技能和知识点。同时，他们还为每个问题设定了量化评分标准，如"优秀""良好""一般"等，并对应具体的分数。这样，每位应聘者都会接受相同问题的评估，而面试官也会根据量化标准进行打分，从而大大减少了主观判断的影响。

其次，企业采用多轮面试和多人评估的方式，从不同角度和层面全面评估应聘者。例如，一家金融公司在招聘投资经理时，设置了初面、复面和终面三轮面试。初面由人力资源部负责，主要考察应聘者的基本素质和沟通能力；复面由业务部负责，重点考察应聘者的专业知识和业务能力；终面则由公司高层参与，主要评估应聘者的战略思维和团队协作能力。通过多轮面试，公司能够更全面地了解应聘者的能力和潜力，减少单一面试官主观判断的影响。

同时，企业利用在线测评工具和视频面试等技术手段辅助评估，更客观地反映应聘者的真实情况。一家制造业公司在招聘生产线主管时，引入了在线测评工具对应聘者的逻辑思维、问题解决能力等进行了全面评估。此外，他们还通过视频面试的方式，让应聘者展示其在生产线上的实际操作能力和团队协作能力。这些技术手段的应用，进一步提高了评估的客观性和准确性。

此外，企业还通过定期培训和监督面试官，提高了他们的专业素养和评估能力。例如，一家零售连锁企业在每年年初都会组织面试官培训活动，邀请专业的人力资源专家进行授课。培训内容包括面试技巧、评估标准、法律法规等方面的知识。通过培训，面试官能够更准确地理解评估标准，提高评估的准确性和公正性。同时，企业还建立了监督机制，对面试官的评估过程进行抽查和复核，确保他们始终按照既定的标准和流程进行评估。

最后，企业保持招聘过程的透明度，公开招聘信息并及时向应聘者提供客观、具体的反馈意见。例如，一家科技公司在招聘网站上详细列出了各岗位的职责、任职要求、评估标准等信息，让应聘者能够充分了解招聘过程。同时，他们在面试结束后的一周内，会通过邮件或电话等方式向应聘者提供详细的反馈意见，包括评估结果、未录用原因以及改进建议等。这样的做法不仅让应聘者感受到了企业的专业和公正，也有助于提升企业的雇主品牌形象。

综上所述，企业通过制定明确的评估标准和流程、采用多轮面试和多人评估、利用技术手段辅助评估、定期培训和监督面试官以及保持招聘过程的透明度等综合措施的应用，有效避免了招聘过程中的主观偏见，确保了选拔结果的准确性和公平性。这些措施的实施不仅提高了企业的招聘效率和质量，还有助于塑造企业良好的雇主品牌形象。

总之，只有注重细节、持续优化、不断完善，企业才能构建出一套科学、有效、具有竞争力的招聘后筛选和评估机制。

4.3 新员工落地最佳实践

即使企业实现了精准招聘，也不能保证所有新员工都能迅速适应工作并取得成绩。事实上，只有少数新员工能够迅速获得认可，无缝衔接工作，并在短时间内取得显著成果。对于销售部门的新员工来说，如何快速实现业绩、与客户建立联系、理解公司产品和文化以及传递客户价值，都是至关重要的。因此，除了招聘，企业还应当关注和重视新员工落地的最佳实践。

提到最佳实践，企业总是觉得这一步太远，永远够不到。但这里说的最佳实践其实是一个循序渐进的过程，并不是一步到位的结果。这听起来很难达到，就像你告诉一个头发花白的老人，让她保持年轻一样，她想的永远是"我回不到 20 岁的自己了"，但她没有想过，今天其实就是她最年轻的一天。最佳实践也是如此，记录好每一个过程，最佳实践就会慢慢呈现出来，其中的关键在于我们是否走在正确的道路上。

4.3.1 新员工落地面临的问题

当我们聚焦于新员工的落地问题时，不难发现，企业投入了大量资源进行新员工培训，往往一股脑地将大量的"知识"和"文化"灌输给新员工。这种填鸭式的教育方式让新员工只能被动接受，而非有效吸收。显然，这种"生吞活剥"的学习效果并非企业所期望的。因此，企业开始深思，究竟应当如何培养新员工，才能使他们迅速成长为企业所需的优秀人才。

在说落地问题的解题办法前,先来列举一些新员工初来乍到时常遇到的问题,在企业发展的征途中,新员工的加入如同一股清泉,为企业注入新的活力与可能。然而,新员工落地之初,这些问题若不能得到妥善处理,企业往往会遭遇一系列复杂而微妙的问题,这不仅可能影响新员工的成长与融入,还可能对企业的整体运营造成负面影响。

1. 文化适应的鸿沟

新员工踏入企业的首个难题,便是跨越文化适应的鸿沟。企业文化作为企业的灵魂,其深厚底蕴与独特风格往往让初来者感到既新奇又困惑。不同的企业有着各自的行为规范、沟通方式和价值观念,这对于新员工而言,无疑是一场无声的挑战。他们需要在短时间内理解并内化这些文化元素,以便更好地融入团队。然而,这一过程并非易事,文化差异可能导致沟通障碍、误解甚至冲突,影响团队的和谐与效率。

2. 技能匹配的挑战

尽管企业在招聘时力求精准匹配,但新员工的实际技能与岗位需求之间仍可能存在细微差距。这种差距可能源于理论知识与实践经验的脱节,或是特定行业技能的经验缺乏。企业需通过系统的培训计划、导师制度或实战演练等方式,帮助新员工迅速提升技能,实现与岗位的无缝对接。

3. 角色定位的迷茫

新员工进入新环境,往往对自己的角色定位感到迷茫。他们不清楚自己的职责范围、决策权限以及如何在团队中发挥最大价值。这种不确定性会导致新员工工作效率低下,甚至产生挫败感。企业应在新员工入职初期就明确其岗位职责，设定清晰的绩效指标，并通过定期的反馈与沟通，帮助他们逐步明确个人定位，增强归属感与责任感。

4. 团队协作的障碍

团队协作是现代企业运作的核心，然而新员工加入往往会打破原有的团队平衡。新员工需要时间与团队成员建立信任，熟悉彼此的工作习惯与沟通方式。在此过程中，可能会出现信息传递不畅、任务协调困难等问题，影响团队整体效能。企业需通过团队建设活动、有效的沟通机制以及明确的角色分工，促进新老成员之间的融合，加速团队协作步入正轨。

5. 心理适应的压力

除了上述具体挑战，新员工还需面对心理适应的压力。新环境的陌生感、对未来职业发展的不确定性以及对个人能力的自我怀疑，都可能成为他们心中的重负。企业应关注新员工的心理健康，提供必要的心理辅导与支持，创造一个包容、鼓励的成长环境，让新员工感受到被尊重与价值，从而能更加自信地面对工作中的挑战。

新员工落地时企业面临的挑战是多维度的，涉及文化、技能、角色、团队及心理等多个层面，看起来非常复杂，因此对新员工落地面临的问题需要从各个方面加以关注。

4.3.2　一般企业新员工落地方法的局限性和不足

当新员工踏入企业的门槛，他们往往面临着诸多挑战，如适应新环境、掌握新技能、融入团队等。为了帮助他们更好地落地与成长，一般企业会采取一系列的培养方法。

企业常采用的方法包括集中式培训、导师制度等。

集中式培训通常在新员工入职初期进行，旨在让他们全面了解企业的文化、规章制度、业务流程等，注重理论知识的传授。

导师制度是企业广泛采用的另一种培养方法。通过为新员工分配经验丰富的导师，帮助新员工解决工作中遇到的问题，为新员工提供职业发展的指导。

尽管这些培养方法在一定程度上有助于新员工的适应和能力提升，但它们并非完美无缺，各自存在一些局限性。因此，企业在应用这些方法时，还需不断审视和优化，以确保新员工能够真正受益，实现快速而有效的融入。

尽管集中式培训、导师制度等方法是企业在新员工培养中的常用手段，但它们在实际操作中往往会遇到以下挑战。

1. 集中式培训

作为企业常用的新员工培养方式，集中式培训的初衷是让新员工全面了解企业文化、规章制度及业务流程。然而，在实际操作中，这种培训方式往往暴露出一些明显的不足与问题。

集中式培训缺乏实践性是一个显著的问题。培训过程中，新员工往往只是被动地接受理论知识的传授，而缺乏实际操作的机会。这就导致了一个现象：新员工在培训结束后，虽然对企业有了大致的了解，但在面对实际工作时却显得手足无措，无法将所学的理论知识转化为实践能力。例如，一个新员工在培训中学习了企业的销售流程，但如果没有实际的销售实践，他可能仍然无法有效地与客户沟通、达成销售。

另外，集中式培训往往采用一刀切的教学方式，这也是其不足之处。新员工的背景、经验和学习能力各不相同，集中式培训往往忽视了这一点，采用统一的教学内容和方法。这就可能导致部分新员工无法充分吸收培训内容，从而影响培训效果。比如，对于有经验的新员工来说，一些基础性的培训内容可能显得过于简单，而对于没有经验的新员工来说，这些内容可能又显得过于复杂，难以消化。

而最为关键的一点则是，培训内容与实际工作脱节。有时，培训的内容可能过于理论化或陈旧，与实际工作需求存在较大的差距。这就使得新员工在接受培训后，仍然需要花费大量的时间和精力去适应实际的工作环境和任务。

如果培训内容没有涵盖企业最新的产品知识或市场策略，那么新员工在实际工作中就可能无法有效地与客户沟通，从而影响工作效率和客户满意度。

总之，集中式培训在新员工培养方面虽然具有一定的作用，但其缺乏实践性、一刀切的教学方式以及培训内容与实际工作脱节等问题也不容忽视。为了更有效地培养新员工，企业需要针对这些问题进行改进和优化，制定更加科学、个性化的培养策略。

2. 导师制度

作为众多企业培养新员工的重要方式，导师制度的核心在于通过经验丰富的导师为新员工提供个性化的指导和帮助。然而，在实际操作中，这一制度也暴露出了一些潜在的问题与缺陷。

首先，导师资源的不足是一个显著的问题。在一些企业中，由于导师的数量有限，可能无法为每位新员工分配到合适的导师。这就导致了部分新员工无法得到及时、有效的指导和帮助，从而影响了他们的成长和发展。例如，在某家大型科技公司中，由于新员工数量激增，而经验丰富的导师数量有限，导致部分新员工在入职后的几个月内都没有得到导师的正式指导，这使得他们在工作中遇到了很多困难，也影响了他们的职业发展。

其次，导师与新员工之间的沟通障碍也是导师制度面临的一个问题。即使企业为新员工分配了导师，但由于双方之间沟通不畅或存在语言、文化等障碍，也可能导致导师制度无法发挥应有的效果。例如，在一家跨国企业中，由于导师和新员工拥有不同的文化背景，他们在沟通时经常出现误解和障碍，这使得新员工无法从导师那里得到有效的指导和建议。

再者，导师在传授经验时的主观性过强也是导师制度的一个潜在问题。导师在传授经验时，往往带有自己的主观观点和偏见，这可能影响新员工的职业发展和价值观形成。还有一种可能是，导师的经验并不完全适用于当前的工作环境和业务挑战，随着市场的快速变化和技术的不断更新，导师过去成功的经验可能不再适用于当前的情况。例如，在某家销售公司中，一位导师过于强调个人经验和技巧而忽视了公司文化和团队合作的重要性，导致他指导的新员工在工作中过于注重个人表现而忽视了与同事的合作和沟通，这最终影响了团队的整体业绩。

最后，导师的能力也是参差不齐的，这意味着并非所有导师都具备相同的辅导技巧和知识水平。一些导师可能缺乏有效的沟通和教学能力，无法有效地传递知识和经验，这直接影响了新员工的培养质量。

导师制度在新员工培养方面虽然具有一定的优势，但其潜在的问题与不足也不容忽视。为了更有效地发挥导师制度的作用，企业需要针对这些问题进行改进和优化，确保每位新员工都能得到合适、有效的指导和帮助。

4.3.3 销售团队新员工落地方法

很多时候，复杂问题的解决之道往往隐藏在简单的思路之中，这也是企业很多问题变得复杂，最终走投无路的根本所在，其实抛开很多条件，我们只想新员工落地的最终目的，事情就简化多了，无论花费多久时间去灌输多少知识，我们只是希望新员工能快速地在自己的岗位上投入工作。那是不是就有答案了？从最基本的工作开始培养，才是正确的解题思路。

和精准招聘思路一样，要以业绩达成和能够胜任为目标，精准的新员工落地方法才是最行之有效的。我们介绍的新员工落地体系，就是要介绍这套精准的新员工落地方法究竟是如何建立和执行的。

1. 试用期工作梳理

试用期是新员工融入企业大家庭、适应岗位角色的关键阶段，其重要性犹如一座桥梁，连接着新员工的过往与未来，承载着他们职业生涯的新篇章。一个科学、合理的试用期工作安排，不仅能够为新员工铺设一条快速熟悉工作环境的道路，还能够帮助新员工在试用期完成适应，有效提升其工作效率和归属感，让他们在新环境中找到属于自己的位置。

因此，精准地梳理新员工今后要承担的工作岗位内容，制订试用期每一天的行动计划，便成了确保新员工顺利落地、快速成长的关键所在。这一过程需要企业如同一位细心的园丁，对新员工进行悉心的培育和引导。

（1）**每日工作流程与标准**。为了帮助新员工迅速融入并高效执行工作，企业应提供一份详尽的工作流程指南。这份指南应如同一位耐心的导师，为新员工指引方向，明确每一天需要完成的工作任务、操作步骤以及预期的工作标准。它不仅能够帮助新员工快速洞悉工作内容的全貌，了解每个任务的具体要求和完成标准，还能确保他们在试用期内如同一位严谨的工匠，按照既定的标准和流程进行工作。这样一来，新员工就能减少因不熟悉流程而产生的错误和疏漏，让工作的每一步都走得稳健而有力。同时，这份指南还能成为新员工自我学习和提升的宝贵资源，帮助他们在试用期间不断积累经验和提升能力。

制订试用期的行动计划是一个系统而细致的过程。企业应从新员工的实际需求出发，结合岗位的具体要求，为新员工量身定制一套科学、合理的行动计划。以下是对制订试用期行动计划的详细描述。

首先，企业需要对新员工的背景、能力、经验等进行全面的了解，这可以通过面试、简历分析、能力测试等方式实现。这一步骤的目的是确保企业能够准确把握新员工的实际情况，从而为其制订更加贴近实际的试用期行动计划。

其次，企业需要深入分析岗位的具体要求，包括工作职责、工作标准、所需技能、团队协作能力等。这一步骤的目的是确保企业能够明确新员工需要达到的工作标准和要求，从而为其制订更加具有针对性的试用期行动计划。

在了解了新员工的实际情况和岗位的具体要求后，企业可以开始制订试用期的行动计划。这个计划应该包括以下几个方面。

- 明确试用期的目标和期望：企业应该与新员工共同明确试用期的目标和期望，包括需要掌握的技能、需要完成的工作任务、需要达到的工作标准等。这有助于新员工更加清晰地了解自己的工作目标和方向。
- 制订详细的工作计划：企业应该为新员工制订一份详细的工作计划，包括每一天需要完成的工作任务、操作步骤、预期的工作标准等。这有助于新员工更加有序地开展工作，减少因不熟悉流程而产生的错误和疏漏。

- 设定合理的考核标准：企业应该为新员工设定合理的考核标准，包括工作质量、工作效率、团队协作能力等。这有助于企业及时了解新员工的工作表现，并为其提供有针对性的改进建议和发展方向。

- 安排定期的培训和指导：企业应该为新员工安排定期的培训和指导，帮助其快速掌握岗位所需的技能和知识。这可以包括内部培训、外部培训、导师制度等。

- 建立有效的沟通机制：企业应该与新员工建立有效的沟通机制，及时了解其工作进展、问题和困难，并给予及时的帮助和支持。这可以包括定期的工作汇报、项目进度会议、一对一的沟通等。

最后，企业需要定期对试用期行动计划进行评估和调整。这一步骤的目的是确保行动计划能够与实际工作需求保持一致，同时也能够及时发现并纠正行动计划中存在的问题和不足。通过不断的评估和调整，企业可以确保新员工能够在试用期内得到充分的成长和发展，同时也能够为企业的发展贡献自己的力量。

（2）**工作完成时间与监控机制**。合理设定工作完成时间与监控机制，无疑是确保新员工工作效率的保障。在这一过程中，企业应像一位智慧的指挥官，深思熟虑、运筹帷幄，为新员工设定明确、可行的工作完成时间，并建立一套行之有效的监控机制，以全面跟踪其工作进度，确保一切按计划顺利进行。

首先，企业需要对新员工的工作能力和经验进行全面评估，这是设定合理工作时间的基础。如同一位经验丰富的指挥官在战前对士兵的战斗力进行摸底，企业必须了解新员工的实际水平，才能为其分配适当的工作任务，并设定切实可行的工作完成时间。这一过程需要充分的沟通和了解，以确保双方对工作时间的设定达成共识。

在设定了明确的工作完成时间后，企业便需要建立一套行之有效的监控机制，来实时跟踪新员工的工作进度。这可以通过定期的工作汇报、项目进度会议等方式实现。如同战场上的鼓点和号角，这些机制能够激励新员工不断前行，保持工作的节奏和效率。同时，这也是企业了解新员工工作状况、及时发现问题的重要途径。

然而，在实际操作中，企业可能会遇到一些问题。例如，新员工可能因对工作流程不熟悉或技能不足而导致工作进度滞后；或者，监控机制可能过于烦琐，反而影响了新员工的工作效率。针对这些问题，企业需要灵活调整策略，提供必要的培训和支持，帮助新员工提升工作技能；同时，也需要简化监控流程，确保其既能有效跟踪工作进度，又不会给新员工带来过多的负担。

除了传统的监控方式，企业还可以利用现代化的工作管理工具，如项目管理软件、时间追踪工具等，来实时监控新员工的工作状态和进度。这些工具如同指挥官的望远镜和侦察兵，能够让企业更加直观地了解新员工的工作状况，及时发现问题并进行干预。同时，这些工具还能帮助新员工更好地管理自己的时间和任务，提升工作效率和质量。

（3）设立完成评价机制。设立完善的完成评价机制，无疑是激励新员工成长、提升工作质量的关键。这一机制的核心在于为新员工设定明确、可衡量的绩效评价指标，并在试用期结束时，如同一位公正的裁判，对新员工进行全面的工作评估。这不仅能让新员工如同照镜子般清晰地了解自己的工作表现和存在的不足，还能为其提供有针对性的改进建议和发展方向，犹如一位智慧的导师，在成长的道路上为其指点迷津。

要设立这样一个行动完成的评价机制，企业首先需要深入了解新员工的岗位职责和工作要求，以此为基础制定具体、可操作的绩效评价指标。这些指标应该既包括工作结果，如完成的任务数量、达成的业绩目标等，也包括工作过程中的表现，如团队合作、沟通能力、创新能力等。指标的设定需要具有挑战性但又不过于苛刻，以确保新员工能够在努力后达到，并从中获得成长。

在评价机制的执行过程中，企业应确保评价的公正性和客观性。这可以通过建立多元化的评价主体来实现，比如直接上级、同事、客户等都可以成为评价者的一部分。同时，评价过程应该透明，评价标准和方法应该事先明确，并让新员工了解，以确保评价的公正性。此外，企业还可以引入360度反馈评价等工具，从多个角度全面评估新员工的工作表现。

为了做到公平评价，企业还需要建立有效的沟通机制。在评价前，评价者应与新员工进行充分的沟通，了解其工作过程中的困难和挑战，以及所做出的努力和取得的成果。在评价后，也应及时向新员工反馈评价结果，解释评价的依据和理由，并听取新员工的意见和建议，以确保评价的准确性和公正性。

而激励机制则是这一评价机制的重要组成部分。企业可以将绩效评价结果与薪酬调整、晋升机会等挂钩，以激励新员工更加努力地工作、提升自己的能力。比如，对于表现优秀的新员工，企业可以给予更高的薪资待遇、更多的晋升机会或者额外的奖励和认可。这种正向的激励不仅能让新员工感受到自己的努力得到了回报，还能激发其更大的工作热情和动力。

总之，建立完善的完成评价机制是激励新员工成长、提升工作质量的关键所在。企业需要深入了解新员工的岗位职责和工作要求，制定具体、可操作的绩效评价指标，并确保评价的公正性和客观性。同时，企业还需要建立有效的沟通机制，将绩效评价结果与薪酬调整、晋升机会等挂钩，以激励新员工更加努力地工作、提升自己的能力，从而更快速地胜任工作，达成业绩目标。

2. 配套的培训方案

除了对试用期工作进行每日的详细规划，为新员工设立一套全面且适合的培训方案也是至关重要的。这套培训方案应当从基本工作入手，将产品的知识、公司文化、日常流程等与新员工未来要从事的岗位工作紧密结合，以确保新员工在试用期内能够快速成长，并顺利融入公司环境。

（1）**培训目标的设定**：建立培训体系的第一步就是要设定明确、具体且与新员工的岗位职责和公司整体目标相一致的培训目标。这一步骤不仅为整个培训过程提供了方向，还确保了培训内容的针对性和实效性。

要设定正确的培训目标，我们首先需要对新员工的岗位职责进行深入分析，明确其在试用期内需要掌握的核心技能和知识。同时，我们还需要考虑公司的整体目标，确保培训目标与公司的长期发展战略相契合。这样设定的培训目标既能够满足新员工的个人发展需求，又能够推动公司的整体进步。

为了确保培训目标的可行性，我们需要与相关部门和直接上级进行充分沟通，共同商讨并确认目标的合理性和可实现性。在这一过程中，我们可以借鉴过往的培训经验，结合新员工的实际情况，对目标进行适时的调整和优化。通过这样的协作与确认，我们可以确保培训目标既具有挑战性，又不会过于苛刻，让新员工在努力后能够达到。

此外，在设定培训目标时，我们还需要考虑如何对目标进行量化和衡量。通过设定具体的指标和标准，我们可以更加客观地评估新员工的培训成果，并及时发现存在的问题和不足。这有助于我们在培训过程中进行及时的调整和改进，确保培训效果的最大化。

最终，通过与相关部门和直接上级的充分沟通与协作，我们可以确保培训目标的正确性和可行性，为新员工的试用期培训提供有力的指导和支持。

（2）**培训内容的制定**：培训内容的制定是培训方案的核心，它直接关系到新员工能否在试用期内快速适应并胜任未来的工作岗位。为了制定更加贴近新员工未来工作岗位的培训内容，我们需要采取一系列细致入微的步骤。

首先，深入了解新员工的岗位职责和所需技能是至关重要的。通过与相关部门和直接上级的紧密沟通，我们可以明确新员工在试用期内需要掌握的核心技能和知识。这些技能和知识不仅包括专业技能，如产品知识、市场分析等，还包括软技能，如沟通协作、时间管理等。

在确定了新员工的岗位职责和所需技能后，我们便可以以此为基础来确定培训的重点。培训内容应全面而深入，既要涵盖产品的基本知识，包括产品的功能、特点、优势以及竞争对手的情况，以便新员工能够充分了解自己将要推广或服务的产品，也要涉及公司文化的精髓，如公司的价值观、使命和愿景。通过这样的培训，新员工可以更好地理解公司的核心理念，从而更加自然地融入团队，并与团队成员形成共同的价值观。

除了产品知识和公司文化，日常流程的培训也是必不可少的。这包括公司内部的沟通机制、工作流程、工具使用等。对于新员工来说，了解并熟悉这些日常流程是顺利开展工作的基础。因此，在培训过程中，我们将通过实际操作和案例分析等方式，让新员工亲身体验和了解这些流程，以便他们在未来的工作中能够更加自如地应对。

综上所述，制定贴近新员工未来工作岗位的培训内容需要我们深入了解其岗位职责和所需技能，并以此为基础来确定培训的重点。通过全面而深入的培训内容，我们可以帮助新员工更好地适应未来的工作岗位，并为公司的长期发展贡献自己的力量。

（3）培训的考核标准：为了确保培训效果，制定一套科学的培训考核标准是至关重要的。这不仅是为了对新员工的学习成果进行一个简单的评价，也是为了通过考核来检验培训内容的针对性和实效性，以及培训目标是否达成。同时，考核还能帮助我们发现新员工在学习过程中存在的问题和不足，从而为他们提供针对性的指导和帮助。

考核标准的设定应当基于培训内容和培训目标，确保它们是具体、可衡量的，并且能够真实反映新员工的学习成果。这意味着，我们需要将培训目标转化为具体的考核指标，如产品知识的掌握程度、公司文化的理解深度、日常流程的熟悉程度等。这些指标应当是可以通过观察、测试或评估来衡量的，以确保考核的公正性和客观性。

为了实现考核标准的可落地、可评价和可衡量，我们可以采用多种考核形式，如笔试、实操、项目演示等。笔试可以用于测试新员工对产品知识的掌握程度，实操可以检验他们在日常流程中的操作能力，而项目演示则可以评估他们的团队协作能力和创新能力。通过多种形式的考核，我们可以更全面地了解新员工的学习成果，并为他们提供更具体的反馈和指导。

同时，我们还需要设定合理的考核周期，以便及时了解新员工的学习进度和存在的问题。考核周期可以根据培训内容的难易程度和新员工的学习能力来设定，但应确保每个周期都能对新员工的学习成果进行有效的评估。在考核周期结束后，我们应及时向新员工反馈考核结果，指出他们在学习中存在的问题和不足，并为他们提供针对性的改进建议。

通过基于培训内容和培训目标设定具体、可衡量的考核标准，并采用多种形式的考核方式，我们可以更全面地了解新员工的学习成果，并为他们提供针对性的指导和帮助。同时，合理的考核周期设定也能帮助我们及时了解新员工的学习进度和存在的问题，从而确保培训效果的最大化。

3. 新员工赛马淘汰机制

为了确保新员工在试用期内能够快速适应并胜任未来的工作岗位，我们设立了一套新员工赛马淘汰机制。这一机制的设立，旨在通过竞争和激励的方式，激发新员工的潜力和积极性，同时帮助公司筛选出最适合某一岗位的人才。

新员工赛马淘汰机制是一种企业用于筛选、培养和评估新员工的创新方法。这一机制借鉴了"赛马"的比喻，意味着新员工在试用期内就像参加一场比赛一样，需要通过一系列的任务、挑战和评估来展示自己的能力和潜力。机制的核心在于模拟真实的工作环境，为新员工设定具体、可衡量的目标和任务，让他们在完成这些任务的过程中充分展示自己的才华和能力。同时，通过定期的评估和反馈，企业可以及时了解新员工的学习进度、工作表现以及存在的问题，并为他们提供针对性的指导和帮助。在试用期结束时，根据新员工的表现和评估结果，企业会做出继续留用或淘汰的决策。这种机制有助于企业快速筛选出最适合岗位的人才，同时也激发了新员工的积极性和竞争力，促使他们更加努力地学习和工作，以期在"比赛"中脱颖而出。总的来说，新员工赛马淘汰机制是一种高效、公正且实用的新员工筛选和培养方法，它有助于企业构建更加优秀、高效和富有活力的团队。

（1）**机制设计原理**：赛马淘汰机制的设计原理基于"优胜劣汰"的自然法则。我们模拟真实的工作环境，为新员工设定一系列具有挑战性的任务和目标。通过完成任务的情况，我们可以直观地评估新员工的能力、态度和潜力。同时，这种机制也为新员工提供了一个展示自己才华的舞台，让他们有机会在竞争中脱颖而出。

（2）实施步骤与注意事项。

在实施赛马淘汰机制时，我们应遵循以下步骤。

- 明确任务和目标：为新员工设定具体、可衡量的任务和目标，确保这些任务和目标与未来的工作岗位密切相关。
- 提供必要的资源和支持：确保新员工有足够的资源和支持来完成任务，包括培训、指导、工具等。
- 定期评估和反馈：设定评估的周期，对新员工的任务完成情况进行评估，并及时给予反馈和指导。
- 实施淘汰：根据评估结果，对表现不佳的新员工进行淘汰，同时保留和激励表现优秀的新员工。

在实施过程中，我们需要注意以下几点：

- 确保任务的公平性和合理性，避免给新员工设置过高的门槛或不可能完成的任务。
- 评估过程要公正、透明，确保每个新员工都有平等的机会展示自己的能力。
- 对被淘汰的新员工给予充分的解释和机会，让他们了解自己的不足，并为他们提供改进的建议或其他的发展机会。

赛马淘汰机制不仅为公司筛选出了最适合的人才，还带来了其他诸多优点。首先，它激发了新员工的积极性和竞争力，促使他们更加努力地学习和工作，以期在竞争中脱颖而出。其次，该机制提高了公司的效率，通过明确的评估标准和确定的评估周期，公司可以更快地识别出表现优秀的新员工，并将其安排在更重要的岗位上。最后，赛马淘汰机制还有助于营造积极向上的企业文化，鼓励员工不断进取、勇于创新。

展望未来，赛马淘汰机制有望在企业招聘和培训领域发挥更大的作用。随着市场竞争的加剧和人才需求的不断变化，企业需要更加高效、精准地筛选出最适合的人才。赛马淘汰机制正是一种符合这一需求的招聘和培训方式。未来，我们可以进一步完善和优化这一机制，例如引入更多的数据分析和人工智能技术，以提高评估的准确性和公正性。同时，我们还可以将赛马淘汰机制与其他招聘和培训方式相结合，创造出更加多元化、个性化的招聘和培训方案，以满足不同企业和岗位的需求。

总的来说，为了确保新员工在试用期内能够快速适应并胜任未来的工作岗位，我们需要实现精准的岗位匹配、实时的监控、可衡量的任务和目标、与培训的紧密结合，以及可评估可淘汰的机制。通过这样一套完整的新员工落地体系，我们可以确保新员工在试用期内得到充分的锻炼和成长，同时也为公司筛选出最适合的人才。赛马淘汰机制作为一种创新的招聘和培训方式，将在未来的发展中发挥越来越重要的作用。

在整个新员工精准招聘设计与落地的过程中，实现与未来工作岗位的精准贴合是核心目标。从招聘阶段开始，我们就致力于设定明确的岗位画像，包括所需的特质、潜力项以及专业技能，确保所招聘的新员工与岗位需求高度匹配。进入试用期后，我们制订详细的工作计划，明确新员工在试用期内需要完成的任务和目标，这些计划和标准都是基于工作岗位的实际需求而设计的。

同时，我们提供针对性的培训内容，帮助新员工快速掌握岗位所需的知识和技能，确保他们能够在实际工作中得心应手。为了实现可衡量、可落地的目标，我们设定具体的评估指标，对新员工在试用期内的表现进行定期评估，并根据评估结果及时调整工作计划和培训内容。最终，通过这一系列的精准招聘与落地措施，我们确保新员工能够迅速适应并胜任未来的工作岗位，为公司的长期发展奠定坚实的人才基础。

4.4 引以为戒的反面教材

---**反面教材**---

岗位画像的调整要提前于人才招聘

有一家做医疗器械的公司正处在业务增长期，一直在大规模地面试和招聘销售人才。年初制定策略时决定下半年在维持现有的直销模式的基础上，开始扩展渠道模式，实现业务的多元化增长。

上半年，人力部门和业务部门在招聘销售人才时，依旧沿用着以往针对大客户销售的能力模型和评估标准，没有根据业务部门下半年的规划调整候选人的岗位要求，在7月初启动渠道建设时，发现人才储备不足，销售人员中具备渠道工作经验的人寥寥无几，那些少数有经验的销售人员，出于对未知领域的担忧，并不愿意转投新的业务团队。

人力部门在7月业务启动后才开始调整招聘策略，一般招聘1人从面试到入职大概是1~1.5个月，加上新员工入职适应需要1~2个月，从筛选渠道到达成合作意向又需要2~3个月，因为没有及时调整岗位画像，导致公司的渠道拓展计划推迟了近半年的时间。

---**反面教材**---

不合格的导师是新员工离职的催化剂

某新员工经过了为期两周的三轮面试终于入职了某能源科技公司，

其中面试官和业务领导对他的能力非常认可，特地为他安排了一位公司内资深且业绩非常突出的导师。但是由于导师对导师角色并不重视，总是忙于自己的业务，并且该导师过往没有带教经历，所以，这个导师不具备带教的能力和意愿，只能机械地给新员工安排各种培训。前三天，每天给新员工分享一些资料和学习课程链接，新员工没有从导师那里学到有用的内容，导师给的资料和培训课程也没有有效地转化到工作中，这样的状态持续一周后，新员工选择了离职。在离职访谈中，新员工反馈在入职这段时间，他没有很好地融入工作，以及带教导师的表现让他认为这家公司不重视人才培养、不适合个人成长。

Chapter 5

第 5 章

销售培养体系建设

导言：

在当今瞬息万变的市场环境中，企业面临着前所未有的竞争压力。技术的快速迭代、消费者偏好的不断变化以及新兴市场的崛起，都要求企业必须具备快速适应与持续创新的能力。

销售作为企业与市场之间的桥梁，其专业能力与市场洞察力直接关系到企业的生存与发展。因此，建立一个系统化的销售培养体系，成为企业应对外部挑战、增强核心竞争力的必然选择。

企业发展离不开人才的推动，而对人才策略既要包括选拔顶尖人才，也要注重不断更新和培养现有人才。更为关键的是，每个企业都拥有其独特的文化、产品和服务理念，这要求销售团队不仅要熟练掌握销售技巧，还要深入理解并传达企业的核心价值观。通过内部培养，可以确保销售团队与企业文化的深度契合，打造出独一无二的市场竞争优势。

5.1 为何要在公司内部建立自己的销售培养体系

5.1.1 外部培训市场的局限性和不足

尽管外部培训市场琳琅满目，提供了丰富多样的销售培训课程，但其固有的局限性和不足也逐渐显现，成为企业培训策略中不可忽视的问题。

一方面，外部培训往往采用一种通用的教学模式和内容，这种"一刀切"的方式难以充分贴合每个企业的特定需求和实际情况。企业的销售环境、产品特性、市场策略以及目标客户群体都各有其独特性，而这些独特性正是企业在市场竞争中脱颖而出的关键。然而，外部培训往往无法针对这些独特性进行深度定制，导致培训内容与企业实际需求之间存在较大的偏差，从而限制了培训效果的最大化。这种局限性使得外部培训在满足企业特定需求方面显得力不从心。

另一方面，外部培训通常过于注重理论知识的传授，而在实践应用、团队协作和企业文化融入等方面的培训则显得相对薄弱。销售工作不仅需要理论知识的支撑，也需要实践经验的积累和实际操作的能力。然而，外部培训往往无法提供足够的实践机会，使得销售人员在接受培训后仍然难以将所学知识有效应用于实际工作中。这种理论与实践的脱节使得外部培训在提升销售人员实际操作能力方面存在明显不足。

此外，过多依赖外部培训还可能增加企业的成本负担，以及面临培训质量参差不齐的风险。外部培训的费用往往不菲，而且需要投入大量的时间和精力。然而，由于外部培训机构的教学质量和水平参差不齐，企业很难保证所引入的培训能够真正达到预期的效果。这种成本与效益的不对等使得外部培训在企业培训策略中的性价比显得相对较低。

更重要的是，外部培训往往缺乏对企业长期发展战略的深入理解和支持。它们更多地关注于短期的技能提升和业绩增长，而忽视了与企业整体战略目标的协同和一致性。这种短视的培训方式可能导致销售人员在实际工作中与企业长期发展目标脱节，甚至产生冲突。

外部培训市场虽然提供了丰富的销售培训课程，但其局限性和不足也逐渐显现。这些局限性包括难以贴合企业特定需求、理论与实践的脱节、成本效益的不对等以及缺乏对企业长期发展战略的支持等。因此，对于外部培训的选择和使用，企业需要更加审慎地决策，同时也需要积极探索和建立适合自身需求的内部销售培养体系。

5.1.2　公司内部建立销售培养体系的重要性

对销售人员的培养，单纯依靠外部的力量，虽然能提升销售技能，但就长远发展来看，对企业的帮助还是十分有限的。那么，企业如何确保销售团队持续成长，并保持竞争优势？答案或许就隐藏在公司内部的销售培养体系中。这一体系不仅为销售人员提供了定制化的成长路径，也在多个层面实现了从个体到组织的全方位赋能。

定制化人才培养是这一体系的核心。它根据企业的具体需求和目标，精心设计培训内容，确保每位销售人员都能获得量身定制的成长方案。这种个性化的培养方式不仅加速了销售人员的技能提升，还推动了团队整体效能的快速提升。

同时，内部培养体系在增强团队凝聚力方面也发挥着重要作用。共同的培训经历与企业文化熏陶，使得销售人员之间形成了深厚的默契与紧密的合作关系。这种紧密和谐的团队氛围促进了信息共享与经验交流，进一步提升了销售团队的战斗力。

长期的人才储备也是这一体系的一大优势。通过建立完善的晋升机制与职业发展路径，能有效地激发员工的忠诚度与归属感。销售人员能够清晰地看到自己的职业发展前景，从而更加积极地投入到工作中，为企业长远发展贡献自己的力量。

在成本效益方面，内部培养体系同样展现出了其独特的魅力。相较于频繁招聘外部人才，它不仅能够降低招聘成本，还能确保新入职员工更快地融入团队。这种培养方式减少了资源浪费，提高了企业的整体运营效率。

更重要的是，内部培养体系还鼓励创新思维与实践。它能够激发销售人员的创造力，推动企业在市场竞争中占据领先地位。这种创新氛围不仅为企业带来了持续的竞争力提升，还为销售人员提供了不断成长的舞台。

5.1.3　内部建立培养体系对公司长远发展的积极影响

建立内部培养体系，为公司长期发展注入持续动力。在快速变化的市场环境中，企业的长期发展不仅依赖于短期的业绩提升，更需要一种持续、稳定的内在动力。这种动力来源于何处？答案就是建立一套完善的公司内部培养体系。这一体系不仅关乎员工个人的成长，更与公司整体的长远发展紧密相连，它为公司带来了深远而积极的影响。

内部培养体系是构建高素质团队、提升公司核心竞争力的基石。通过定制化的培训内容和方法，公司能够确保销售人员获得与岗位紧密结合的技能和知识，从而在工作中更加游刃有余。一个专业素养高、销售技巧娴熟的团队，无疑将在市场中展现出更强的竞争力，为公司赢得更多的市场份额。

内部培养体系有助于增强员工的忠诚度和归属感，为公司的稳定发展提供坚实的人才基础。当员工感受到公司对他们的重视和投入时，他们更愿意将个人的发展与公司的命运紧密相连，形成一种共赢的局面。

这种深层次的情感联结，有效降低了人才流失率，确保了公司核心团队的稳定与持续发展。

另外，内部培养体系还是公司创新和发展的源泉。通过鼓励销售人员积极参与培训和学习，公司能够不断激发员工的创新思维和创造力。这种创新氛围不仅推动了产品和服务的持续改进和优化，还为公司带来了更多的市场机遇和竞争优势。在日益激烈的市场竞争中，这种持续的创新力无疑是企业保持领先地位的关键。

从长远来看，内部培养体系还能够为公司节省大量的招聘和培训成本。通过内部培养，公司可以更加精准地选拔和培养出符合自身需求的优秀人才，避免了外部招聘带来的不确定性和风险。同时，由于员工对公司的文化和价值观有着更深入的了解和认同，他们在工作中的表现也将更加出色和稳定。

5.2 销售培养体系的构建

说完企业内部要建立自己的销售培养体系的重要性，那么我们就来聊聊销售培养体系的构成。其实一个好的销售培养体系，就是要为销售人员量身打造一套可以快速自我提升的框架。这个框架既要明确目标，又要了解实战工作，更好地贴合销售个性。这里我们先不说如何建立一个好的框架，我们先来说说框架里的核心要素，也就是框架的主要内容，即理论知识培训、实战技能培训和职业素养培养。这三方面是组成一套销售培养体系的最核心的要素。

5.2.1 传统销售团队培养方式的不足

在当今的企业环境中，人才培养的方式多种多样，主要包括依靠个人主观能动性自发学习、团队内优秀经验分享以及老带新。这些方法虽然在一定范围内有效，但随着市场的快速变化和对人才能力要求的提升，这些传统的培养方式已逐渐无法满足销售团队成长的需求。以下是对这些培养方式存在的不足的分析。

首先，思想教育促进员工自我成长的方式依赖于销售人员自发学习的动力。然而，在职场中，即使是提供物质激励，也难以保证销售人员持续地主动学习。学习本身是一个长期且艰苦的过程，其成效也并非立竿见影，这就导致这种方式难以持续且效果有限。虽然对自我要求较高的个体可能有效，但作为企业的整体培养策略，其效果往往不佳。

其次，团队内部的优秀经验分享，虽然被广泛采用，但其有效性值得商榷。在采用这种方式之前，我们应该自问四个问题：分享者的经验是否正确？这些经验是否适合其他人？分享内容是否具备系统性？其他人能否将这些内容应用到实际工作中？显然，单纯依赖经验分享无法培养出优秀的销售团队，而是需要对优秀经验进行提炼和系统化。

最后，老带新的培养方式在销售团队中颇为常见，但实际效果往往不尽人意。这种培养方式的局限性主要体现在三个方面：一是老员工是否有意愿和精力去带新员工；二是老员工是否具备足够的能力和教育技巧，以及他们的优秀是否仅源于行业经验的积累；三是老员工的方法是否适用于当前团队和市场环境。基于这些原因，老带新的培养方式也显示出其局限性。

综上所述，传统的销售团队培养方式已不再适应现代企业的发展需求。企业急需建立一套系统化的培养体系，该体系应包含丰富的内容、资源以及系统的运营和评估机制。在这一体系中，需要有专业人士进行课程设计、教学和落地执行，以确保人才培养的有效性和持续性。

5.2.2 销售培养体系的核心要素

销售培养体系作为提升企业销售团队能力和业绩的关键因素，其核心内容主要包括理论知识培训、实战技能培训以及职业素养培养。这三个方面相辅相成，共同构成了一个全面、系统的培养体系。

1. 理论知识培训

理论知识培训是销售培养体系的基础。它涵盖了销售领域的基本概念、原理和方法以及市场趋势分析、产品知识、客户需求理解等方面的内容。

通过系统的课程学习和讲座研讨，销售人员能够建立起扎实的理论基础。比如，在课程学习中，销售人员会深入了解销售漏斗理论、客户关系管理（CRM）系统等重要理论和概念，并通过案例研究来理解它们在实际销售场景中的应用。理论知识培训不仅帮助销售人员更好地理解销售工作的本质和规律，还培养了他们的分析能力和解决问题的能力，使他们在面对复杂的市场环境和客户需求时能够游刃有余。

2. 实战技能培训

实战技能培训是销售培养体系的关键。它注重将理论知识转化为实际操作能力，通过模拟演练、角色扮演、真实案例分析等方式，让销售人员在实践中学习和掌握销售技巧和方法。比如，在模拟演练中，销售人员会模拟真实的销售场景，进行产品介绍、谈判技巧、异议处理等实践训练。实战技能培训强调实践性和应用性，使销售人员能够在真实的销售场景中运用所学知识，提升他们的销售能力和业绩。同时，通过不断的实战演练和反馈评估，销售人员还能够发现自己的不足之处，并进行有针对性的改进和提升。

3. 职业素养培养

职业素养培养是销售培养体系的重要组成部分。它关注销售人员的职业道德、职业态度、沟通协作能力等方面的培养。通过企业文化熏陶、团队建设活动、职业素养课程等方式，销售人员能够树立起正确的职业观和价值观，增强他们的责任感和使命感。比如，在团队建设活动中，销售人员会参与团队合作游戏、沟通技巧工作坊等，以提升他们的团队协作和沟通能力。职业素养培养还有助于提升销售人员的沟通能力和团队协作精神，使他们能够更好地与客户和同事进行沟通和合作，实现销售目标。

销售培养体系的核心内容包括理论知识培训、实战技能培训以及职业素养培养，这三个方面相互支撑、相互促进，共同构成了一个全面、系统的培养框架。通过这一培养体系，销售人员能够建立扎实的理论基础，掌握实战技能并具备良好的职业素养，从而成为高素质、专业化的销售人才，为企业的长期发展贡献自己的力量。

5.2.3 如何建立销售培养体系

销售培养体系的核心内容大家已经知晓，无论是理论知识培训、实战技能培训还是职业素养培养，都是非常关键的内容，但是光有内容是完全不够的，因为这些内容在外部培训机构已经有了很成熟的课程，那么为什么还是不能满足企业的需求呢？前面也说到了，是因为它不够量身，不够落地，不够符合企业发展路径。没错，问题关键就是这里，量身定制才是适合的，所以我们建立自己的培养体系的关键就是要量身定制。在本节内容中，我们就来看看如何量身定制一套销售培养体系，以及如何使其成功落地。

销售的人才培养是一个系统性的工程，如果期望通过培养来提升销售人员的能力，企业就需要在更高的维度去思考如何建立销售团队的培养体系，首先我们给出销售培养体系的搭建流程，如图 5-1 所示。

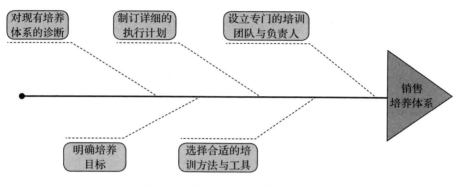

图 5-1　销售培养体系搭建流程

第一步：对现有培养体系的诊断。

在建立销售培养体系的过程中，第一步就是对企业目前的培养体系进行全面的诊断。这一步骤之所以至关重要，是因为它能够帮助我们清晰地认识到现有培养体系的优势和不足，从而为后续建立更加科学、有效的销售培养体系提供有力的依据。

诊断的过程中，我们需要关注多个方面。首先，我们要审视现有培养体系的目标是否明确，是否与企业的整体战略目标相契合；其次，我们要分析培训内容是否具有全面性和针对性，是否涵盖了销售人员所需的所有关键知识和技能；再次，我们还要考察培训方法是否具有多样性和实效性，是否能够满足不同销售人员的学习需求，并有效提升他们的实战能力；最后，我们还需要评估培训效果的衡量标准和反馈机制是否能够准确反映销售人员的学习成果，并为后续的培训改进提供有力支持。

通过这一系列的诊断，我们能够得出一个全面、客观的诊断报告。这个报告将揭示现有培养体系的优势和不足，为我们后续建立销售培养体系提供宝贵的参考。具体来说，诊断结果将帮助我们更加明确地确定新的培养体系的目标和内容，选择更加适合的培训方法和工具，并建立起更加科学、有效的培训效果衡量标准和反馈机制。这样，我们就能够确保新的销售培养体系更加符合企业的实际需求，更加有效地提升销售人员的能力和业绩，为企业的长期发展持续注入动力。

第二步：明确培养目标。

诊断结束后，我们了解了企业的现状、需求和最迫切的销售人才问题，那么制定培养目标就成了重要的环节。

在深入诊断了现有的人才能力和培养体系的不足之后，我们清晰地认识到，为了构建一个高效、有针对性的销售培养体系，首先必须明确培养目标与定位。目标的设定，绝非凭空臆想，而是要深深地根植于企业实际业务需求之中，源于销售工作的真实挑战与潜在机遇。

在设定目标时，我们始终坚守两大原则。一是符合业务实际，确保培训内容与企业的销售目标、市场策略紧密相连。培养目标要结合企业的战略目标和经营目标：企业的市场定位是什么，我们要使用什么样的销售模式，3～5年的经验目标是什么，业绩目标是否有大幅度提升，是否要扩大市场规模。这些都是在制定培养目标时要确定的，培养目标决定了人才培养的方向，培养一个销售需要3～6个月的时间，企业需要提前培养相应的人才去应对战略的调整。

二是注重目标的落地性与可衡量性。每一个培训目标都对应着具体的工作场景与绩效指标，让销售人员能够清晰地看到自己的成长与进步，让销售人员在日常工作中能够实践，从知道和做到从两个维度对销售人员进行评估和考核。

我们的培养目标是为不同层级的销售人员量身定做的。对于新晋销售人员，我们注重基础销售技能的培养，如沟通技巧、客户需求分析、产品知识等，确保他们能够迅速适应岗位，有效开展工作。而对于资深销售人员，我们则侧重于销售策略、市场洞察、客户关系管理等高级技能的提升，助力他们在复杂多变的市场环境中脱颖而出。

通过这样的培养目标与定位，我们旨在打造一个既贴近业务需求，又注重个人成长的销售培养体系。我们相信，只有这样的体系，才能真正激发销售人员的潜能，助力他们在职业生涯中不断攀登新的高峰。而要实现这一愿景，关键在于将宏观目标拆解为可执行、可追踪的具体行动。

首先要确保销售培养体系目标的落地性与可衡量性，在构建销售培养体系时，确保培训目标的落地性与可衡量性是至关重要的，这直接关系到培训效果的实际转化和企业的长期利益。

其次要细化目标、明确标准，运用SMART原则⊖来设定培训目标。确保每个目标都是具体的、可量化的，并设定明确的达成时间。例如，对于新晋销售人员，可以设定"在三个月内，通过模拟销售演练，每位新员工必须达到平均客户转化率提升10%"的具体目标。

将总体目标分解为一系列可操作的子目标，每个子目标都对应着具体的培训模块或任务。这样不仅能够让销售人员更清晰地理解自己的成长路径，也方便在培训过程中对其进行跟踪和评估。

第三步：制订详细的执行计划。

为每位销售人员制订个性化的行动计划表，明确他们在每个培训阶段需要完成的任务、学习内容和预期成果。行动计划表应包含具体的时间节点、责任人和监督人，以确保计划的顺利执行。

提供必要的培训材料、工具和支持系统，如培训教材、在线学习平

⊖ SMART原则，即具体（specific）、可衡量（measurable）、可实现（achievable）、相关（relevant）、有时限（time-bound）。

台、模拟销售软件等，以支持销售人员按照计划进行学习和实践。

为了确保销售培养体系的有效实施，制订一份详细、全面的培训计划与课程大纲是至关重要的。这份计划不仅需要为不同阶段的销售人员提供明确的成长路径，还应包含具体的完成时间、完成标准以及完成追踪机制，以确保每位销售人员都能按照既定的目标稳步前进。

我们根据销售人员的经验和能力水平，将他们划分为不同的阶段，如新晋销售人员、中级销售人员和资深销售人员。针对每个阶段的销售人员，我们都制订详细的培训计划，明确他们需要掌握的核心技能和知识。

对于新晋销售人员，我们的培训计划主要集中在基础销售技能和产品知识上。他们需要在入职后的前三个月内完成一系列的培训课程，包括沟通技巧、客户需求分析、产品介绍等。完成标准是通过模拟销售演练和产品知识测试，达到预定的合格分数。同时，我们还会定期追踪他们的学习情况，确保他们按照计划稳步前进。

对于资深销售人员，我们的培训计划则更加注重销售策略和市场洞察能力的培养。他们需要在接下来的六个月内深入学习销售策略制定、竞争对手分析、市场趋势预测等课程。完成标准是通过实际销售案例的分析和策略制定，展现出他们在销售策略和市场洞察方面的能力提升。我们同样会定期追踪他们的学习情况，并提供必要的指导和支持。

对于资深销售人员，我们的培训计划则更加侧重高级销售技巧和领导力的培养。他们需要在一年内完成高级谈判技巧、客户关系管理、团队协作与领导等课程的学习。完成标准通过实际销售业绩的提升和团队领导能力的展现来评估。我们还会为他们提供个性化的职业发展建议，帮助他们更好地规划自己的职业生涯。

除了详细的培训计划，我们还为每个阶段的销售人员制定了具体的课程大纲。这些课程大纲涵盖了他们需要学习的所有核心技能和知识，并明确了每门课程的学习目标、学习内容、学习方式以及学习时间。通过这样的课程大纲，销售人员可以更加清晰地了解自己的学习内容和学习路径，从而更好地对自己的学习进行规划。

总的来说，我们的销售培养计划与课程大纲是一个全面、系统的培养框架，它为不同阶段的销售人员提供了明确的成长路径和具体的学习计划。我们相信，通过这样的培养计划和课程大纲，销售人员将能够不断提升自己的专业能力和业绩，为企业的长期发展贡献自己的力量。

第四步：选择合适的培训方法与工具。

在明确了培养目标，并制订了详细的培训计划和课程大纲之后，选择合适的培训方法与工具成为确保培训效果的关键一步。为了让培训方式更加吸引人，让培训内容更加易于记忆和应用，我们需要充分利用现代科技手段，创新培训方式，提升培训的互动性和实践性。

首先，我们可以采用多元化的培训方法，如课堂讲授、小组讨论、角色扮演、模拟演练等，以满足销售人员的不同学习风格和需求。例如，对于基础理论知识，可以采用课堂讲授的方式，通过讲师的详细讲解和PPT展示，让学员快速掌握核心要点；对于需要深入理解和应用的知识，可以组织小组讨论，让学员在交流中碰撞思想，共同解决问题；对于销售技巧类的知识，可以通过角色扮演和模拟演练的方式，让学员在实战中锻炼和提升自己。

其次，我们可以利用现代化的培训工具，如在线学习平台、虚拟现实技术、智能学习系统等，来增强培训的趣味性和实效性。例如，通过在线学习平台，学员可以随时随地进行自主学习，充分利用碎片时间；通过虚拟现实技术，可以创建逼真的销售场景，让学员在虚拟环境中进行实战演练，提升应对复杂情况的能力；通过智能学习系统，可以根据学员的学习进度和反馈，智能推荐个性化的学习内容和练习题目，帮助学员更好地巩固所学知识。

此外，我们还可以结合游戏化学习的理念，将培训内容设计成有趣的游戏或挑战任务，激发学员的学习兴趣和参与度。例如，可以设置销售技能大挑战、产品知识问答赛等游戏环节，让学员在轻松愉快的氛围中掌握知识和技能。

综上所述，选择合适的培训方法与工具对于提升培训效果至关重要。通过多元化、现代化的培训方式和工具的应用，我们可以让培训内容更加吸引人、更易于记忆和应用，从而培养出更加优秀、高效的销售团队。

第五步：设立专门的培训团队与负责人。

在明确了培训目标并制订了详细的培训计划和课程大纲之后，设立专门的培训团队与负责人，成为确保培训效果和培训顺利进行的关键一步。

其实，设立专门的培训团队是非常必要的。团队应由具备丰富销售经验、教学经验和培训管理能力的专业人士组成，他们不仅了解销售业务的核心知识和技能，还擅长传授这些知识和技能，并能够根据学员的实际需求和反馈，灵活调整培训的内容和方式，确保培训的针对性和实效性。

明确培训团队的职责和任务也是至关重要的。培训团队应负责制订详细的培训计划，包括确定培训目标、设计培训课程、选择培训方法和工具等；负责组织和实施培训活动，确保培训过程的顺利进行。此外，培训团队还需要对培训效果进行评估和反馈，以便不断改进和优化培训计划。

另外，设立专门的培训负责人也是必不可少的。培训负责人应具备全面的培训管理能力和协调能力，能够带领团队高效地完成各项培训任务。他们需要与业务部门紧密合作，了解业务需求和销售人员的实际情况，以便制订更加贴近实际的培训计划和课程大纲。此外，他们还需要负责培训预算的制定和审批，确保培训资源的合理分配和利用。

设立专门的培训团队与负责人对确保培训效果和组织培训的顺利进行具有重要意义。通过专业的培训团队和负责人的努力，我们可以为销售人员提供高质量、针对性的培训服务，帮助他们不断提升专业素养和业务能力，为企业的发展贡献更大的力量。

5.2.4 建立销售培养体系中可能会遇到的问题

在构建销售培养体系的过程中，企业往往会面临一系列的挑战和问题，这些问题若不能得到妥善解决，将直接影响到销售培养体系的有效性和销售人员的成长。

1. 资源分配的问题

资源分配是建立销售培养体系时首要考虑的问题之一。企业需要在有限的预算和时间内，合理分配人力、物力和财力等资源，以确保销售培养体系的顺利运行。然而，在实际操作中，资源分配往往受到多种因素的制约，如企业规模、财务状况、市场竞争等，如果资源分配不当，可能会导致培训体系无法得到充分的支持和保障，进而影响培训效果和销售人员的成长。因此，企业在制订培养计划时，需要充分考虑资源分配的合理性和有效性，确保每一项培训活动都能得到必要的资源支持。

2. 培训内容与实际工作需求的匹配问题

培训内容与实际工作需求的匹配问题，是衡量销售培养体系有效性的重要指标。如果培训内容过于理论化或与实际工作脱节，销售人员就可能无法将所学知识应用于实际工作中，导致培训效果不佳。因此，企业在制定培训内容时，需要深入了解销售人员的实际工作需求和市场变化，确保培训内容与实际工作紧密相连。同时，企业还需要定期更新培训内容，以适应市场变化和销售人员职业发展的需要。

3. 培训效果的持续性问题

培训效果的持续性是评估销售培养体系长期价值的关键因素。然而，在实际操作中，企业往往面临培训效果难以持续的问题。这可能是培训内容缺乏针对性、培训方式单一、销售人员参与度不高等多种原因造成的。为了解决这一问题，企业需要在培训结束后进行持续的跟踪和评估，了解销售人员在实际工作中的表现和培训内容的应用情况。同时，企业还需要根据评估结果及时调整培训策略和培训内容，以确保培训效果的持续性和有效性。此外，建立激励机制和提供持续的职业发展机会也是提高培训效果持续性的重要手段。

5.2.5 解决策略与方法

针对销售培养体系建立过程中可能遇到的问题，企业可以采取一系列策略与方法来确保培养体系的有效性和销售人员的持续成长。以下是对几个关键解决策略与方法的详细描述。

1. 合理规划培训预算与资源

为了解决资源分配问题，企业需要合理规划培训预算与资源。首先，企业应该对培训需求进行全面的分析，明确培训目标和预期成果，并以此为基础制订详细的培训计划和预算。其次，在预算制订过程中，企业需要考虑人力、物力和财力等多方面的资源需求，并确保预算的合理性和可行性。同时，企业还应该建立有效的资源管理机制，确保培训资源的充分利用和合理分配，避免资源的浪费和重复建设。

合理规划培训预算与资源的具体方法：

- 制订详细的培训计划：根据企业的战略目标和销售人员的实际需求，制订详细的培训计划，包括培训目标、培训内容、培训方式、培训时间等，以确保培训活动的有序进行。
- 预算细化与分配：将培训预算细化到每一个项目的费用上，包括讲师、场地租赁、教材印刷、设备购置等的费用。同时，根据培训的重要性和紧急性，合理分配预算资源，确保关键培训项目得到足够的支持。
- 建立资源共享机制：鼓励企业内部各部门之间共享培训资源，如内部讲师、在线学习平台等，以减少重复建设，提高资源利用效率。
- 动态调整预算：根据培训实施过程中的实际情况，动态调整预算分配，确保培训活动顺利进行。例如，对于效果显著的培训项目，可以适当增加预算投入；对于效果不佳的项目，则应及时调整或终止。

2. 定期更新培训内容与课程

为了解决培训内容与实际工作需求不匹配的问题，企业需要定期更新培训内容与课程。企业可以建立市场监测机制，及时了解市场变化和销售人员的工作需求，以此为基础对培训内容进行适时的调整和更新。同时，企业还可以鼓励销售人员参与培训内容的开发和设计，提高培训内容的针对性和实用性。此外，企业还可以引入外部专家和行业资源，为销售人员提供更丰富、更前沿的培训内容和课程。

定期更新培训内容与课程的具体方法：

- 建立市场监测机制：通过定期收集和分析市场数据、竞争对手动态、客户反馈等信息，了解市场变化和销售人员的工作需求，为培训内容的更新提供依据。
- 引入外部专家资源：邀请行业内的专家、学者或成功销售人员参与培训内容的开发和设计，引入他们的先进理念和实践经验，提升培训内容的权威性和实用性。
- 鼓励销售人员参与：建立销售人员参与培训内容开发的机制，如定期组织销售人员座谈会、收集他们的建议和案例等，使培训内容更加贴近实际工作需求。
- 定期评估与修订：定期对培训内容进行评估，了解销售人员对培训内容的满意度和学习效果。根据评估结果，及时修订和完善培训内容，确保其与市场变化和销售人员的需求相一致。

3. 建立培训效果跟踪与反馈机制

为了解决培训效果的持续性问题，企业需要建立培训效果跟踪与反馈机制。企业可以对销售人员进行定期的培训和考核，了解他们在培训后的知识掌握情况和应用能力。同时，企业还可以建立销售人员的工作绩效档案，跟踪他们在实际工作中的表现和培训内容的应用情况。此外，企业还可以鼓励销售人员提供培训反馈和建议，以便及时调整培训策略和内容，确保培训效果的持续性和有效性。通过建立这样的机制，企业可以更好地了解培训的实际效果，为未来的培训计划和策略提供有力的数据支持和改进方向。

建立培训效果跟踪与反馈机制的具体方法：

- 建立培训档案：为每位销售人员建立详细的培训档案，记录他们的培训经历、学习成绩、工作表现等信息。通过档案分析，了解销售人员的培训效果和学习成长轨迹。
- 定期考核与评估：定期组织销售人员参加考核和评估活动，如模拟销售演练、案例分析报告等，以检验他们对培训内容的掌握程度和应用能力。同时，通过评估结果的反馈，帮助销售人员发现自身的不足并制订改进计划。
- 建立反馈渠道：建立畅通的反馈渠道，鼓励销售人员对培训的内容、方式、效果等方面提出意见和建议。通过收集和分析反馈信息，不断改进培训策略和方法，提高培训效果。
- 实施激励措施：对于在培训中表现优秀或取得显著进步的销售人员，对其实施相应的激励措施，如晋升、奖金、表彰等，以激发他们的学习积极性和工作动力。同时，通过树立榜样和分享成功案例，营造积极向上的学习氛围和企业文化。

5.3 培训资源与培训人员的构建

在构建一套完善的销售培训体系时，培训资源与人员的构建是至关重要的一环。这一环节不仅关乎培训内容的丰富性和实用性，还直接影响到参训人员的学习体验和收获。一个成功的培训活动离不开精心筹备的培训资源，包括教材、课件、实战案例、模拟场景以及外部讲师或专家的参与。这些元素共同构成了培训的基石，为参训人员提供了一个全面、深入、实用的学习环境。接下来，我们将详细探讨如何有效地进行这些培训资源的筹备。

5.3.1 培训资源的筹备

内容为主,形式为辅,培训资源的有效筹备是确保培训活动顺利进行并取得预期效果的关键环节。它不仅关乎培训内容的丰富性和实用性,还直接影响到参训人员的学习体验和收获。因此,细致入微地筹备培训资源,是培训组织者不可忽视的重要职责。

1. 准备教材与课件

教材与课件是培训活动的基础,它们承载着传递知识、技能和经验的核心任务。在培训筹备阶段,首要任务是精选或编写与培训目标紧密相关的教材。这要求组织者深入了解培训需求,明确培训目标,从而筛选出最适合的培训内容。同时,为了增强培训的吸引力和互动性,还需制作生动、直观的课件,如PPT、视频、动画等,以辅助教材,帮助参训人员更好地理解和吸收知识。

在准备过程中,组织者需要确保教材的准确性和时效性,课件的设计则要逻辑清晰、重点突出,同时兼顾视觉效果和易用性。此外,为了满足参训人员的不同学习风格的需求,还可以考虑提供多样化的学习资源,如电子书、在线课程链接等。

2. 搭建实战案例与模拟场景

理论知识的学习固然重要,但将知识应用于实际的能力培养同样不可或缺。因此,实战案例与模拟场景的搭建成为培训资源筹备中的一个重要环节。通过引入真实案例,参训人员可以在分析、讨论的过程中,将理论知识与实际操作相结合,以提升解决问题的能力。同时,模拟场景的构建，如角色扮演、沙盘模拟等，能够让参训人员在接近真实的工作环境中进行实践，从而加深对知识的理解和记忆。

在搭建实战案例与模拟场景时，组织者需确保案例有代表性、挑战性和可操作性，模拟场景则应尽可能还原实际工作情境，包括任务设置、角色分配、资源限制等，以达到最佳的训练效果。

3. 邀请外部讲师或专家

为了丰富培训视角，引入行业前沿知识和实践经验，邀请外部讲师或专家参与培训是不可或缺的一环。外部讲师或专家往往能带来独特的见解、最新的行业动态以及宝贵的实战经验，为培训增添新的活力。

在邀请与合作的过程中，组织者需明确培训目标和需求，有针对性地选择具有相关背景和经验的讲师或专家。同时，建立良好的沟通机制，确保双方对培训的内容、形式、期望成果有共同的理解。在合作过程中，还应注重知识产权的保护，明确课件、案例等材料的使用权限以及培训后的反馈与评价机制，以促进双方长期合作关系的建立。

综上所述，培训资源的筹备是一个系统工程，涉及教材与课件的精心准备、实战案例与模拟场景的巧妙搭建，以及外部讲师或专家的有效邀请与合作。每一环节都需细致规划，以确保培训活动的成功实施和参训人员的收益最大化。

5.3.2 培训人员的选拔与培养

培训人员的选拔与培养是确保培训体系有效运行的关键环节。一支高素质、专业化的培训团队，不仅能够显著提升培训的质量与效果，还能够有效激发参训人员的学习热情，促进知识的有效传递与技能的快速提升。因此，对培训人员的选拔与培养需要给予高度的重视和精细的规划。

1. 内部讲师的选拔与培训

内部讲师作为培训体系中的重要组成部分，具有独特的优势。他们不仅熟悉企业的文化与业务，能够紧密结合实际需求定制培训内容，还能够通过自身的经验和案例，为参训人员提供更加实用、具体的指导。因此，内部讲师的选拔与培训显得尤为重要。

在选拔过程中，企业应注重讲师的专业背景、表达能力、教学经验以及对企业文化的认同度。选拔出的讲师还需接受系统的培训，以提升他们的教学能力。这包括教学方法的学习与应用、如何设计吸引人的课程、如何有效管理课堂，以及如何与参训人员进行有效的沟通与互动。通过这样的培训，可以确保内部讲师能够胜任培训工作，为参训人员提供高质量的学习体验。

2. 培训团队的能力提升与激励机制

培训团队的整体能力与素质直接影响到培训体系的运行效果。一个优秀的培训团队不仅需要具备专业的知识和技能，还需要具备良好的团队协作能力和创新精神。因此，持续提升培训团队的专业能力、教学技巧以及团队协作能力是至关重要的。

这可以通过多种方式实现，如定期的内部培训、外部研修以及经验分享等。定期的内部培训可以让团队成员分享经验和最佳实践；外部研修可以让团队成员参加专业的培训课程或研讨会，帮助他们拓宽视野和更新知识；经验分享可以鼓励团队成员之间互相学习、互相帮助。通过这样的持续学习和提升，可以确保培训团队始终保持与时俱进的专业能力。

同时，为了激发培训团队的积极性与创造力，企业还需建立一套有效的激励机制。这包括物质奖励与精神激励两方面：物质奖励可以是绩效奖金、晋升等，以鼓励团队成员在工作中取得更好的成绩；精神激励则可以是表彰优秀、提供发展机会等，以增强团队成员的归属感和成就感。通过这样的激励机制，可以鼓励培训团队不断追求卓越，为企业的培训事业贡献更大的力量。

5.4 培养体系的效果评估

如果你的企业正在构建自己的培养体系，那么内容和目标设定虽然重要，但也是远远不够的，还有重要的一环，就是如何对你的体系成果进行有效评估。在不断地评估中企业才可以找到最佳实践，去验证企业走过的路到底是否正确，或者是否值得。

5.4.1 设定评估指标

构建培养体系的评估框架，是评估培养体系的重中之重。在构建培养体系的效果评估框架时，评估指标的设定确实是一个至关重要的环节。这一环节的核心要求是，我们必须紧密围绕业务核心和工作实际来设定评估指标，以确保评估结果能够真实、准确地反映培养体系的有效性和实用性。具体来说，评估指标的设定和评估过程应涵盖以下几个关键方面。

第一，学员的反馈与评价。这一指标是评估培养体系效果的重要维度之一，它侧重于从学员的角度出发，深入了解他们对培养体系的整体感受、认可程度以及具体的改进建议。通过系统地收集和分析学员的反馈，我们可以直观地了解到培养体系在学员心中的接受度和满意度，从而进一步判断其是否真正符合学员的学习需求和职业发展期望。这一步骤对确保培养体系与学员的实际需求相契合至关重要。

第二，培训后的业绩提升情况。这一指标是衡量培养体系效果的关键，通过对比学员培训前后的业绩，能客观评估培训对其工作能力提升的效果，若学员培训后业绩显著提升，便有力证明了培养体系的有效性和价值。

第三，培训成果的长期保持与转化。这一指标关注的是培训效果的持续性和实用性，它对于评估培养体系的长期价值具有重要意义。一个好的培养体系不仅应该在短期内提升学员的能力，还应该帮助学员在长期内保持并转化这些能力为实际工作成果。因此，我们需要密切关注学员在培训后是否能够持续应用所学的知识和技能，以及这些应用是否真正转化为了实际工作成效。这一步骤对确保培养体系的投资能够带来长期的回报至关重要。

评估指标的设定需要紧密贴合业务和学员的工作，确保评估的全面性和客观性。我们应该从学员的反馈与评价、业绩提升以及培训成果的长期保持与转化等多个维度进行全面、深入的评估，以确保我们能够准确地衡量出培养体系的效果和价值。通过这样的评估框架，我们可以不断优化和完善培养体系，为组织的长期发展和成功提供有力的支持。

5.4.2 选择评估方法

在评估方法的选择与实施阶段，我们深入考虑了多种评估手段的综合运用，以确保评估工作的全面性和准确性。具体而言，我们主要采用了问卷调查与访谈、业绩数据对比与分析以及360度反馈评价这三种方式。

1. 问卷调查与访谈

问卷调查与访谈是我们获取被评估对象直接反馈的重要途径，它们在评估过程中发挥着举足轻重的作用。通过精心设计详细、全面的问卷，我们能够系统地、全方位地收集被评估对象在各个方面表现的信息。问卷的内容丰富多样，涵盖了被评估对象的工作成果、工作态度、团队合作能力、创新能力、解决问题的能力以及领导力等多个维度，旨在全面、客观地了解他们在工作中的整体表现。问卷的设计要注重科学性和标准化，以确保收集到的信息具有可比性和可分析性，为后续的数据处理和分析奠定坚实的基础。

虽然问卷调查虽然能够提供大量的量化数据，揭示被评估对象在某些方面的表现趋势和规律，但往往难以深入挖掘他们背后的故事、动机以及在工作中遇到的具体挑战和困难。为了弥补这一不足，我们需要结合深入的访谈来进一步补充和完善评估信息。

在访谈过程中，我们采用开放式问题，鼓励被评估对象分享他们的个人经历、感受和思考。我们倾听他们的声音，关注他们的情感体验，努力理解他们在特定情境下的决策和行为。通过深入的交流，我们能够更全面地了解被评估对象的内心世界，挖掘出他们在工作中所面临的挑战、困难以及他们的成长和进步。这些信息对我们更准确地把握被评估对象的真实状况至关重要，它们为我们提供了丰富的质性数据，帮助我们更深入地理解被评估对象的行为和表现。

问卷调查与访谈相辅相成，共同为我们后续的评估工作提供了有力的依据。通过综合运用这两种方法，我们能够更准确地评估被评估对象的真实状况，为他们的个人发展和团队的整体进步提供有针对性的建议和支持。

2. 业绩数据对比与分析

业绩数据对比与分析是我们评估过程中不可或缺的一环，它为我们提供了客观、量化的评估依据，帮助我们深入了解被评估对象的工作成果和进步情况。

我们深知，业绩数据是客观反映被评估对象工作成果的重要指标，因此，我们高度重视数据的收集、整理和分析工作。在评估过程中，我们对比了被评估对象在不同时间段、不同项目或不同任务中的业绩数据。这些数据涵盖了多个关键指标，如销售额、客户满意度、项目完成率等，它们共同构成了我们评估被评估对象工作表现的重要依据。

在对业绩数据进行对比与分析的过程中，我们采用了多种方法和工具。

首先，我们通过时间序列分析，对比了被评估对象在不同时间段内的业绩数据，以观察其工作成果的变化趋势。

其次，我们运用了项目对比法，将被评估对象在不同项目或任务中的业绩数据进行对比，以评估其在不同工作环境下的表现。

最后，我们采用了综合指数法，将多个业绩指标进行加权处理，以得到一个综合评估指数，更全面地反映被评估对象的工作成果。

通过数据的对比和分析，我们能够客观地评估被评估对象的工作成果和进步情况。我们能够清晰地看到他们在哪些方面取得了显著的成绩，在哪些方面还需要进一步提升。同时，我们也能够发现被评估对象的优势和不足，为后续的培训和发展提供有针对性的建议。例如，如果我们发现被评估对象在销售额方面表现突出，但在客户满意度方面有待提高，我们就可以为他们提供有针对性的培训和发展建议，帮助他们在保持销售额的同时提升客户满意度。

3. 360 度反馈评价

360 度反馈评价是我们评估体系中的一大亮点，它打破了传统单一视角的评价模式，引入了多元化的评价主体，使得评估结果更加全面、客观。

我们邀请了被评估对象的上级、下级、协同或者跨部门同事等多方参与评价，以便从多个角度全面了解被评估对象的表现。上级能够从战略高度和团队管理的角度对被评估对象进行评价，关注其目标达成、决策能力和团队领导力等方面；下级则能够提供更直接的工作接触和互动反馈，关注被评估对象的沟通能力、指导能力和工作分配等方面；协同或者跨部门同事则能够评价被评估对象的团队合作、人际关系和跨部门协作能力等方面。

通过这种方式，我们不仅能够发现被评估对象在不同角色视角下的表现差异，还能更全面地了解他们在工作中的优势和不足。这种多元化的反馈有助于促进团队内部的沟通与协作，增强团队的凝聚力和向心力。团队成员通过这种方式能够更加坦诚地交流彼此的看法和意见，共同为被评估对象的发展提供建议和支持。

同时，360 度反馈评价还能为被评估对象提供全面的反馈信息。他们将从不同角色那里获得对自己工作的评价和建议，这将帮助他们更清晰地了解自己的优势和不足，并认识到自己在不同视角下的表现差异。这种全面的反馈对被评估对象的个人发展至关重要，他们可以根据反馈结果制订个人发展计划，明确自己的发展目标，并采取相应的措施提升自己的能力和表现。

综上所述，我们在评估方法的选择与实施阶段充分考虑了多种方式的结合运用，以确保评估结果的全面性和准确性。我们注重在评估过程中保持与被评估对象的良好沟通，共同推动评估工作的顺利进行。同时，我们也注重评估结果的反馈和运用，将评估结果与培训、发展等后续工作相结合，为被评估对象的成长和发展提供有力的支持。

5.4.3 根据评估结果进行调整与优化

在完成了全面的评估之后,我们进入了一个至关重要的阶段:根据评估结果进行调整与优化。这一阶段的核心目标是确保我们的培训体系能够持续适应变化的环境和被评估对象的实际需求,从而最大化培训效果。

1. 培训内容的完善与更新

基于评估结果,我们将对培训内容进行细致的完善与更新。首先,我们将针对被评估对象在业绩数据中显现出的不足之处,设计专门的培训课程,旨在帮助他们弥补短板,提升整体能力。同时,我们也会根据行业趋势和组织战略目标的调整,及时更新培训内容,确保培训内容与当前的工作环境和要求紧密相连。此外,我们还将鼓励被评估对象参与培训内容的制定,以确保培训内容更加贴近他们的实际需求和工作场景。

2. 培训方法的改进与创新

除了完善培训内容,我们还将致力于培训方法的改进与创新。传统的培训方法可能已无法满足所有被评估对象的学习需求,因此我们需要探索更多元化的培训方式。例如,我们可以引入在线学习平台,为被评估对象提供灵活、便捷的学习途径;或者采用模拟演练、角色扮演等互动性强的培训方法,以增强参与度和实效性。同时,我们还将关注新兴技术在培训领域的应用,如虚拟现实、人工智能等,以期为被评估对象带来更加创新、高效的学习体验。

总之,根据评估结果进行调整与优化是我们培训体系中的关键环节。通过完善与更新培训内容以及改进与创新培训方法,我们能够确保培训体系始终与组织的战略目标和个人的发展需求保持高度一致，从而推动被评估对象的持续成长和组织的整体进步。

5.5　销售培养体系的落地执行

销售培养体系的建立只是万里长征的第一步，真正的挑战在于如何将这套体系落地执行，使其真正发挥效用。落地执行的重要性不言而喻，它是连接理论与实践的桥梁，是确保销售人员能够持续成长、提升业绩的关键环节。

在落地执行的过程中，我们需要注意以下几个关键点。

首先，要确保销售培养体系与公司的整体战略目标紧密相连。这意味着培训体系不仅要关注销售人员的技能提升，还要与公司的长期发展目标相一致。只有这样，我们才能确保培训的内容和方法能够真正满足公司的需求，为公司的持续发展提供有力的人才支持。

其次，要注重实践与理论的结合。销售培养体系不应该只是一套空洞的理论或模型，而应该是一套能够指导销售人员实际操作、解决实际问题的实用工具。因此，在销售培养体系落地执行的过程中，我们要注重将理论知识与实际操作相结合，通过案例分析、角色扮演、模拟演练等方式，让销售人员在实际操作中学习和掌握销售技巧和方法。

再次，要关注销售人员的个体差异和需求。每个销售人员都有其独特的背景和经历，他们的学习方式和需求也各不相同。因此，在落地执行的过程中，我们要注重个性化教学，根据销售人员的具体情况和需求，制订个性化的培训计划和方法，以帮助他们更好地成长和发展。

最后，要建立一套有效的监督和激励机制。销售培养体系的落地执行需要持续的监督和激励来保障。我们要建立一套有效的监督机制，定期对销售人员的培训进度和效果进行评估和反馈，以确保他们能够按照计划进行学习和实践。同时，我们还要建立一套激励机制，通过奖励和晋升等方式，激发销售人员的学习积极性和进取心，推动他们不断提升自己的销售能力和业绩。

为确保销售培养体系的有效实施并达到预期效果，我们必须制订一套详细的执行计划，并在执行过程中进行严格的监督与管理。同时，为确保体系的持续性与稳定性，我们还需要建立一系列的支持机制。

5.5.1 制订详细的执行计划

为了确保销售培养体系能够顺利落地并有效执行，制订一个详细且周密的执行计划是至关重要的。这个计划需要明确各个阶段的目标、任务、责任人和时间节点，以确保整个执行过程的有序性和高效性。

1. 明确培训的时间安排

考虑到销售人员的工作特性和业务节奏，培训时间的安排是销售培养体系落地执行计划中的关键环节。为了确保培训效果，我们需要精心选择培训时间，以确保销售人员能够充分参与培训并消化所学知识。

培训时间应尽量选择在工作日的非高峰时段。这样可以避免与销售人员的主要工作发生冲突，减少对他们日常工作的干扰。例如，我们可以选择上午或下午销售人员的工作负担相对较轻的时段，来安排培训课程或活动。

我们也可以考虑利用周末时间进行集中培训，这样可以让销售人员有更充足的时间专注于培训，深入学习和实践。周末集中培训可以是一个完整的培训日，培训内容涵盖多个主题和模块，让销售人员能够全面系统地提升销售技能。

为了确保培训时间的连续性和充足性，我们可以制定一个详细的培训日历。这个日历要明确每次培训的开始和结束时间以及培训的主题和内容。这样，销售人员可以提前了解培训安排，做好充分的准备或调整工作计划。同时，培训日历也可以作为培训进度把控的参考依据，确保培训按计划进行。

在制定培训时间时，我们还需要与销售人员充分沟通，了解他们的个人时间表和偏好，尽量满足他们的需求，以确保他们能够积极参与培训活动。同时，我们也要灵活调整培训时间，以应对可能出现的意外情况或时间冲突。

2. 选择合理的培训地点

培训地点的选择对销售培养体系的落地执行同样至关重要。一个合理的培训地点不仅能为销售人员提供良好的学习环境，还能激发他们的学习热情，提升培训效果。

首先，我们可以考虑使用公司内部的会议室或培训室作为培训场所。这些地方通常具备基本的培训设施，如投影仪、音响设备等，这些设施能够满足大部分培训需求。同时，选择公司内部的培训地点还能减少销售人员的通勤时间，提高培训的便利性。在选择内部地点时，我们要确保这些地方的设施完好、环境整洁，并提前进行布置和调试，以确保培训的顺利进行。

其次，我们也可以考虑外部的专业培训机构，将其作为培训地点。这些机构通常拥有更专业的培训设施和环境，能够提供更丰富、更深入的培训体验。例如，一些培训机构可能拥有模拟销售场景的实训室、先进的在线学习平台等，这些都能为销售人员提供更贴近实际、更具有挑战性的学习机会。在选择外部培训机构时，我们要对其进行充分的调查和评估，确保其培训质量和服务水平能够满足我们的需求。

无论选择哪种地点，我们都要确保培训环境的舒适性和便利性。这意味着培训场所应具备良好的通风、采光条件，提供舒适的座椅和足够的空间，以及拥有便捷的交通和停车设施等。这些都能为销售人员创造一个良好的学习氛围，帮助他们更好地专注于培训，提升学习效果。

3. 确定培训的参与人员

参训人员是销售培养体系的核心，他们的选择直接关系到培训的效果和实用性。为了确保培训的针对性和有效性，我们需要明确不同层级的销售人员，并根据他们的职位、经验和能力水平，制订个性化的培训计划。

新入职的销售人员是主要培训对象。他们通常对公司的产品、市场情况以及销售技巧等缺乏了解，因此需要通过系统的培训来快速掌握所需的知识和技能。针对这一群体，我们可以设计一系列基础培训课程，包括产品知识、销售技巧、客户沟通等内容，帮助他们快速融入销售团队并开展业务。

在职销售人员也是培训的重要参与者。他们已经有了一定的销售经验和业绩，但可能面临销售瓶颈或需要进一步提升自己的销售能力。对于这一群体，我们可以根据他们的实际需求，提供进阶培训课程，如高级销售技巧、客户关系管理、市场趋势分析等内容，帮助他们突破瓶颈，实现更高的销售业绩。

销售团队的管理者也是培训体系中不可或缺的一部分。他们需要掌握团队管理、销售策略制定、业绩评估等方面的技能，以便更好地指导销售团队并推动销售业绩的提升。针对这一群体，我们可以设计专门的领导力培训课程，包括团队管理技巧、销售策略制定、业绩分析方法等内容，帮助他们提升管理能力，带领销售团队取得更好的业绩。

5.5.2 执行过程中的监督与管理

销售培养体系的落地执行是一个系统而复杂的过程，需要严格的监督与管理。在执行过程中，我们需要密切关注培训进度、销售人员的学习情况以及培训资源的利用情况，以便及时发现问题并进行调整。通过有效的监督与管理，我们可以确保销售培养体系能够真正落地生根，为销售人员提供持续的学习和发展机会，进而推动销售业绩的提升和公司的发展。

1. 跟踪与把控培训进度

在销售培养体系的执行过程中，对培训进度进行跟踪与把控是至关重要的。为了确保培训活动能够按计划顺利进行，并达到预期的效果，我们需要采取一系列有效的措施。

首先，我们可以制定一份详细的培训进度表，明确每个阶段的目标和时间节点。进度表应该包括培训的主题、内容、讲师、参训人员以及预期完成的时间等关键信息。通过这份进度表，我们可以清晰地了解培训的整体安排和进度情况，为后续的跟踪与把控提供有力的依据。

其次，我们需要定期进行检查和评估，以确保培训进度按计划进行。这可以通过定期的进度会议、培训报告以及与销售人员沟通来实现。在进度会议上，我们可以回顾过去的培训成果，分析存在的问题和挑战，并制订相应的解决方案。培训报告可以为我们提供关于培训进度、销售人员学习情况以及培训资源利用情况的重要信息，帮助我们更好地把控培训进度。

为了进一步加强对培训进度的把控，我们还可以设立一个培训监督小组。这个小组可以由销售团队的管理者或经验丰富的销售人员组成，负责监督培训过程的执行情况，并确保培训质量达到预期目标。他们可以通过现场观察、参与培训活动以及与销售人员进行交流等方式，全面了解培训的实际情况，并及时发现和解决潜在的问题。

2. 进行监督与评估

在销售培养体系的执行过程中，进行监督与评估是确保培训质量和效果的关键环节。为了全面、客观地了解销售人员的学习成果和培训效果，我们可以设立专门的评估小组，负责整个评估工作的设计与实施。

评估小组可以通过多种方式对销售人员的学习成果进行评估。其中，问卷调查是一种常见且有效的方式，通过这种方式，可以收集销售人员对培训内容的反馈和意见，了解他们对培训效果的感受和看法。考试测试则是一种更为直接和客观的评估方式，通过测试销售人员对培训知识的掌握程度和应用能力，可以准确评估他们的学习成果。此外，实操演练也是一种重要的评估方式，通过模拟真实的销售场景和任务，观察销售人员在实际操作中的表现，可以更全面地评估他们的销售技能和应对能力。

评估结果将作为改进培训内容和方法的重要依据。通过对评估数据的分析和总结，我们可以发现培训过程中存在的问题和不足，以及销售人员在学习过程中的难点和困惑。针对这些问题和难点，我们可以及时调整培训内容和方法，增加针对性的培训课程和活动，以更好地满足销售人员的学习需求和发展目标。同时，评估结果也可以作为培训效果的重要参考，帮助我们了解培训的实际效果和收益，为未来的培训计划和预算制定提供有力的数据支持。

综上所述，进行监督与评估是销售培养体系执行过程中的重要环节。

通过设立专门的评估小组，采用多种方式对销售人员的学习成果进行评估，并及时调整和改进培训内容和方法，我们可以确保培训质量和效果的持续提升，为销售人员提供更好的学习和发展机会，进而推动销售业绩的提升和公司的发展。

5.5.3　确保销售培养体系的持续性与稳定性

构建并实施销售培养体系只是第一步，确保其持续性与稳定性才是关键。为了实现这一目标，我们需要建立一套完善的机制，包括建立培训档案与记录、定期回顾与总结培训经验以及建立激励与反馈机制，以激发销售人员的学习动力和参与热情。通过这些措施，我们可以确保销售培养体系能够适应市场变化和销售人员的发展需求，为公司销售业绩的提高和长期发展提供坚实的人才支撑。

1. 建立培训档案与记录

为了确保销售培养体系的持续性与稳定性，建立培训档案与记录是至关重要的，不仅有助于我们对培训过程进行回顾和总结，更为今后的培训提供了宝贵的借鉴和参考。

首先，详细的培训档案能够为我们提供丰富的历史数据。这些数据记录了每次培训的主题、内容、讲师、参与人员以及培训效果等关键信息，使我们能够清晰地了解过去培训的情况，分析哪些培训内容和方法受到了销售人员的欢迎，哪些培训内容和方法需要改进和优化。这样，在未来的培训中，我们就可以根据历史数据，更加精准地制订培训计划和确定培训内容，提高培训的针对性和有效性。

其次，培训档案也是我们跟踪销售人员成长和发展情况的重要工具。通过对比销售人员在不同培训阶段的表现和反馈，我们可以清晰地看到他们的成长轨迹和进步情况。这不仅有助于我们为销售人员提供个性化的职业发展规划，还可以为他们制订更加符合其需求的培训计划和晋升路径。

最后，建立培训档案与记录还有助于我们完善和优化整个销售培养体系。通过对培训档案的定期回顾和总结，我们可以发现培训体系中存在的问题和不足，并及时进行调整和改进。同时，我们还可以根据销售人员的反馈和需求，不断引入新的培训内容和方法，使培训体系更加符合市场变化和销售人员的发展需求。

2. 定期回顾与总结培训经验

为了确保销售培养体系的持续改进与稳定发展，定期回顾与总结培训经验是不可或缺的环节。这一环节不仅有助于我们提炼和巩固培训中的成功实践，还能及时发现并纠正存在的不足，为培训体系的不断完善提供宝贵的反馈。

为了实现这一目标，我们可以定期组织销售团队和管理者参与培训经验分享和讨论的会议。这些会议为销售人员提供了一个宝贵的平台，使他们能够就培训过程中的心得体会、成功案例以及面临的挑战进行深入的交流和探讨。通过这样的互动，我们可以共同总结出哪些培训策略和方法在实践中取得了显著成效，哪些环节有待进一步改进和优化。

同时，我们鼓励销售人员积极对培训体系提出改进建议。他们的反馈是培训体系持续改进的重要驱动力。通过倾听销售人员的声音，我们可以更加准确地把握他们的需求和期望，从而确保培训体系能够紧密贴合实际，为他们提供真正有价值的支持和帮助。

定期回顾与总结的过程也是一个不断反思和学习的过程。它促使我们不断审视现有的培训实践，思考如何创新和改进，以提高培训的质量和效果。通过这种持续的改进和优化，我们可以确保销售培养体系始终保持与时俱进，充分适应市场变化和销售人员的发展需求。

此外，这种定期回顾与总结的机制还有助于增强销售人员的参与感和归属感。当他们看到自己的意见和建议被认真对待并纳入培训体系的改进时，他们会更加积极地参与到培训中来，为销售团队的整体素质和业绩提升贡献自己的力量。

在企业建立自己的培养体系时，切记要贴合业务实际，要从业务出发去做人才规划和绘制人才画像，并且随着业务变化而变化。立足工作实际、契合员工需求的培养体系才最具有实效性和接受度。

5.6 引以为戒的反面教材

反面教材
某科技公司销售培养体系似"空中楼阁"

某科技公司在其快速发展的黄金时期，为了迅速提升销售团队的业绩，决定投入大量资源建立一套完善的销售培养体系。在这个决策的背后，是公司高层对销售业绩的迫切期望和对销售团队能力提升的深切关注。然而，在制订具体的培养计划时，公司却过于追求理论的完美和体系的全面，忽略了与自身业务实际的紧密结合。

它引入大量先进的销售理念和方法，这些理念和方法在国际上享有盛誉，被众多成功企业所采用。为了将这些先进理念和方法融入销售培养体系，公司设计了烦琐的培训课程，涵盖销售的各个方面，从理论到实践，从技巧到心态，无所不包。

然而，正是这种对完美的追求，让公司忽略了最重要的一点：任何销售理念和方法都需要与公司的实际业务相结合，才能发挥最大的效用。它没有考虑到公司产品的特殊性以及目标客户群体的差异。公司的产品是一款高度技术化的创新产品，目标客户群体也是具有特定需求和偏好的专业人士。这意味着，销售人员需要掌握的不仅是通用的销售技巧，还需要深入了解产品的技术特性和客户群体的实际需求。

结果，销售人员在接受培训后，虽然掌握了许多先进的销售技巧，却在实际工作中难以应用。他们发现所学的理论与公司的实际业务场景相去甚远，无法有效地解决客户的问题和需求。在实际操作中，他们感到困惑和挫败，无法将所学知识转化为实际的销售业绩。这种理论与实际脱节的情况，不仅浪费了销售人员的时间和精力，还给他们带来了深深的挫败感。

更糟糕的是，这种失败的经历还可能让销售人员对未来的培训产生抵触情绪。他们开始怀疑培训的价值和意义，认为培训只是公司的一种形式主义之举，无法真正帮助他们提升销售业绩。这种抵触情绪进一步影响了他们后续的学习和发展，使得他们在面对新的挑战和机遇时缺乏积极性和动力。

最终，这套"空中楼阁"般的销售培养体系不仅未能提升销售业绩，还因为浪费了大量的时间和资源以及给销售团队带来的挫败感，导致了销售团队的不满和士气低落。公司的销售业绩并未如预期那样迅速提升，反而出现了下滑趋势。销售团队对培训的抵触情绪也蔓延到了整个公司，影响了公司的整体氛围和员工的士气。

这个反面案例深刻地揭示了企业在建立销售培养体系时可能犯的错误：过于追求理论的完美和体系的全面，而忽略了与自身业务实际的结合。这种错误不仅浪费了企业的时间和资源，还可能给销售团队带来深深的挫败感，影响他们的后续学习和发展。因此，企业在建立销售培养体系时，必须紧密结合自身的业务实际，充分考虑销售团队的需求和差异，制订个性化的培训计划。

反面教材
某零售巨头培训体系的"一刀切"

某零售巨头作为行业的领军者，一直以其庞大的销售网络和卓越的销售业绩而自豪。然而，在建立销售培养体系时，它却犯下了一个致命的错误——"一刀切"。

它忽视了销售团队中不同层级、不同经验销售人员的需求差异，制订了一套统一的培训计划。这套计划仿佛是一个标准的模板，无论是新入职的销售人员还是经验丰富的销售经理，都被要求参加同样的培训课程、接受同样的考核标准。

对于新入职的销售人员来说，他们刚刚踏入这个行业，对产品、市场、客户都还不熟悉，他们需要的是基础的销售技巧、产品知识和对市场的了解。然而，这套统一的培训计划给他们带来的却是大量的高深理论和复杂案例。他们觉得培训内容过于深奥，难以理解和应用。在面对实际销售场景时，他们感到手足无措，无法有效地运用所学知识。这种挫败感让他们对培训产生了抵触情绪，甚至开始怀疑自己的职业选择。

而对于经验丰富的销售经理来说，他们已经在这个行业摸爬滚打多年，有着丰富的销售经验和深厚的客户关系，他们需要的是更高层次的销售策略、市场分析和团队管理技巧。然而，这套统一的培训计划给他们带来的却是大量的基础知识和初级技巧。他们觉得培训内容过于基础，无法满足他们进一步提升的需求。这种缺乏挑战性的培训让他们感到厌烦和不满，甚至开始质疑公司的培训能力和对销售团队的重视程度。

结果，这套"一刀切"的培训体系很快便暴露出了问题。它不仅未能达到预期的效果，反而引发了销售团队的不满和抵触情绪。新入职的销售人员觉得培训无用，经验丰富的销售经理觉得培训浪费时间。这种情绪进一步蔓延，影响了整个销售团队的凝聚力和战斗力。

他们开始怀疑培训的价值和意义，认为培训只是公司的一种形式主义，无法真正帮助他们提升销售业绩。这种抵触情绪进一步影响了他们后续的学习和发展，使得他们在面对新的挑战和机遇时缺乏积极性和动力。

最终，这套"一刀切"的培训体系对公司的销售业绩和长期发展造成了负面影响。销售团队的整体士气低落，销售业绩下滑。公司开始失去已有市场份额，客户满意度也大幅下降。这个反面案例深刻地揭示了公司在建立销售培养体系时必须充分考虑销售团队中不同层级、不同经验销售人员的需求差异，制订个性化的培训计划。否则，公司不仅无法提升销售业绩，还可能引发销售团队的不满和抵触情绪，对公司的长期发展造成严重影响。

Chapter 6
第 6 章

销售过程管理

> **导言：**
>
> 销售过程管理，也称作"销售管理"，是企业销售体系中至关重要的一环，它涉及对整个销售活动从开始到结束的系统化管理。其核心目的是通过明确的制度制定、流程规范、行为标准化，辅以目标的设定、资源的优化、风险的识别和控制等手段，提高销售效率和销售质量，确保销售目标的实现。在销售体系中，它是确保销售活动有序进行的基础，同时也是提升销售效率、达成业绩的关键。销售过程管理作为如此关键的一环，接下来我们要探讨一下其体系如何搭建和优化。

6.1 销售过程管理体系建设基本原则

6.1.1 承接销售策略和企业发展战略

如前文所述，企业发展战略和销售策略指明了目标市场和客户的选择以及竞争策略和打法，是公司发展的方向和路径。这些方向和路径是需要在具体执行过程中得以落地的。销售过程管理就是在规范销售活动过程中的制度、流程和行动。所以销售过程管理的体系建设必须以企业发展战略和销售策略为依据，并保障其得以有效实施。

我们看一个具体的例子。有一家提供企业级软件解决方案的公司，该公司的销售策略中有一条是该公司产品价值传递策略主要依赖于产品现场演示和产品测试，那么销售过程管理体系应当专门就此进行设计，以支持和优化这个策略。以下是该公司的几个具体做法。①在销售流程中，设计了预演示准备阶段。在该阶段明确要求销售人员在演示前要收集客户信息，了解客户的业务需求和痛点。同时，定制了收集客户信息和需求的表格，以明确具体需要收集哪些信息，从而防止销售人员在沟通中遗漏。②在销售流程中，定制了演示内容流程。该流程明确定义了每个节点的输入和产出标准，以及每个节点不同角色的责任和权力，以此来确保能够帮助销售人员根据不同客户的所属行业、规模和需求快速生成针对性演示内容。③在销售流程中，设计了演示后的跟进动作。跟进活动应根据客户在演示过程中的反应和反馈来定制，例如在演示结束后 24 小时内发送感谢邮件询问客户的反馈，然后提供更多的资料并定制接下来的行动计划。

从上面的例子可以看出，销售过程管理体系设计要以销售策略为准绳，用制度、流程确保企业发展战略和销售策略在实际销售活动中落地。

6.1.2　做到销售行动标准化和可复制性

销售过程管理体系建设的一个重要目的就是提高销售工作的有效性和效率。有效性指的是销售行动的正确率，我们希望销售动作正确并且有结果；效率是指单个销售人员的产出，只有不断提高效率，才能在一定资源下，产生更多收入，创造更多利润。销售行动的标准化和可复制性，是提高销售工作有效性和效率的前提。

销售行动标准化是指在整个销售过程中，所有销售人员都遵循一套统一的流程和方法。这种标准化有助于确保销售团队的每个成员在执行销售任务时都能保持一致性，从而提高整体的销售效率和客户体验。如本书第 2 章 "销售策略的制定" 中 "怎么打" 小节所述，针对区域和单一客户，需要制定相对标准的赢单路径，在从接触客户到成交的每个销售环节制定标准流程和阶段，每个阶段定义目标、关键行动、里程碑、所需工具等要素。这样才能保障销售行动的标准化。

销售行动的可复制性是指能够将成功的销售实践快速应用到其他销售人员或团队中。这一原则旨在最大化利用成功经验，减少重复劳动和错误，提升销售团队整体的效率和效果。

通过实现销售行动的标准化和可复制性，可以确保销售团队在执行销售任务时保持高效性和一致性。这不仅有助于提升整体的销售业绩，还能改善客户体验，增强公司在市场中的竞争力。标准化确保了所有销售人员都能遵循相同的高标准，而可复制性则确保成功的销售经验和技巧能够迅速推广到整个团队中，最大化利用已有资源和经验。

6.1.3　控制销售过程的风险

不确定性是销售工作的最大敌人。比如，完成的业绩总是与预测有很大差别，我们认为顺利的项目出现了意想不到的问题，等等。这些不确定性会严重影响业绩的达成，也严重影响我们的决策质量。我们进行销售管理的主要目的就是尽可能减少业务中出现的不确定性。销售过程的风险控制旨在通过识别、评估和管理潜在的风险，确保销售活动顺利进行并最大限度地减少可能影响销售成功的因素和不确定性。所以在设计销售过程管理体系时，要将过程风险控制融入体系，这不仅有助于降低销售过程中的风险，还能提高销售团队的整体效率，确保销售目标的实现。有效的风险控制需要识别和评估风险，制定和实施控制措施，持续监控和改进，以及培养全员的风险意识和管理能力。

6.1.4 支撑绩效考核和激励

在"销售绩效考核和激励"一章中，我们提到要为销售人员设定行为绩效，行为绩效的考核项和考核数据要源于过程管理体系设定的关键行动和阶段结果。因此，过程管理体系是考核数据的主要来源，同时也是确保绩效考核和激励顺利执行的基础。

6.1.5 实现可量化、可监控、可复盘

可量化、可监控和可复盘是销售过程管理体系建设的基本原则，因为这些原则确保了销售活动的有效性、透明性和持续改进的能力。

首先，可量化是指在销售过程中定义和使用明确的指标来衡量销售活动和结果。通过设定具体的关键绩效指标，如销售额、客户转化率、平均订单价值等，企业可以对销售团队和个人的表现进行客观评估。这种量化为管理者提供了数据驱动的决策依据，帮助他们更精准地制定和调整销售策略。同时，销售人员也能够清楚地理解自己的目标和业绩水平，从而提升整体销售效率和效果。可量化原则确保了销售管理不再依赖直觉和经验，而是基于数据的真实反馈，实现科学管理。

其次，可监控确保了销售过程的透明性和实时性。在动态的市场环境中，企业需要随时掌握销售管道的状态和进展情况。通过实时监控系统，管理者可以迅速发现销售过程中的潜在问题，如销售周期过长或客

户跟进不到位等，并立即采取纠正措施。可监控性还提高了企业对市场变化和客户需求的响应速度，使销售团队能够快速调整策略，优化资源配置。此外，监控体系还确保了销售活动的合规性和一致性，维护了品牌形象，避免了可能的法律和声誉风险。

最后，可复盘是指销售团队在销售活动结束后，系统地回顾和总结整个销售过程，以识别成功经验和失败教训，并为未来的销售工作提供改进建议。通过定期复盘，企业能够总结出有效的策略和需要改进的地方，从而不断优化销售流程和策略。这不仅提升了销售团队的整体能力，还鼓励团队成员分享各自的经验和见解，促进内部知识交流，培养团队的学习文化和协作精神。可复盘原则使企业能够持续改进，保持销售策略的灵活性和适应性，在快速变化的市场中始终保持竞争优势。

可量化、可监控和可复盘构成了一个闭环管理机制，确保销售活动的效率和效果。这些原则帮助企业实现科学的销售管理，优化资源利用，提升销售业绩，从而在市场竞争中脱颖而出。

6.2 销售过程管理体系建立方法

建立销售过程管理体系是一个系统化和持续的过程，需要严格遵守前述体系建设的基本原则，并对现有销售流程进行深入分析，设计新的管理框架，并持续实施与优化。

首先，企业应从顶层设计入手，明确销售目标和战略，这要求管理层全面评估市场环境、竞争态势以及自身的资源能力。在此基础上，企业应着手梳理和优化现有销售流程，识别关键销售阶段，并为每个阶段定义明确的工作任务和标准。

接下来，企业需构建一套结构化的销售过程管理体系，包括制定详细的标准操作程序（standard operating procedure，SOP）、设计销售工具和模板、建立 CRM 系统等。在此过程中，特别要强调的是将销售流程细化为可量化的步骤，确保每一步都有明确的执行标准和预期成果，以提高销售团队的工作效率和业绩的可预测性。

在实施阶段，企业需通过培训销售团队，确保每位成员都能理解并遵循新的销售流程。同时，通过角色扮演、模拟演练等方式提升销售人员对新流程的熟练度。此外，为确保销售过程管理体系的顺畅运行，企业还需建立健全的监督和评估机制，定期检查销售活动的执行情况，并通过数据分析评估流程效果。

最后，销售过程管理体系的建立并非一次性活动，而是一个持续改进的过程。企业应根据市场反馈、销售成果和团队反馈，不断调整和优化销售流程，确保管理体系能够适应外部环境的变化和企业内部需求的发展。通过这样的迭代过程，销售过程管理体系将不断完善，成为推动企业销售业绩持续增长的关键支撑。接下来，我们将深入探讨销售过程管理体系的构建，以销售流程为主线，详细分析每个组成部分的关键设计要素，包括客户分层与覆盖策略、单一客户或项目管理、跨部门协作机制、按区域或行业划分的销售管理等。

6.3 客户管理：客户分层与覆盖

在深入探讨客户管理之前，我们首先需要明确"客户"这一概念。客户是一个广泛的概念，它可以分为最终用户和间接客户。最终用户，也被称为终端客户，是指那些实际使用公司产品或服务的实体。而间接客户，也称为渠道合作伙伴、分销商或代理商，是在供应链中扮演中介角色，协助将产品或服务传递给最终用户的商业实体。在本节中，我们将讨论的客户类型为最终用户。

客户管理是指企业对其客户群体进行系统化、策略性的识别、理解、细分、服务和维护的过程。这一过程包括定义客户画像、收集客户信息、分析客户行为和需求、建立和维护客户关系等一系列活动。客户管理的目标有两个层面：一是通过客户分层，将客户按照重要程度进行区分，并为此制定相应的覆盖机制和措施；二是制定针对单个客户的精细化管理制度和流程，这包括从客户认知、需求识别、合作目标确立、复购到客户满意的全过程。最终的目标是提升客户满意度和忠诚度，增加客户的生命周期价值，从而推动企业的业务增长和市场竞争力提升。

无论是 To B 企业还是 To C 企业，客户管理通常涉及制定客户画像、管理客户信息、管理客户线索与商机、管理客户关系这四个方面。然而，这种分类逻辑，如果类比于人体结构，就像是将人体分为头部、上肢、躯干和下肢，这种分类方法仅停留在表面，是比较简单的。要深入解决业务管理的问题，我们需要探究人体的内在结构，这时我们会发现，人体是由神经、消化、呼吸、泌尿等多个系统组成的，这些系统相互关联、协调，共同构成了一个复杂而精密的生命体系。

同样地，对于 To B 企业的客户管理，我们主要将其分为客户分层管理和 KA 客户管理两个部分。每个部分都包含了客户画像、客户信息管理、线索与商机管理以及客户关系管理的内容。这种设计是基于企业的市场战略和销售策略来考量的，我们将各个点串联成线，最终形成全面的管理网络。具体如何实施客户分层管理和 KA 客户管理，我们将在本章后续详细探讨。

6.3.1 客户分层机制设计

企业首先需要将庞大的市场切割为若干个具有相似需求和特征的子

市场。通过深入分析每个子市场的独特性，企业能够精准地锁定与自己产品或服务高度匹配的目标客户群体。这些目标客户不仅具有潜在的购买需求，而且具备较高的购买力和忠诚度，他们被视为企业未来发展的宝贵资源。在客户管理的过程中，所谓的子市场就是我们通常所说的客户分级，每个层级的客户群体共同构成了一个子市场。而要有效地划分客户层级并实施客户分层管理，企业需要明确关于客户分层的方法论、工具和标准这三个关键问题。

1. 客户分层的方法论与工具

一笔交易的达成，至少要保证两个基本要素：供给与需求。客户分层的方案正是基于这两个基本要素展开的。从卖方的角度来看，只有当客户有需求，并且这个需求是卖方产品能够满足的时，这个客户对卖方来说才具有价值，才能被视为目标客户。在简单市场，也就是没有竞争对手的市场中，只要客户有需求，成交只是时间问题。然而，在当今社会，几乎所有的市场都是竞争市场，因此我们在考虑"供"这一方面时，需要考虑企业的竞争力。

如图 6-1 所示的客户分层二象限图，我们应从客户价值和公司竞争力这两个维度来评估一个客户对企业的重要程度（即客户级别），并设定各个客户级别的评估标准。当客户价值和公司竞争力都较高且符合某个标准时，我们将这部分客户定义为 KA 客户，即公司的战略客户。有些地方也称之为重点客户，为了消除不同中文术语可能引起的理解上的歧义，在本书中我们统一使用 KA 客户这一称谓。客户价值和公司竞争力中等的客户群体，我们将其定义为 PA 客户，即销售个人的重点客户——这一术语具有较强的销售归属意义，要求销售人员进行强覆盖。而客户价值和公司竞争力较低的客户则被定义为储备客户，这类客户不需要销售人员进行强覆盖，通常依靠渠道合作伙伴覆盖，或者由销售人员自由获取并跟进。

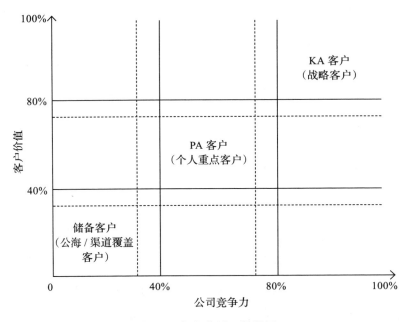

图 6-1　客户分层二象限图

可以看到，坐标轴内采用的是虚实线相结合的方式。因为在实际业务场景中，客户分级并非像数学题那样可以"一刀切"。或许某个客户在客户价值上并未完全达到我们制定的标准，但如果其公司竞争力非常高，那么将其纳入 KA 客户行列仍然是必要的。

（1）客户价值。

客户价值包括行业地位或行业影响力、购买力以及预算等条件。需要强调的是，预算的考量不仅包括今年的年度预算，还可以参考历史预算。企业今年的预算可能会因内部规划和经济情况的变化而进行调整，但通过分析历史预算，我们可以了解目标客户在某个领域的整体预算状况。

无论行业地位或行业影响力，还是购买力和预算，这些确实是大多数企业都会考虑的通用条件。然而，我们不能忽视企业自身的业务特性和市场特性。因此，从企业的业务特性出发，制定个性化的客户分层条件与标准是不可或缺的。以下是两个例子。

企业 A，作为一家创新型芯片设计公司，由于芯片市场的独特业务特点，其对 KA 客户的特性描述包括了具备一定的研发能力，并能够在企业 A 的指导下完成软硬件的开发。

企业 B，作为信息安全行业的独角兽企业，由于其产品对企业安全建设的要求较高，因此其对 KA 客户的特性描述之一是在安全建设上至少完成了态势感知的建设。

总结来说，客户价值的评判条件通常包括行业地位或行业影响力、购买力、预算等通用条件，同时还需要根据各自的业务特性制定个性化的条件。

回归到企业的本质，其核心目标是实现盈利。因此，企业所有行动的最终目的都是达到这一目标。客户价值和公司竞争力的评估，其最终目的也是促进客户的产出。在执行客户层级划分、评估客户价值时，我们不仅要考虑客户当前的价值，还需要重点考量并预测客户在未来一段时间内的产出潜力。

常见的产出预测包括年度或未来 2～3 年的预计产出合同额达到 × 万元以上，或者是未来 2～3 年内的年度经常性收入（annual recurring revenue，ARR）达到 × 万元以上。预测的时间周期取决于客户类别，对于 KA 客户，由于成交难度较大，周期较长，因此预测周期自然会更长。而对于 PA 客户，重点则放在中短期内的产出，通常预测周期为一年以内。至于预测的具体内容，则取决于企业的主要考核指标。

为了更准确地预测客户产出，我们需要综合考虑客户的业务需求、市场趋势、公司产品的市场竞争力以及客户的历史采购行为等因素。通过对这些因素的综合分析,我们能够更准确地评估客户的潜在价值,从而制定出更为有效的客户管理策略和销售计划。这不仅有助于企业优化资源配置,提高销售效率,还能确保企业在激烈的市场竞争中保持领先地位,最终实现盈利目标。

(2)公司竞争力。

公司竞争力,即公司在市场上的综合竞争优势,主要包括以下四个方面:

1)产品竞争力。

2)品牌与营销影响力。

3)服务能力。

4)商务能力。

公司竞争力在市场中是否具备优势,分两种情况看。一方面,与市场同类供应商竞争时,以上四个方面有胜出。另一方面,单独面对客户时,以上四个方面能够对客户产生吸引力。根据多年的经验,在竞争情况时,结论往往会变得复杂且难以全面评估。因此,在竞争情况下的公司竞争力(综合竞争优势),将不会纳入到客户分层的标准中去讨论。我们只考虑企业在单独面对客户时展现的吸引力。在这种情况下,结论将会更加明确和清晰。

2. 客户分层的标准

在"销售策略的制定"一章中,我们已经讨论了客户画像,但更多的是关于客户特性与非客户特性的描述,这些还不足以作为客户分层的标准。确定评判条件只是第一步,我们还需要考虑,一线销售人员或销售主管是否能够使用这些评判标准来完成客户分级的工作。例如,我们提出了以下三个条件:

（1）客户购买力很强。

（2）客户历年在安全业务上的预算高、投入大。

（3）行业标杆企业。

换位思考后我们会发现，列出目标客户清单并不难，但是将这些客户进行层级划分就相对困难，因为指向性不明确，标准也不够清晰。

既然要实施客户分层，那么就需要设定一个相对清晰且可执行的"标准线"，也就是需要将标准量化。例如，"客户购买力很强"是对客户购买力的一种描述；而"客户年度营收至少 10 个亿"则是客户购买力的一个具体标准。同样，"客户历年在安全业务上的预算高、投入大"是对客户预算情况的一种描述；而"每年信息安全部门预算至少 500 万元"则是客户预算的一个具体标准。

只有将客户画像细化为可量化的描述，客户分层才有可能被执行。但是，并非所有的客户特性描述都能做到量化。例如，行业地位或行业影响力，并不是所有细分行业的地位都可以量化。在教育行业，可能以 985 学校或 211 学校为标准，而在金融证券行业，则大概率只能依据市场上约定俗成的判断方法，比如行业排名的方式。因此，在制定客户分层标准时，我们要求能够量化的特性要给出具体量化标准，对于不能量化的特性则需要尽可能详细地说明。

6.3.2　客户覆盖与管理机制设计

确定了客户分层的方法论、工具和标准，我们接下来需要精心设计具体的客户层级结构。对于不同层级的客户，我们将制定具有针对性的覆盖与管理策略。这些客户覆盖与管理策略，不仅体现了公司的战略规划和销售策略，而且成为一线销售人员开展活动的行动指南，同时也是销售管理者进行有效管理的依据。可以说，客户覆盖与管理机制是整个客户管理体系中的核心环节,它关乎客户资源的合理分配和市场竞争力度的提升。因此,我们必须对其进行细致规划和持续优化,以确保客户线索的有效跟进和客户价值的最大化。

1. KA 客户的覆盖与管理机制设计

KA 客户是企业重点目标客户、核心战略客户。在竞争激烈的市场环境中,KA 客户的覆盖与发展不仅关乎企业的业绩和收入,更是打造品牌形象和行业地位的关键和体现。因此,KA 客户在数量上要有所限制,保证每一个 KA 客户能够被有效覆盖,而对于 KA 客户的覆盖与管理应该采取高度专业化的策略,多渠道、多路径、多部门协同作战。但是,核心主导权还是需要由公司或管理层落在销售部门,并由指定的销售负责人主导跟进。

销售部门作为直接对接客户的窗口,能够最直接地理解 KA 客户的需求和痛点,其丰富的客户服务经验和敏锐的市场洞察力是制定个性化营销策略、深化客户关系的基础。同时,销售部门需要协同售前、产品、市场、渠道等部门,形成跨部门合作机制,确保从产品定制、解决方案提供到售后服务,每一个环节都能精准对接 KA 客户的实际需求。在管理机制上,应建立专门的 KA 客户管理机制,制定一整套 KA 客户覆盖与管理的工具和模板,确保 KA 客户得到全方位和深层次的分析和管理,以及最优质、最专业的服务。此外,还需制定定期回访制度、客户满意度调查及反馈机制,及时了解 KA 客户的最新需求和意见,持续优化服务流程。同时,引入 CRM 系统,实现客户数据的集中管理与分析,为决策提供数据支持。

综上所述,KA 客户的跟进与管理应由销售部门主导,同时建立高效的协作机制、专业的服务团队和完善的管理体系。这样不仅能够稳固与 KA 客户的合作关系，还能进一步挖掘合作潜力。

KA 客户覆盖管理机制的具体内容如下。

KA 客户往往为公司贡献了大部分的销售额和利润，正如帕雷托法则所指出的，公司 80% 的收入往往来自 20% 的客户。高价值客户不仅为企业带来稳定的收入流，还是企业品牌口碑传播的重要力量。因此，精准识别出那些对企业未来产出贡献大、对企业贡献度高、增长潜力强的高价值客户，对于企业的经营和增长至关重要。同时，由于 KA 客户在市场和行业中的重要地位和影响力，更多地覆盖 KA 客户也意味着企业行业影响力的提升。

因此需要为 KA 客户制定一对一的定制化营销策略。这包括建立完善的 KA 客户档案，深入了解 KA 客户的具体需求、业务痛点及未来发展计划，提供量身定制的解决方案和服务。定期拜访客户，与客户保持稳定和长期的沟通，了解客户最新动态，是维护 KA 客户关系的关键。

为了巩固 KA 客户关系并推动其持续增值，企业还可以提供一系列增值服务。这些服务可以包括专业培训、技术支持、优先服务权、定制化报告等。通过这些增值服务，企业不仅能够解决 KA 客户在业务发展过程中遇到的实际问题，还能增强 KA 客户对企业的依赖感和忠诚度。此外，定期举办客户交流活动也是维护 KA 客户关系的重要途径之一。这些活动有助于增进双方的了解和信任，为未来的合作奠定坚实的基础。

KA 客户管理不仅仅是销售策略的实施，更是企业战略的重要组成部分。通过精准识别、定制化营销、增值服务和客户交流活动，企业能够有效提升 KA 客户的满意度和忠诚度，进而推动企业的持续增长和市场竞争力提升。

（1）KA 客户经营计划。

建立客户记录是企业销售活动中不可或缺的一环，几乎所有企业都会进行这一操作。客户记录主要包含客户的基本工商信息，如地址所属区域、所属行业、存续状态等。然而，这些信息并不足以构成一份完整的客户经营计划，用于深入的客户分析。一份优质的客户经营计划需要深入了解客户的需求、业务痛点以及未来发展计划，这些信息能够支持企业为客户制订个性化的解决方案和服务。为了达到这一目标，一线销售人员需要深入客户，投入大量的时间和精力。他们需要与客户建立紧密的联系，了解客户的具体需求和业务挑战，以及客户对未来发展的规划。

KA客户经营计划至少应包括以下信息：客户基本信息、客户业务现状分析、竞争对手分析、客户渠道/生态合作现状、客户内部组织架构分析。通过这些信息的分析、合作机会点的挖掘以及合作策略的制定，企业能够更好地理解客户，从而为其提供更为精准的服务和解决方案。

KA客户经营计划模板如表6-1所示。

表6-1 KA客户经营计划模板

基本信息						
部门	销售	客户名称	客户级别	行业	区域	客户来源
客户背景						
决策链	采购流程	采购形式	今年预算	历史预算情况	客户业务现状	已购买产品
合作机会点						
客户考核KPI	客户痛点	客户需求点	应用场景	挑战点	优势点	
竞争对手情况		渠道合作情况		合作策略		
竞争对手及产品	竞争策略	合作渠道名称	渠道合作关系	技术策略	服务策略	商务策略	渠道策略
联系人信息						
姓名	部门	职务	联系方式	决策权重/影响力	项目决策角色	商务关系

(2)客户策略。

KA 客户经营计划制订,旨在收集并整理客户的关键信息,形成详尽的客户档案。这份档案的目的是使各个部门能够全面了解 KA 客户的情况,从而提供专业、高效的解决方案和服务。然而,这个目标的实现并非 KA 客户经营计划本身能够直接达成,而是需要通过 KA 客户经营计划所制定的客户策略来推动。

制订 KA 客户经营计划的核心目的在于通过客户档案,制定出包括商务、技术和服务在内的全方位客户策略。这个策略是团队达成共识的结果,需要明确策略的目标、主要手段、时间周期以及负责人等信息。例如,技术策略需要具体到哪几个产品,在哪些场景下应用,涉及哪些技术细节;商务策略则需要明确到需要搞定哪几位高层决策者,如何屏蔽竞争对手等。

KA 客户的策略制定需要能够长期指导团队行动,为团队设定中短期和长期的目标,团队应定期对目标进行复盘和更新优化。这样,团队可以根据市场变化和客户需求调整策略,确保 KA 客户的满意度持续提升,同时推动企业的业务增长和市场竞争力提升。

(3)客户行动计划。

客户策略是明确客户覆盖的目标方向和主要路径,为了更好地实施这些策略,我们需要将它们细化为具体的客户计划和行动。这些行动计划的时间跨度可以从一个月内的短期目标到明天即将完成的任务,每个行动计划在制订时都需要明确目标、对象、预期完成时间、完成衡量标准以及执行人等信息。在行动计划进行中或结束后,我们需要记录下过程进展和结论,以便其他团队成员能够实时查看和了解。

在制订行动计划时,要确保多个客户策略能够相互融合,避免片面考虑问题。例如,如果销售部门计划拜访客户的首席技术官(chief technology officer，CTO），那么可以考虑带上售前和技术部门的同事，在适当的时机，为 CTO 介绍公司的产品技术特点和场景的优势，从而提高拜访的效果。

最后，定期对客户策略和行动计划进行复盘，识别哪些行动是有效的，并及时调整无效的计划。通过复盘，我们可以找到攻克客户的最佳路径，并沉淀出公司在 KA 客户覆盖方面的最佳实践。这样，我们不仅能够优化客户管理流程，还能够不断提升团队的执行力和客户满意度。

2. PA 客户的覆盖与管理机制设计

在公司的业务版图中，PA 客户群扮演着至关重要的角色，不仅为公司贡献了可观的营收，而且在行业中的中腰部位置使得其对市场开发和行业覆盖具有深远的影响。鉴于此，我们需要销售团队实施强有力的覆盖策略，同时公司层面也要加强对此类客户的管理。然而，由于 PA 客户群体相对更庞大，我们无法像对待 KA 客户那样进行一对一的精细化管理。因此，针对 PA 客户的管理策略，我们更侧重于项目化管理（即以赢单为核心的管理模式）。

在这种管理逻辑下，我们必须对客户需求、项目实施时间、成果产出等进行严格把控。后文将详细阐述这些项目管理流程，以便为销售团队提供明确的操作指南。为了满足销售强覆盖和公司强管理的需求，我们需为 PA 客户量身定制一套科学、高效的管理机制。首先，我们要设定每位销售人员负责的 PA 客户数量上限，防止销售人员精力的过度分散。其次，明确销售人员对 PA 客户的专属责任，包括定期的汇报和复盘，确保销售人员对客户关系和项目进展有全面、深入的了解。

在此基础上，我们还应制定一套清晰、可量化的跟进要求，对于销售人员跟进不力的 PA 客户，公司有权进行调整，将其划拨给其他销售人员，以充分激活客户资源，提高客户覆盖的效率。同时，销售人员也应根据客户的产出预测及个人时间和精力状况，综合考虑业绩目标，对 PA 客户进行筛选和优化，以实现客户资源配置的最优化。

管理机制如何落地成为企业的管理制度？以下为具体内容。

（1）PA 客户名单形成规则：

1）PA 客户的数量应控制在 15～25 个，以确保服务质量。

2）若因行业特性或销售成熟度的差异，销售人员需跟进超过规定数量的 PA 客户，可提交特殊申请。

3）公司将对销售人员负责的 PA 客户跟进情况、业绩表现、销售行为数据进行综合评估，决定是否批准超额申请。

（2）PA 客户与储备客户之间的转换关系：

1）PA 客户与储备客户之间存在动态的"流进流出"转换机制，以适应市场和业务的变化。

2）不满足 PA 客户跟进标准的客户将降级为储备客户，而储备客户经过综合评估后也有机会升级为 PA 客户。

（3）PA 客户调拨条件。调拨条件可包括客户产生商机的时间要求、与客户进行技术交流的次数及时间要求、客户进行产品测试的时间要求、销售行动记录频率/最后一次销售行动的时间（包括拜访、交流等所有销售活动）。

（4）跨区域、跨行业、与渠道等部门的配合及业绩划分规则：

1）对于涉及跨区域、跨行业以及与渠道等部门合作的 PA 客户，需遵循公司的客户报备合作及业绩划分规则。

2）确保客户管理的有序性和业绩认定的公正性。

（5）公司资源支持：

1）PA 客户可以享受售前、售后、人工服务等部门的所有常规支持。

2）提供产品版本的支持、测试资源的支持、价格折扣的支持等。

通过以上这些机制的建立和实施，我们可以确保 PA 客户得到高效的管理和覆盖，从而提升客户满意度，促进业务增长。

为了进一步提升销售团队服务 PA 客户的能力，提高客户满意度，公司需提供全方位的支持，包括专业培训、资源配置、激励机制以及监督考核。通过这些综合措施，我们相信销售团队能够更加高效地管理 PA 客户，进而推动公司整体业绩的持续增长。总之，PA 客户的管理是我们业务发展的重要环节，我们必须不断优化和完善相关策略，以适应市场变化，提升企业竞争力。

3. 储备客户的覆盖与管理机制设计

这里所提及的储备客户，通常指商业客户，这类客户的特点是范围广泛、数量庞大、销售周期短，但客单价相对较低。面对这类客户，如果仅依靠销售人员进行覆盖，就像猎人狩猎一样，很大程度上依赖于概率，最终的效果可能并不理想。因此，企业应该鼓励发展渠道，依靠渠道的力量来大量覆盖这类客户。这种"短平快"的客户特性正好与渠道的优势相匹配。

企业如何发展渠道、依靠渠道来覆盖商业市场？首先，企业需要建立自己的渠道体系。在渠道体系发展的初期，渠道的主要作用是解决客户触达和增加覆盖的问题。销售人员作为渠道的补充，在关键环节如需求引导和价值传递中发挥作用，以提高客户的信任度和需求满意度，进而提高项目的赢单率。

随着渠道体系的发展进入中期，企业需要构建渠道自主产单的能力，让渠道能够独立完成销售的全流程。到了渠道体系发展的后期——渠道规模化和体系化产出的阶段，渠道不仅能够自主发展下游渠道，还能体系化地进行区域和行业的覆盖。

关于渠道体系的建设,我们将在第 8 章进行详细介绍。在这里,我们主要强调的是,储备客户的覆盖主要是依靠渠道的力量来实现,而销售人员则主要关注 KA 客户和 PA 客户的覆盖。这样的策略可以有效地利用销售和渠道的各自优势,实现对不同客户群体的全面覆盖,提升企业的市场占有率和盈利能力。

6.3.3 客户管理的运营机制设计

前文讨论了如何设计客户覆盖与管理机制,这实际上是在回答为什么要进行客户覆盖以及如何进行覆盖,我们解决了制度和流程的问题。然而,要确保这些客户覆盖与管理机制能够顺利落地并良好运行,我们需要制定一套客户管理的运营机制。这些运营机制旨在实现制度贯彻、流程把控、资源协调、制度流程优化以及业务提效的目的。

运营机制的建立和执行,对于客户覆盖与管理机制的有效性至关重要。它包括了对制度执行的监督、对流程执行的监控、对资源的有效分配和利用,以及对现有制度的不断优化和调整。这些机制的目的是确保客户覆盖与管理机制能够持续地适应市场变化和客户需求,从而提高企业的业务效率和客户满意度。

通过运营机制,我们可以确保客户覆盖与管理机制的落地效果和良好运行,从而提升企业的整体竞争力和市场地位。运营机制包括以下三个方面:专门的运营团队、针对 KA 客户经营计划的制订与检视机制、非 KA 客户的运营机制。

1. 专门的运营团队

为了确保客户的初始名单形成、准入准出管理,以及跨部门 / 团队合作等关键环节的有效执行，必须明确销售团队的角色定位，避免"既是运动员又是裁判员"的局面出现。为此，公司应设立一个专门的团队来负责这些事务，这个团队的角色至关重要，它不应仅限于提供简单的销售支持，而是应承担起销售运营或销售管理的职能。这一部门的定位，在不同的企业中可能有所差异，有的称为销售运营部门，有的则称为销售管理部门，但其核心职责远超传统的销售支持范畴。

销售运营团队的主要职责包括但不限于以下几个方面。

（1）客户管理运营：负责制定和执行PA客户名单的初始形成规则、准入准出标准，确保客户管理的客观性和公正性。同时，该团队还需监督客户关系的健康发展，防止潜在的利益冲突。

（2）项目管理：监控销售项目的进度和质量，确保项目按照既定目标和时间表顺利进行，同时协调资源，解决项目执行过程中遇到的问题。

（3）商务管理：负责报价、销售合同的管理、商务谈判的指导和支持，以及价格策略的制定和执行，确保公司在商务活动中保持竞争力。

（4）交付验收与回款：监督产品或服务的交付过程，确保交付质量满足客户要求，并协助销售团队完成验收和回款工作，保障公司财务健康。

通过这样的设置，销售运营团队不仅为销售团队提供了专业的支持和服务，更重要的是，它作为中立的第三方，能够客观评估销售活动的有效性，确保整个销售流程的透明度和效率。这种架构设计有助于消除内部偏见，提升决策质量，最终推动公司整体业绩的增长。

2. KA客户经营计划的制订与检视机制

KA客户经营计划的制订是一个复杂且具有挑战性的过程，其内容涵盖了多个层面，仅依靠销售人员的努力是远远不够的。因此，我们必须动员包括售前和售后服务团队在内的其他前端部门共同参与。通过整合商务、技术和服务等多方面的信息，汇集各方的意见和建议，我们能够打造出一份全面的 KA 客户经营计划，进而输出有效的客户合作机会点和服务策略。

然而，KA 客户经营计划的制订只是第一步，为了确保其能够持续优化并有效执行，我们需要建立一套 KA 客户经营计划检视机制。

（1）周期性前端部门会议：定期召开跨部门会议，针对每个 KA 客户的营销计划进行一对一的详细审查。这些会议旨在评估计划的完整性和准确性，确保所有相关信息得到对齐，从而保持 KA 客户营销计划的最新状态。

（2）项目进度同步：在会议中，各部门需同步项目的最新进展和行动计划的进展，确保所有参与者对客户状况有清晰的认识。这有助于及时发现潜在的问题，并采取相应的调整措施。

（3）实时调整策略：根据会议审查的结果，及时调整客户营销和服务策略，确保策略与客户需求和市场变化保持同步。

（4）监督与责任分配：销售主管作为客户营销计划执行的监督者，应对计划的完整度和有效性承担监督责任。他们需要协助销售人员，确保对客户的跟进工作高效、有序地进行。

（5）绩效评估与反馈：建立一套绩效评估体系，对 KA 客户经营计划的执行情况进行定期评估，并提供反馈。这将帮助销售团队不断学习和改进，提升整体营销计划的执行效果。

通过这套检视机制，我们能够确保 KA 客户经营计划的持续优化和执行，从而更好地服务于 KA 客户的覆盖和服务，推动企业的业务增长和市场竞争力提升。

3. 非 KA 客户的运营机制

非 KA 客户，包括 PA 客户和储备客户，其运营机制与 KA 客户的管理有所不同。针对这类客户，我们采取的是基于项目管理的灵活策略，侧重于中短期内的产出和效率。基于这个管理逻辑，我们需要：

（1）预测产出与商机管理。我们通过分析客户未来一段时间的预测产出，来确定其在特定时间周期内产生商机的可能性。对于商机的进度和跟进频率进行严格监控，确保销售活动的高效性和针对性。

（2）关注销售周期与赢单效率。非 KA 客户的经营遵循"短平快"的原则，目标是在一两年内实现项目成交或收入产生。与针对 KA 客户的长期主义策略不同，对于非 KA 客户更注重清晰的客户需求和快速的机会点识别，以提升赢单效率和缩短销售周期。

要想管理商机和预测产出、缩短项目周期、提高赢单效率，需要制定一系列相关的非 KA 客户的运营机制，例如：

（1）项目拉通会议。定期举行项目拉通会议，旨在验证客户相关信息，讨论客户需求，以及评估商机的前景。会议中，各相关部门共同参与，确保信息的准确性和需求的及时响应。

（2）客户需求与预算评估。当发现客户缺乏明确需求或预算不足时，应及时调整策略，避免资源浪费。对于长期无进展的客户，应设立放弃机制，以便及时转向其他有潜力的客户线索。

（3）客户线索管理与转换。建立一套高效的客户线索管理系统，对潜在客户进行分类和优先级排序，通过线索转换机制，快速识别和跟进有潜力的非 KA 客户，挖掘商机，提升客户转化率。

（4）销售支持与培训。KA 与非 KA 客户的营销策略大有差异，企业可以提供针对非 KA 客户特点的销售支持和培训，帮助销售团队掌握快速成交的技巧，强化销售团队的客户需求分析能力，确保能够快速准确地把握商机。

（5）绩效考核和激励。设定与非 KA 客户管理相匹配的绩效考核指标，强调赢单速度和销售效率。通过激励机制，鼓励销售团队在非 KA 客户领域取得优异成绩。

6.3.4　客户管理的落地监控机制设计

落地监控是确保客户覆盖与管理机制得到有效执行的关键环节，为了达到这一目标，需要采取一系列措施。

1. 使用信息化管理工具提升管理效率

在企业管理初期，线下表格的管理方式虽然简单，但存在存储量有限、无法实时交互、更新滞后、内容无法联动等劣势。当企业跑通销售、交付和服务流程后，可以考虑建设信息化销售管理工具，如引入 CRM。CRM 系统能够集中管理客户信息、商机、销售订单等关键业务数据，并通过实时更新和联动分析，帮助企业更好地识别客户价值，优化客户分层管理。在 CRM 系统上设定客户目标，进行目标管理和结果统计，实现客户管理监控的自动化和可视化，有助于企业对客户的过程管理及其结果呈现。

2. 设定客户考核指标

客户考核指标包括结果指标、覆盖指标和满意度指标。结果指标如合同签订、ARR、回款等，通常与整体业绩或销售订单相关联。覆盖指标涉及是否建立商机、完成技术交流、产品测试以及至少一次交易等，通常按客户群体、部门（销售团队）或销售维度进行评估。满意度指标由客户成功部门（售后部门）统一管理，通过周期性回访与培训，了解客户对产品的使用情况和满意度，以及对服务的满意度。管理客户满意度可以增加客户增购和续购的可能性，提升客户忠诚度。这些指标可以通过 CRM 系统实现过程管控的自动化和可视化，减少线下交互成本，及时对销售人员的跟进行为进行干预和调控，提高客户管理的效率。

综上所述，企业的客户管理是一项复杂且细致的工作，需要企业在多个方面持续发力。通过精准识别目标客户、深化行业覆盖深度以及定制化服务与关系维护等手段的综合运用，优化客户覆盖机制、运营机制和客户管理的落地监控机制，企业能够构建一套高效、系统的客户管理体系。这套体系不仅能够提升客户满意度和忠诚度，还能有效促进企业的业绩增长和可持续发展。在未来的市场竞争中，企业只有不断优化和完善客户管理策略，才能在激烈的竞争中保持领先地位。

6.4 获客业务流程规划与监控

获客业务流程规划与监控是企业提升市场竞争力的关键举措，它通过对潜在客户接触、互动、转化直至成交的每个环节进行精心设计和严格监控，确保了销售活动的有序进行。这一流程不仅要求企业制定清晰的目标和策略，还需建立一套完善的跟踪体系，以实时评估销售绩效，及时发现问题并做出调整，从而提高转化率，实现业务增长。后文我们将详细讲解如何规划企业的获客业务流程，如何建立有效的跟踪和监控机制。

6.4.1 获客业务流程定义

获客业务流程是以企业从市场中寻找并吸引潜在客户作为起点，以签约为终点的一系列连贯活动。这个过程通常始于初次接触潜在客户，经过一系列的沟通、需求了解、产品或服务展示、疑虑解答等环节，最终以客户签约购买产品或服务作为圆满结束。这一流程的目的是促使客户为所获得的价值付费，从而实现企业的收入增长。

在整个获客业务流程中，企业需要采取一系列措施与管理动作，确保流程的连贯性、有序性和高效性。总体而言，获客业务流程是一种以客户为中心，要求跨部门协同的工作模式，其旨在优化和简化企业内部流程，提升获客效率及客户满意度。通过不断地对获客业务流程进行优化，企业能够持续提高自身的业务能力与服务水平，从而增强在市场竞争中的综合竞争优势。

6.4.2 获客业务流程规划的基本方法

获客业务流程的规划，旨在将企业的获客活动标准化和制度化，以确保各个步骤都高效且有序。为了达到这一目标，我们必须对从最初接触潜在客户到最终完成订单的整个流程进行细致的划分，形成明确的阶段。这样的阶段划分有助于企业更好地管理销售线索，确保每个环节都能按照预定标准执行，从而提升整体的获客效率和质量。通过精确的阶段划分，企业能够针对不同的销售阶段制定相应的策略和动作，为最终实现客户转化奠定坚实基础。

1. 获客业务流程规划之赢单路径

获客业务流程的规划是将获客过程标准化和制度化的过程。为了实现标准化和制度化，我们需要对从接触客户到完成订单的整个流程进行分段，即进行阶段划分。每个阶段都需要完成不同的目标，只有当每个阶段的目标达成，才能确保最终结果的实现。由于整个过程是围绕客户进行的，因此阶段划分应以客户的采购行为为依据。在不同的阶段，客户关注的焦点和需要解决的问题各不相同，其采购行为也会随之变化。为了配合客户的工作，我们在每个阶段的工作也会相应调整。因此，在明确了阶段划分之后，我们需要对每个阶段的目标、任务以及阶段转化的标准进行清晰的定义。

在明确了阶段的基础上，我们需要梳理出为了达到每个阶段的目标所必须执行的动作，这些动作我们称之为销售关键动作。由于获客业务是跨部门协同的工作模式，我们不仅需要定义销售关键动作，还要定义其他参与方如售前部门的关键动作，需要对所有参与的角色都定义关键动作，以便对与客户接触的所有行为进行规范化。有了关键动作之后，我们还需要明确交付成果、使用的销售工具以及阶段留存信息的定义和说明。在关注我们自己的关键动作和产出物的同时，还需要注意整个流程中的风险。关于风险，两个重要的信息是客户的支持行为和最长停留周期。中国有两句古话："行胜于言"和"事久生变"。我们不仅要关注客户的言辞，更要重视客户的行为。言语可能因为各种原因无法完全表达客户的真实意图，但行为是诚实的。我们定义客户支持行为，就是为了时刻进行比对，观察客户是否对我们的行为和交付物感到满意。此外，时间也是整个流程中的一个重要风险因素，时间拖得越久，发生变化的可能性就越大，因此我们需要对每个阶段的时间进行预估，并进行监控。

基于以上分析，我们可以使用一个表格来详细拆解和描述获客业务流程涉及的各个方面，如表 6-2 赢单路径模板所示。

表 6-2　赢单路径模板

赢单路径											
销售阶段名称	客户采购行为	销售阶段任务	销售关键动作	售前关键动作	销售最佳实践	客户支持行为	我方交付成果	阶段留存信息	阶段转化标准	最长停留周期	销售工具清单

按照赢单路径模板建立企业标准的获客业务流程，制定标准化的销售阶段和关键动作，确保每个销售人员都能遵循统一的行动准则来推进销售进程。

有人可能会问，如果销售人员严格按照这个"赢单路径"进行营销活动，是否就一定能赢得订单？实际上，赢单路径并不能保证每个项目都能成功。销售工作的复杂性体现在多个层面：首先，它涉及复杂的人际交往，销售人员需要在与各种客户的互动中运用沟通技巧和同理心，以建立信任并完成交易。这种人际关系的处理本身是一项极具挑战性的"做人"的工作。其次，销售活动受市场不确定性影响，客户需求的变动和竞争对手策略的更新都要求销售人员具备快速适应的能力。再次，销售不仅仅是一次简单的交易，而是一个包括市场调研、客户开发、需求分析、产品价值传递、谈判、成交以及客户维护等多个阶段的连续过程，每个阶段都充满了变数和挑战。最后，销售人员面临的心理压力不容忽视，业绩与收入的直接关联，以及频繁遭遇的拒绝和失败，都考验着他们的心理承受能力。综上所述，销售工作的复杂性体现在与人打交道的艺术、应对市场变化、执行销售流程以及心理素质的考验等多个方面。

尽管销售工作充满变数，但它确实具有一定的规律性和逻辑性。这些规律性体现在销售流程的各个阶段，每个阶段都有其特定的目标和关键行动。虽然我们无法详尽列出所有可能促成成功的行动，也无法保证执行了这些行动就一定能赢得项目，但可以肯定的是，忽视这些关键阶段的必要工作将直接影响销售成功率，甚至可以断言，不做这些工作就一定无法赢得项目。

在销售周期的每个阶段，都存在一系列不可或缺的任务。在触客阶段，如果不对信息进行充分收集，多部门之间不进行接触与沟通，不积极建立联系、挖掘潜在客户，就无法准确把握客户需求，从而无法制定有效的销售策略。在需求分析阶段，如果不深入理解客户需求，就无法提供符合客户期望的解决方案。在方案提供阶段，如果缺乏有针对性的提案和有效的展示，就无法凸显产品的价值，难以引导客户。因此，每个阶段都有其必须做且必须做好的动作。

对于销售人员来说，制定赢单路径的重要性在于，尽管销售成果并非完全取决于这些既定行动的执行，但关键步骤的遗漏无疑会显著降低成功的概率。销售工作的规律性要求销售人员必须认识到每个阶段关键动作的必要性，并在实践中不断优化和执行这些关键动作，以确保销售过程的顺利进行，进而提升赢得项目的综合胜算。

对于销售管理而言，制定赢单路径的重要性在于它能实现销售动作的标准化和公司管理的结构化，这可以显著提升一线工作效率、阶段转化率和项目赢率。同时，它也可以实现销售动作的复制，是新销售培训赋能的重要基础和手段。将获客业务流程浓缩为一个赢单路径，可以帮助新销售人员快速了解企业工作流程，以及客户和商机跟进过程中的核心工作任务。

2. 确定销售阶段

销售阶段也可称为商机阶段，在前文的赢单路径中我们提到，销售阶段的划分要以客户的采购行为为依据，不同阶段解决客户不同的问题和关注点。同时在阶段划分和定义上，我们也需要关注到企业业务特性。如果从企业视角出发，销售阶段大概率会包括：接触客户（初步接洽）、确认客户需求、产品交流与测试、投标/商务谈判、合同签署。这个流程非常符合销售人员的工作习惯，但是仅仅关注企业自己的销售流程，可能会因为忽略客户侧采购行为产生的风险，最终导致商机丢失。

如果从客户视角出发，那么采购流程包括：识别并确定采购需求、编制采购计划（立项）、产品交流与测试、询价议价与招投标、合同签署。

如果仅仅从客户采购流程出发,销售人员会完全跟随客户流程,缺乏销售主导权,失去对销售节奏的把控。一个好的销售阶段设定应该从企业销售流程出发并且保留客户采购流程,为了平衡两者的关系,我们需要将企业的销售流程和客户的采购流程进行比照和关联。

将企业销售流程与客户采购流程进行对比(见表6-3),我们可以发现企业的销售流程和客户的采购流程有共同之处,两个流程都需要经历确认客户需求(客户采购流程对应识别并确定采购需求)、产品交流与测试、投标/商务谈判(客户采购流程对应询价议价与招投标)和合同签署四个阶段。而接触客户(初步接洽)、编制采购计划(立项)则是不同的。因此,合并同类项后,我们可以将企业的销售流程定义为初步接洽、确认需求、立项、产品交流与测试、商务谈判/招投标、合同签署六个阶段。

表 6-3 企业销售流程与客户采购流程对比

企业销售流程	客户采购流程
接触客户(初步接洽)	识别并确定采购需求
确认客户需求	编制采购计划(立项)
产品交流与测试	产品交流与测试
投标/商务谈判	询价议价与招投标
合同签署	合同签署

但是在实际业务场景中,其中几个阶段的顺序或许会有调整,例如某些 To B 企业产品的技术场景复杂、影响广泛,验证技术可行性是首位需求,所以产品交流与测试可能会在立项之前,因为只有经历产品测试、完成产品功能验证,客户才能决策是否需要立项采购。同时,产品交流与测试和立项也可能并行。另外,产品交流可能会涉及多次,贯穿整个商机过程,因此把产品交流设置为一个关键阶段,或许不太合适。但这里的交流与测试,本质上是企业传递产品优势和价值的方法,也是引导客户倾向的重要手段,所以我们通常会把产品交流与测试阶段称为价值传递阶段。如

此一来，相对通用的赢单路径的销售阶段划分就比较清晰了：初步接洽、确认需求、价值传递/立项、商务谈判/招投标、合同签署。

3. 制定赢单路径

将赢单路径的销售阶段划分清楚后，基本就确定了赢单路径的框架（见表6-4），接下来就是填充"血肉"的过程。

表 6-4 补充销售阶段名称的赢单路径

销售阶段名称	赢单路径										
	客户采购行为	销售阶段任务	销售关键动作	售前关键动作	销售最佳实践	客户支持行为	我方交付成果	阶段留存信息	阶段转化标准	最长停留周期	销售工具清单
初步接洽											
确认需求											
立项/产品交流与测试											
商务谈判/招投标											
合同签署											

制定赢单路径需要坚持三个重要原则。一是获客业务流程的核心就是以客户为中心，从客户需求出发，因此赢单路径设计首要考虑的就是客户的采购行为。二是销售要发挥主观能动性，建立主导权，在满足客户需求的同时，还要更多地去引导客户，完成自己在该阶段的目标。三是每一条设计都应该尽量满足三个条件：可量化、可监控和可执行。

为了更好地说明赢单路径的制定，我们结合一个实际案例做详细说明（见表6-5）。

第 6 章 销售过程管理 225

表 6-5 赢单路径案例

赢单路径

销售阶段名称	客户采购行为	销售阶段任务	销售关键动作	客户支持行为	我方交付成果	阶段留存信息	阶段转化标准	最长停留周期	销售工具清单
1. 触达客户	交流、走访、圈定短名单	进入短名单	(1) 了解客户现状(客户基本信息、合作信息、客户联系人信息、竞品使用情况)(2) 判断真实性、项目来源初步判定	(1) 交流中客户较为开放,能告知需求背景,计划较为清晰 (2) 愿意进一步进行需求沟通 (3) 交流有多人甚至有多部门参与/有客户关键负责人参与	会议纪要以及行动计划	(1) 联系人、联系方式 (2) 需求(痛点、预算、预期) (3) 触客记录(面对面拜访、电话/线上沟通/转介绍)	三项完整,否则退回	1~2个月	会议纪要、相关产品资料(产品、成功案例、竞品分析)
2. 需求挖掘确认	业务部门参与制定	了解需求、引导需求	(1) 整理需求确认文档 (2) 在CRM系统中录入组织架构,明确决策链和每个人决策人 (3) 决策人的KPI (4) 发展线人 (5) 引导客户的场景与特性性结合	(1) 愿意透露决策信息、预算信息、友商信息、时间信息 (2) 能介绍客户高层的人 (3) 对我们产品有对测试的计划进行	(1) 客户解决方案 (2) 客户成功案例 (3) 需求确认文档	(1) 匹配度判断(售前、痛点、预期) (2) 明确决策链(部门、职位、决策人、教练) (3) 需求文档上传	三项完整,否则退回	1个月	(1) 成功案例 (2) 对应职级的支持团队 (3) 初次交流方案 (4) POC环境要求清单 (5) 售前产品演示

(续)

赢单路径

销售阶段名称	客户采购行为	销售阶段任务	销售关键动作	客户支持行为	我方交付成果	阶段留存信息	阶段转化标准	最长停留周期	销售工具清单
3.POC测试	明确业务部门及痛点,明确需求及测试项目的范围与边界	完成POC,形成立项报告	(1)测试方案计划、边界确认 (2)获取客户内部真实的测试报告,了解真实的测试结论 (3)植入项目周期及预算,达成共识 (4)做POC正式汇报,控制立项报告	(1)支持对我方有利的测试方案/需要决策人或项目执行人赞同我司方案 (2)提供内部的测试报告、沟通了解客户的测试意见 (3)决策链人员认同测试效果,客户愿意引荐更高层领导汇报 (4)双方项目计划达成一致 (5)主动邀请提供招标参数汇报材料	(1)合作计划书 (2)POC汇报材料	(1)POC测试方案匹配度判断(售前) (2)POC测试方案上传 (3)POC结果(汇报时间、汇报人、汇报结果描述) (4)POC满意度(打分0~5分:低,0~1;中,2~3;高,4~5)	(1)POC售前匹配度判断后入场,判断不了,将走销售前明审批环节 (2)拿到POC结果才能进入下一阶段,否则退回	1个月	测试报告模板、招标参数模板、产品功能清单

阶段	子阶段					完成标准	周期	工具/模板
4. 立项	预算、技术指标、需求确认	技术指标采纳，协助客户完成内部立项	(1) 制定关单策略，总结及竞争策略，包及分包各种策略 (2) 控制对手不利报告（对对手无法控制对应对策） (3) 如果无法控制对应对策，制定立项策略 (4) 创造机会与客户高层沟通汇报 (5) 沟通交付计划及工作说明书	(1) 反馈客户内部的进展和计划 (2) 客户内部立项成功 (3) 采纳我们提交的招标参数（或有利于我方）	(1) 客户会议纪要 (2) 建设方案 (3) 项目预算报价	(1) 立项报告 (2) 招标文档 (3) 采购方式选择 (4) 招标时间（谈判） (5) 参与方	五项完整，否则退回	1~3个月	报价工具，样板客户参观，立项报告模板
5. 招标/商务谈判	设定投标策略	确认投标价格，检查投标文件	(1) 告知项目可能潜在的风险（内线透露信息） (2) 给出投标价格建议 (3) 协助制定商务策略	(1) 标书 (2) 确认工作说明书	(1) 重新更新参与方各方投标价格 (2) 输单原因（非必填） (3) 报价单	三项完整，否则退回	1个月	商务文件、工作说明书模板
6. 签订合同	报批	推进流程，尽快签约	(1) 争取最好的付款周期和付款方式 (2) 签约时间、签约流程	(1) 合同达成共识 (2) 内部配合推动合同流程	(1) 合同 (2) 工作说明书 (3) 发票	盖章合同上传	1周~3个月	合同模板，合同发票，商务验收

在初步接洽阶段，客户通常会进行市场调研以确认潜在的供应商范围。而在测试阶段，客户的目标是验证产品功能并对供应商进行优劣排序。明确了客户的阶段目标和任务后，销售阶段的任务也就变得清晰了。在初步接洽阶段，销售人员应通过多种渠道进入客户的视野，并留下良好的印象。他们需要争取面对面的拜访机会，介绍公司，并积极了解客户的需求。在测试阶段，销售人员应明确客户的测试目的，引导客户使用自己的测试方案。同时，他们需要关注客户的测试进展，及时解决客户在测试过程中遇到的问题和疑虑，确保测试过程的顺利进行，并引导测试结果向积极方向发展。

确认销售阶段的任务后，应将这些任务分解到各个部门，明确销售人员、售前和售后团队的关键动作和分工，通过跨部门的协作来推进项目进程。

在实际工作中，我们常常听到销售人员说"我感觉""我觉得"，这种表述包含了太多的主观因素和个人判断的局限性。因此，我们需要客户的支持行为来验证销售的判断。例如，在测试阶段，客户的哪些行为可以证明测试效果良好？是厂家的测试排名，客户在测试过程中主动帮助解决问题，还是客户提供竞争对手的测试结果？这些问题值得我们深思。

阶段最长停留周期可以用于商机推进的预警管理。如果商机的阶段停留时间超过了预设的时间限制还未更新，公司及销售管理者应予以关注，询问销售人员原因和遇到的困难，并帮助他们找到解决方案，以尽快推进商机进程。我方交付的成果应确保前线部门人员在与客户交互时，能够及时提供所需的交付物，这有助于客户完成内部工作，并提高客户满意度。销售工具清单则是公司为销售人员在前线"战斗"提供的"弹药库"。

总之，赢单路径是对销售业务流程关键要素的拆解，它将前线部门的销售任务和关键动作标准化，规范了与客户交互过程的产出，并及时对商机推进发出预警。这不仅有助于销售管理者控制销售进程，而且通过长期运营，可以形成宝贵的经验和最佳实践，是销售赋能的重要材料。

6.4.3 获客业务流程的运用与落地监控

在前文中，我们探讨了赢单路径的制定，赢单路径是获客业务流程的详细设计，是确保销售活动高效、有序进行的基础。接下来就是把制定好的流程在实践中运用和落地。

1. 获客业务流程的运用

在实际操作中，运用获客业务流程不仅需要销售人员、管理者和整个组织的紧密合作，而且要求他们展现出高度的承诺和灵活性。这一过程涉及持续的学习与技能提升、坚定不移的执行力度、全链条的监控与反馈，以及基于反馈和数据分析的持续优化。通过这种全方位的共同行动，才能够确保赢单路径不只是理论上的规划，更是切实转化的具体行动。

销售人员首先需要深入理解赢单路径的内涵，他们不仅应熟知每个销售阶段的目标、预期成果，以及每个阶段关键动作的具体执行方法和衡量标准，更重要的是，他们应掌握赢单路径设计的深层逻辑和考量因素。这意味着销售人员不仅要了解"怎么做"，还要深入探究"为什么这样做"，以便在复杂多变的市场环境中，能够灵活应对，确保销售行动的有效实施。

其次，为了确保销售人员能够熟练地完成赢单路径中的各项关键动作，他们必须接受全面而专业的培训。这种培训不仅旨在提升他们的专业技能，如行业知识、产品知识、沟通技巧等，而且还着重于培养他们按照最佳实践执行任务的能力。这意味着销售人员将学习如何在实际销售场景中应用经过验证的方法和技巧，从而在每一个销售阶段都能够做出正确的决策和行动。通过这种培训，销售人员不仅能够理解理论上的"最佳实践"，还能够将这些知识转化为实际的销售行为，以实现最佳的销售结果。（关于销售培训，我们已在"第 5 章 销售培养体系建设"中做了详细的讨论。）

另外，在实际操作中，销售人员应严格按照流程执行，同时保持灵活性，能够根据实际情况调整策略和行动。获客业务流程的实践运用还要求建立有效的监控和反馈机制，以便及时发现问题并采取措施。

销售团队的管理者应当承担起教练和指导者的双重角色，他们需要通过多种方式来提升销售人员执行关键动作的熟练度和实际效果，包括现场指导，即在实际的销售场景中提供即时的反馈和建议；具体问题的探讨和复盘，帮助销售人员在实践中学习，理解成功和失败背后的原因。管理者的这些努力不仅有助于销售人员个人技能的提升，还能够促进整个团队的销售能力和业绩水平的提升。通过这种持续的培养和指导，销售团队将逐步塑造出一种鲜明的团队风格和文化。

最后，为了确保获客业务流程中的关键动作能够无缝执行，并最大化其效果，建立跨部门的协作机制至关重要。这种机制旨在打破部门间的壁垒，促进各部门之间的沟通与协作，确保销售团队在推进获客业务流程时，能够得到如产品部门、客户服务部门等其他相关部门的及时支持和有效配合。（关于建立跨部门合作机制，会在本章 6.5 节详细说明。）

2. 赢单路径的落地监控

为了确保赢单路径的全面和有效落地，组织需要构建一个全面而严谨的监控体系，以确保获客业务流程的每个环节都能精准执行，从而有效支撑销售目标的实现。赢单路径的落地监控可以细分为两个主要类别：一是对行动计划的执行情况及其结果的监控，二是通过关键绩效指标来衡量获客业务流程的整体表现。

第一类监控聚焦于确保销售团队遵循预定的赢单路径执行所有行动计划。这包括实时跟踪销售活动，确保销售人员按照既定的时间表和标准执行了所有关键动作，并且深入监控行动的质量。监控行动质量时，我们需要检查关键动作映射的结果信息，即阶段留存信息，确保这些信息被完整、准确地记录下来。管理者还需要通过询问、沟通和实地检查等方式，直接了解销售行动的执行情况，判断行动质量是否满足要求，并及时提供反馈和指导。

第二类监控侧重于设定一系列与销售目标直接相关的 KPI，来衡量销售推进工作和获客业务流程的整体表现。这些 KPI 包括业绩完成率、阶段转化率、平均阶段用时、平均人效等。为了确保这些 KPI 能够准确反映获客业务流程的实际情况，组织需要定期监控这些指标的变化趋势，并检查它们是否达到了预定的目标。通过对 KPI 的分析，组织能够深入了解获客业务流程的强项和弱点，推导出哪些环节需要改进。销售团队和管理层可以根据一系列 KPI 采取相应的措施来优化销售策略和流程，以提高整体绩效。

这两类监控相互补充，共同构成了一个全面的赢单路径监控体系。第一类监控确保了销售行动的执行和结果的质量，而第二类监控则通过量化的 KPI 来评估整体获客业务流程的表现，从而为销售目标的达成提供了双重保障。

6.5　前场部门职能与资源规划和调度

前场部门作为企业业务流程中直接或间接与客户接触的核心部门，其紧密的协作程度和高效的协作效率对企业实现营收目标具有决定性的影响。然而，在实际操作中，前场部门间的合作可能会遇到一系列挑战，这些问题不仅影响了协作效率，还可能对销售业绩产生负面影响。

首先，信息孤岛现象是一个常见问题。当不同部门之间存在信息壁垒时，关键信息无法顺畅流通，导致决策效率低下，协作效果大打折扣。其次，职责不清会导致责任推诿和任务重叠。当部门间的职责界定不明确时，员工可能不清楚自己的工作范围和责任，从而影响工作效率。最后，沟通不畅会影响协作的质量和效果。缺乏有效的沟通机制可能导致信息传递不及时或不准确，从而影响决策和执行。这些问题本质上是由于协作机制设计存在利益冲突，缺乏足够的有效激励，以及公司没有提供足够的制度和技术支持，从而无法为员工提供良好的协作基础。

为了解决这些问题，企业需要建立一个高效的协作机制，以确保信息流、审批流和汇报流的顺畅运行。这包括建立一个集中式的信息共享平台，明确各部门的职责和沟通机制，以及提供必要的工具和技术支持。通过这些措施，企业可以提高前场部门之间的协作效率，从而提升整体销售业绩和客户满意度。

6.5.1　分工与协作

华为的"铁三角"模式是一种创新的管理和运作体系，旨在提高公司的市场响应速度和客户满意度。这一模式的核心是由三个关键角色组成的工作小组：客户经理（account responsibility，AR）、解决方案专家（solution responsibility，SR）和交付专家（fulfillment responsibility，

FR)。这三个角色共同构成了华为业务流程中的前线作战单元，直接面向客户，共同承担从商机发现到合同履行的端到端职责。在"铁三角"模式中，客户经理负责维护客户关系和了解客户需求，解决方案专家负责提供符合客户需求的产品和解决方案，而交付专家则负责项目的实施和交付。这种模式促进了不同部门之间的协作，确保了客户需求的准确理解和有效满足。不同公司的业务有差异，在业务前端的部门的职能规划与管理也会有所差异，可能是"铁二角"也可能是"铁四角"，为了方便讨论，我们统一用"前场部门铁三角"来进行阐述。

前场部门铁三角在销售业务流程中扮演着至关重要的角色，企业要发挥其对获客业务流程高效运行的关键保障作用。

首先，职能分工与协作配合是前场部门铁三角运作的基础。企业应根据前场部门的职责和任务，合理分配团队成员的工作，确保每个成员都清楚自己的职责范围和工作目标。同时，要确保分工的灵活性，以便在实际工作中根据需求进行调整。企业应制定明确的协作流程和沟通机制，确保团队成员之间能够顺畅地交流信息、分享资源和解决问题，提高协作效率。

其次，考核与激励机制是前场部门铁三角运作的动力源泉。企业应建立科学合理的考核体系，对团队成员的工作表现进行客观评价，确保每个人都能在团队中发挥出最大的价值。同时，要设计具有吸引力的激励机制，如绩效奖金、团建基金等，以激发团队成员的积极性和创造力。

再次，数字化系统建设是前场部门铁三角运作的支撑。企业应利用如 CRM 系统等手段，搭建高效的数据管理和分析平台，为团队成员提供流程支持和数据支持。通过数字化系统，可以提高前场部门的工作效率，提升整体销售业绩。

最后，团队文化建设是前场部门铁三角运作的灵魂。企业应注重团队精神的培养，塑造积极向上、团结协作的团队文化。通过团队建设活动、培训交流等方式，增强团队成员之间的凝聚力，提高团队整体的战斗力和执行力。

总之，前场部门铁三角在销售业务流程中发挥着重要作用，企业应从多方面入手，全面提升前场部门的运作效率，为企业实现销售目标提供有力保障。

1. 基于获客业务流程的前场职能分工

只有明确了前场跨部门的业务流程以及前场各角色的责权利，前场协作机制才能在企业中得以有效实施。

在 6.4 节中，我们讨论了如何根据获客业务流程来制定企业的赢单路径。赢单路径根据销售阶段及其任务，为前场角色制定了关键动作，这就是在项目上各角色的主要职责和分工。为了更清楚地说明赢单路径中各角色的主要职责和分工，我们将结合一个实际案例（见表 6-6）进行详细说明。

To B 企业的产品因其复杂性，对企业工作人员的技术背景和能力提出了更高的要求。在与客户接触的过程中，销售人员不仅要向客户详细介绍产品的功能，还要分析产品与竞争产品的优劣，以帮助客户做出明智的决策。然而，销售人员通常难以同时具备卓越的商务能力和深厚的技术知识。为了解决这一问题，许多 To B 企业会设立一个专门的售前团队，甚至配备一个解决方案团队。售前团队由具备一定技术背景的成员组成，他们负责制订和引导解决方案，以确保产品能够满足客户的特定需求。在确认客户需求和产品测试阶段，售前团队和销售团队需要紧密协作，共同挖掘客户的真正需求，并制订相应的测试方案。此外，售后部门在交付验收和维护客户的过程中，也扮演着重要角色。他们需要具

第6章 销售过程管理

表6-6 赢单路径案例

赢单路径

销售阶段名称	客户采购行为	销售阶段任务	销售关键动作	售前关键动作	售后关键动作	客户支持行为	我方交付成果	最长停留周期	销售工具清单	阶段留存信息	阶段转化标准
初步接洽	需求调研,多家厂商、多解决方案调研	(1)触达客户 (2)当面拜访及清晰了解客户现状 (3)拜访、组织交流	(1)拜访时,了解客户背景、现状、痛点 (2)了解客户历史采购及供应商 (3)寻找到关键对接人	了解客户背景、现状,准备有针对性的解决方案		愿意进一步进行沟通,明确下一次交流时间和内容	交流的会议纪要	1个月	(1)产品彩页 (2)产品白皮书 (3)通用产品方案 (4)行业应用介绍	(1)写活动记录 (2)创建和完善客户地图	客户主动提出下一次详细交流的时间和内容/客户有意向
需求确定	客户明确需求内容和范围	引导、确认初版SSO(客户的某种需求表单)	(1)引导客户需求/客户方产品方案靠拢,引导形成对我司有利的SSO (2)关注竞争对手动向 (3)与售前整理需求确认文档,给客户确认	(1)明确下一步交流的重点或者针对性内容 (2)协助销售与客户确定需求并引导形成对我司有利的方案		(1)客户按照我们需求引导方向 (2)对我们的商务互动行为不排斥,愿意透露决策链信息、预算信息、竞争对手信息、时间信息	(1)规划建设/解决/技术方案 (2)初版需求清单	6个月	(1)同行业案例、POC环境要求清单和成功案例 (2)初次交流方案 (3)售前产品案例演示	(1)初版SSO(产品、预估时间、预估金额) (2)关键联系人 (3)竞争对手、竞争对手描述 (4)行业场景 (5)项目级别 (6)主要渠道	(1)完整SSO (2)客户同意POC/申报POC

赢单路径（续）

销售阶段名称	客户采购行为	销售阶段任务	销售关键动作	售前关键动作	售后关键动作	客户支持行为	我方交付成果	最长停留周期	销售工具清单	阶段留存信息	阶段转化标准
需求确定	（1）客户验证产品功能及场景（2）厂家排序		（4）在CRM系统中录入组织架构，明确决策链和决策人及其态度（5）分析客户决策链并强化关键客户关系，发展教练（6）梳理关键渠道			（3）介绍高层（4）客户有对我们产品进行测试的计划（5）提出期望，率先告知我司					
测试POC		（1）明确测试目的（2）引导客户使用我方测试方案	（1）明确并了解项目的测试方案（2）获取客户内部的测试报告，了解真实的测试结论（3）组织测试汇报	参与客户测试方案沟通，引导对我司有利的测试方案、测试用例	（1）协助编写测试用例，依据测试用例提前做好预案（2）完成测试动作（3）收集竞品的测试情况（销售协助）	（1）用户采纳我方的测试用例，客户测试方案有利我司（2）客户按照我方设计思路，设计招标环节与采购环节联动（3）让测试结果方排名第一	（1）POC测试用例（2）POC测试报告	3个月	（1）测试用例模板（2）测试报告模板（3）产品功能清单	（1）测品牌，测试结论，测试结果排名（2）测试客户满意度（优、中、差）	获得客户立项承诺

阶段							
立项	(1) 编制立项报告，立项报告提交各级审批 (2) 明确预算金额、采购规模 (3) 询价和上会	(1) 了解立项流程 (2) 确认预算来源、具体金额、交付/结束时间 (3) 充分参与，并协助客户完成预算立项、立项报告 (4) 高层拜访	(1) 明确终版SSO (2) 组织参与客户编写材料编写 (3) 创造机会与高层沟通汇报 (4) 持续跟进立项进展，关注变化，直至立项成功	协助客户编写立项报告	(4) 在采购阶段会把优势项加入招标参数 (5) 客户帮助将测试成绩住高层汇报 (6) 测试过程中，主动帮助解决问题 (7) 提供对手测试结果	让我方充分参与，按照我方思路协助客户完成预算立项、项目告知立全面项流程	(1) 立项报告/立项申请书 (2) 预算报价	6个月	(1) 立项报告模板 (2) 报价模板 (3) 同行业案例合同	初步确定销售金额、产品型号、台数，预估招标时间、预估成交日、项目竣工时间	预算立项通过

(续)

赢单路径

销售阶段名称	客户采购行为	销售关键动作	售前关键动作	售后关键动作	客户支持行为	我方交付成果	最长停留周期	销售工具清单	阶段留存信息	阶段转化标准
招标	启动招标/商务谈判	(1)标前启动会,确定分工及投标策略 (2)审核、确认价格和检查投标得分 (3)完成标书商务部分编制	(1)完成标书技术部分编制 (2)核对评分标准,预估得分 (3)准备述标材料		(1)主动告知采购潜在风险 (2)招标现场为我方站台,并进行有效控场,给出建议	标书文件	1个月	标书材料、标书审核表、投标价格	投标记录(所有投标人及对应价格)	中标/输单
中标待签约	(1)中标公示、公布中标通知书 (2)报批	推进流程,尽快签约,内部走签报流程		(1)争取最好的付款周期和付款方式 (2)保证签约时间、签约流程 (3)关注突发性异常,与客户保持互动和步调一致	(1)当出现异常投诉/质疑等情况时,能解决好问题 (2)讲述签合同的注意事项,合同条款达成共识 (3)内部推动合同流程 (4)盖章合同上传	(1)证明文件 (2)合同书签子盖章 (3)发票	2个月	合同模板	修改销售阶段,预估成交日、金额	准备在CRM系统签署合同
赢单	签订合同、返回盖章、回版合同书	(1)按照合同书准备 (2)备货发货 (3)组织交付工作 (4)开票		(1)拉通上下游合约链,沟通账期、发货等问题 (2)内部递交合同	友好协商货期及实施细节	准备方案实施	合同	1个月	(1)合同模板 (2)按合同要求开发票	合约链	合同文件上传,结束流程

备一定的技术背景，能够解决客户在使用产品过程中遇到的问题，同时还需要具备项目交付、沟通协调和客户期望管理的能力。售后部门的工作不仅仅是解决技术问题，还包括确保客户满意度和维护客户关系。在整个获客过程中，各角色之间的任务是紧密相连的。销售人员、售前团队和售后部门需要相互协作，共同推动销售流程的顺利进行。他们需要完成自己的任务，同时还要支持队友的工作，以提高整体的协作效率。

2. 前场协作配合

赢单路径明确了前场角色在每个阶段的关键动作后，可以绘制一个前场部门协作业务流程图（见图 6-2），为销售阶段的里程碑关键指标指定负责人和接收者。所有人都应该在这个流程图的指导下开展工作，这有助于建立全局视角，而非局限于个人或部门的视角，避免只关注"门前雪"。在一个项目过程中，除了完成自己的任务，还应该关注前场角色内的其他成员是否完成了他们的工作，以及满足客户当前的需求，及时发出提醒和预警。

此外，通过前场的协作配合，还可以帮助企业更准确地判断商机质量和预测业绩数字。当三个角色都直接面向客户时，企业所获得的客户需求将是三个视角的集合，不再只是销售人员一个人的判断。销售人员负责了解客户组织架构和决策链，以及项目关键时间节点、预算、采购流程等。售前和售后人员则负责判断客户业务现状，产品功能是否满足客户业务场景需求，以及与竞争产品的功能和参数差异等。

3. 前场决策机制

每个销售阶段的主要负责人各不相同，例如，产品测试的主要负责人是售前，而商务谈判的主要负责人则是销售。为了提高业务效率和客

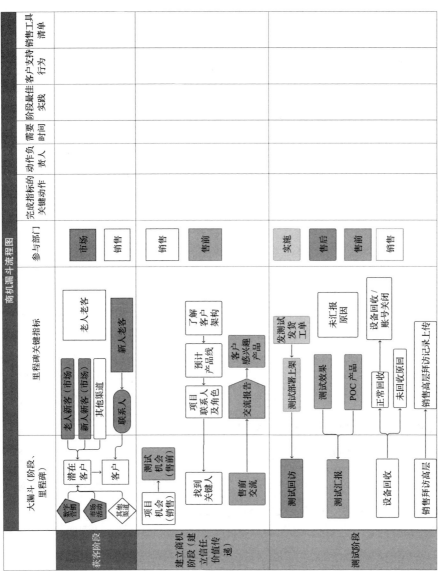

图 6-2 前场部门协作业务流程

户满意度，我们应当共同制定一个项目决策原则。项目的决策原则应统一为：以客户为中心，以结果为导向。在具体决策订单的输赢时，应以销售团队的意见为主导；而在涉及客户满意度、交付可能性和验收效果的决策上，应优先考虑售后部门的意见；对于技术实现方面的决策，则应依赖售前部门的专业意见。

在实际应用中，确实可能出现某些部门意见强势的情况，尤其是在公司早期阶段。例如，一家以技术为壁垒的公司，售前和技术部门往往相对强势。如果技术决策优先于销售决策，可能会导致销售团队的意见和市场需求被忽视，进而忽视客户的实际需求和期望，从而导致产品功能与市场需求脱节，影响产品的市场定位和客户满意度。更重要的是，销售团队可能会感到他们的专业知识和市场经验被低估，从而影响团队士气和销售动力。

为了避免这种情况，企业应建立一个明确的决策流程和沟通机制，确保所有角色的意见都能被充分考虑。每个角色应秉承开放透明、客户成功的原则，敢于指出问题，发出预警。但是，当各方意见不一且难以达成共识时，应遵循"谁决策谁负责"的原则。在实践中，设立一个项目管理委员会或决策小组，由各部门的代表组成，负责最终决策，是一个较为理想的方法。这样的机制可以确保决策的公正性和合理性，同时促进各部门之间的协作和沟通。

6.5.2 考核和激励

设计前场协作的考核和激励体系确实充满挑战，关键在于如何凝聚销售、售前和售后三个部门的力量，共同追求一个目标，构建一个利益共同体。由于各部门职责和特性不同，单一的项目赢单指标难以全面评价三者的表现。然而，为了引导铁三角协同工作并推动公司营收增长，考核的最终目标必须与业绩成果紧密相连。为此，我们必须识别并考核那些在业务流程中对项目成功具有关键影响的环节。

例如，对于依赖产品测试的企业，售前部门的产品测试通过率应成为重要的考核指标，因为它直接影响到项目的结果。同样，对于提供软件即服务（software as a service，SaaS）的企业，售后部门在项目交付和客户使用期间的服务质量，将直接影响项目的续签和客户忠诚度，因此可以考核售后部门成功交付率和客户满意度。这样的考核策略不仅避免了将所有业绩压力集中在销售人员身上，也确保了售前和售后部门能够与销售部门共同对业绩结果负责。

为了进一步优化这一体系，需要对激励政策进行动态调整，并强化团队文化建设，以促进跨部门协作。例如，设立一个铁三角奖金包或团建基金，确保在项目成功时，所有部门都能共享成果，从而激励团队成员共同为项目的成功而努力。以下是具体的优化和扩展补充。

（1）考核体系的优化：建立一套多元化的考核指标，确保每个部门的贡献都能得到公正的评价。这些指标将包括但不限于销售业绩、售前测试通过率和售后客户满意度。

（2）激励政策的动态调整：定期审视和调整激励政策，确保其与市场变化和公司战略保持一致，同时保持对员工的吸引力。

（3）团队文化的强化：通过团队建设活动和内部沟通，培养一种相互支持、共同进步的文化氛围，鼓励团队成员在面对挑战时主动协作，从而减少内部摩擦。

6.5.3 数字化系统建设

前场协作机制的实施需要依赖于信息化管理平台的建设，以确保信息的保存和流通。市场上常见的选择是购买 CRM 系统，然而标准的

CRM 产品在系统逻辑和功能上可能存在一定的局限性，因此许多企业选择自主研发。无论采取哪种方式，目的都是利用信息化管理平台来解决前场协作过程中的三个关键流程——信息流、审批流和汇报流，以此来管理和优化获客业务流程以及跨部门协作。

1. 信息流

传统的项目信息同步依赖于线下会议，这种方式存在滞后性，可能会影响项目进度。另一种方式是建立项目群聊，虽然具有即时性，但信息通常是分散的，难以形成完整的视图，也不易汇总。在保留以上两种方式的基础上，增加信息化平台的同步手段，将显著降低沟通成本，提升信息的准确性和决策效率。除了项目关键信息，前场各角色还需要在平台上记录自己每周的行动计划与执行情况，并确保及时公开和同步。这样，同一项目和客户的团队成员的所有工作将变得公开透明，最大限度地减少信息同步的成本，提高沟通效率。

2. 审批流

赢单路径指的是从接触客户到完成交易的整个业务流程，这一流程包含了多个子流程，如测试流程、报价流程和合同审批流程等。这些子流程都涉及跨部门的信息交流和申请。为了提高这些子流程的审批效率并确保整体流程的完整性，我们需要通过信息化管理平台来实现这些子流程的自动化，将不同部门的需求集中在一个流程中解决。

3. 汇报流

汇报的目的是提供决策所需的信息和数据，以便决策者能够做出明智的选择，并将决策传达和落实。因此，汇报流程首先需要依托信息化管理平台，确保收集并提供所有相关信息。例如，客户和项目的基本信息、项目阶段信息、前场人员的工作计划和实施情况等。这些信息有助于理解问题的本质和可能的解决方案。基于分析结果，可以制定一系列可能的决策。

一旦决策做出，为确保有效执行，需要制订详细的行动计划和时间表。这些行动计划和时间表应当存储在平台上，以便在执行过程中持续监控结果和反馈。如果需要，可以及时调整决策以应对新的信息或变化。

6.5.4　团队文化建设

要想在企业内建立起前场协同作战体系，首先要让前场人员从思想层面认同这一理念。否则，无论组织形式如何调整，员工如果内心不接受，都不会真正执行并产生良好结果。华为有句话："感情也是生产力。"团队内部如果有感情，战斗力必然强大；部门之间如果有感情，协调自然就容易得多。组织文化和团队建设是体系健康不可或缺的一环。以客户为中心的价值观是前场协作的基础，同时还需要融入协同合作的价值导向，以影响并引导员工改变固有认知。从公司层面出发，明确前场团队的愿景和目标，阐述团队的使命和存在的意义，让成员感受到前场协作对整个组织的重要性。逐步建立起前场团队自己的核心价值观，如创新、协作、诚信等，鼓励成员之间开放、坦诚地交流意见和想法。

塑造前场团队的价值观是一个系统工程，需要通过一系列的实践和策略来培养和强化。以下是一些有效的实践方法，可以帮助塑造和强化前场团队的价值观。例如，销售团队的周会或季度工作汇报会可以邀请售前和售后部门一同参加。在这种会议上，每个角色一起对具体项目和客户的进展进行汇报，包括已完成的工作和接下来的计划。这种方式不仅促进了团队间的沟通和协商，还有助于从整体的角度审视前场部门的进展情况，将沟通和协作融入日常工作。在工位设置上，尽量将前场团队的成员安排在相邻或相近的工位上，以便于他们能够轻松地交流和协作。这种物理上的接近可以大大提高团队成员之间的沟通频率和互动程度。另外，还可以鼓励以前场协作虚拟团队为单元，设置团建基金。这个基金不能由每个角色单独使用，而只能用于团队组织的团建活动。通过共同参与活动，增加工作外的互动和交流，可以增强团队成员之间的默契度，增进友谊和信任，拉近彼此的距离，从而提升团队的凝聚力。

6.6 风险管控与业绩预测

在讨论风险管控与业绩预测之前，我们先来看看您的企业是否也会经常出现以下情况：

（1）在一个具体项目或客户上，项目按部就班地进行，但在关键时刻总是出现问题，导致项目失败。

（2）原本计划在本周期签订的订单，大多延误到下个周期。这些订单销售人员会告诉管理者，订单都没有丢失，只是延误。所以总感觉自己很少丢订单，但业绩总是不尽如人意。

（3）在一个销售周期初期，销售主管和管理层很难预估业绩达成的情况，心里没底，也不知道能做多少业绩。

（4）有预估值，但是最终的业绩达成值往往与预估值偏差很大。每次都给管理者带来巨大希望，但实际往往都是巨大打击。

（5）与预估值偏差不大，但是在落地具体客户和项目上，与销售周期初期包含的客户和项目偏差很大。

（6）销售主管给每一个一线销售人员设定具体方向和目标，但是在实际操作中他们还是不知所措，抓不住重点，导致项目推进缓慢，最终结果和预期相差甚远。

这些现象普遍存在于不成熟的销售体系中，将近90%的企业都会遇到类似的问题。这些问题的表面原因是销售项目控制能力的不足，但更深层的原因在于公司对销售过程管控的失效。因此，我们需要建立一个机制，防止销售过程管控的失效。

在销售过程管理体系建设相关内容中，我们讨论了如何为销售体系建立标准和可复制的获客业务流程。获客业务流程的标准化为销售人员提供了一个重要的指导框架，确保他们在接触客户、开发需求、提供解决方案和最终达成交易的过程中遵循一定的标准和步骤。但我们也清楚知道，按照获客业务流程走下来，不能保证每个项目都能成功赢得订单。做销售工作，最终目标还是希望提高每个订单的赢率，进而提高公司整体赢率。除了建立获客业务流程的标准化体系，还需要制定一个风险管控与业绩预测机制。这个机制的作用是通过对市场、竞争对手、客户和销售团队自身的分析，识别可能影响销售成功的潜在风险，包括市场风险、竞争风险、客户风险和执行风险等。通过提前识别风险，销售团队可以采取相应的预防措施，降低风险对销售结果的影响。然而，识别风险是一个挑战性的过程，因为它要求个人从自己的工作中主动发现不足和潜在问题。这种自我反思和批判性的自我评估往往与人类的本能相悖，因为人们倾向于避免面对自己的错误和不足。因此，为了让销售与管理者能主动去识别风险，还需引入销售预测机制，帮助销售团队和管理层对项目前景有一个清晰的认识，从而做出更加明智的决策。在项目执行过程中，根据风险管控和业绩预测的结果，销售团队可以及时调整销售策略和行动计划，以优化项目结果。这就是风险管控与业绩预测机制的价值所在。接下来，我们要探讨如何建立风险管控与业绩预测机制。

6.6.1 风险管控与业绩预测机制

1. 风险管控

风险管控涉及对已知和潜在风险的辨识、分析和处置。为了有效进行这一过程，企业需建立一套统一的风险识别和处置方法，该方法涵盖收集客户和项目信息、运用风险识别技术来识别风险，以及制定风险的应对策略。在 To B 业务中，项目的风险可以概括为以下两大方面。

第一类，时间风险。

这种风险可能源自项目进度的不确定性，例如由于对客户流程和办事方法的不熟悉，导致无法准确掌控时间安排；未能按时完成关键里程碑；客户需求发生变更而引发额外的时间需求。虽然时间风险存在一些我们无法控制的外部因素，但大多数情况是我们准备工作不足所导致的。比如，对客户流程和办事方法的不熟悉，这显然是因为我们对客户的了解还存在很大盲区，所以无法准确掌控时间。如果我们明白自己不知道某些关键信息，我们还有机会了解和明确。然而，最危险的情况是我们不知道自己不知道，这意味着我们在项目的关键节点可能会因为不可控的因素而受到干扰，导致项目失败或订单流失。再比如，客户需求变更从而引发额外的时间需求。看似这个原因是时间风险，且我们无法控制，其实不然。这种变更往往可以追溯到对客户需求的理解不深入，或者是在方案规划和执行上存在不足。如果销售团队能够更全面地了解客户的真实需求和潜在顾虑，并能够提供符合客户期望的解决方案，那么就有可能减少客户需求的变更。所以对于客户的需求变更，我们需要提前知道和引导，而不是被通知，销售团队可以将其转化为可控因素，并采取措施来减少其对项目进度的影响。

对待时间风险，最佳的风险识别方法是从预计成交时间倒推，逐一审视项目流程中的每个环节。从最终成交目标开始，反向追踪至当前时间点，重点关注每个流程所涉及的关键环节、所需的时间、相关人员的沟通情况。这样可以确保每个环节的参与者在流程中都有充分的沟通，并确认他们能够及时完成流程，以避免延误。如果在这样的倒推过程中，发现某些环节不够清晰或时间安排上无法满足预计的成交时间，那么这些环节和时间就是潜在的风险。为了降低这些风险，我们需要找出办法识别并消除这些障碍，可能需要重新规划流程、优化资源分配或改善沟通机制。通过这种方法，我们能够更有效地识别和处理时间风险，确保项目按照既定的时间表顺利进行，从而提高项目成功的可能性。

第二类，客户认同风险。

在讨论客户认同风险之前，我们先看看影响项目赢单的因素都有哪些：

（1）客户信任。

（2）客户需求。

（3）产品价值。

（4）价格。

（5）客户体验。

（6）客户信息了解程度。

要想应对以上影响赢单的因素，我们可以：

（1）与客户建立关系，解决信任问题。

（2）挖掘客户深层次需求、痛点。

（3）采取正确方式有效传递和呈现产品价值。

（4）尽量在前期屏蔽对手，获取客户的承诺。

（5）管理客户预期，满足客户期望。

（6）多渠道收集客户资料，分析客户。

以上项目赢单影响因素的应对处理，就是对销售的要求。销售只有在各阶段都完成以上动作，才能将项目赢单的概率最大化。我们再回顾一下赢单路径的制定过程，根据客户的采购流程和自身内部的业务流程，我们将销售阶段划分为初步接洽、确认需求、价值传递/立项、商务谈判/招投标、合同签署。将之与项目影响因素进行对比，我们会发现两者高度吻合。也就是按赢单路径的设计，我们需要完成每个阶段的目标，就可以控制赢单概率。但之前也有阐述，即使按照赢单路径执行销售关键动作，也无法保证每个项目都能成功赢单。因此，在赢单路径中，我们又设置了客户支持行为和最长停留周期这两个风险的考量因素。在跟进商机的过程中，我们需要不断检视我们的跟进动作是否完成了阶段目标，并且将客户支持行为和最长停留周期与我们的工作表现进行比对，以确保我们的工作得到了客户的充分认可。通过这种方式，我们能够更全面地评估销售流程的执行情况，及时调整策略，以提高赢单的概率。

在单一的业务领域内，每个销售跟进的业务可能会面临一些共同的潜在风险，因为它们都遵循相似的业务模式和市场环境。企业应该对每个项目产生的风险做分类整理，形成项目风险清单。风险清单包括风险类型、可能影响的范围、潜在后果、应对处理办法等。通过建立这样一个项目风险清单，企业能够更加系统地识别和评估风险，从而更好地指导销售应对和解决潜在的问题。这种方法有助于确保销售团队和管理层对项目风险有清晰的认识，并能够采取适当的措施来最小化风险对项目的影响。

2. 业绩预测

业绩预测是建立在风险管控和应对处理基础之上的，它通过数学模型对潜在风险发生的概率、项目未来走向等进行量化评估，旨在帮助企业更好地理解项目的发展趋势，并为决策提供数据支持。为了有效地进行业绩预测，企业需要设计一整套业绩预测机制，包括预测标准、预测流程和预测业绩上报机制。业绩预测实际上是对一系列关键元素的预测，涉及预测类型、预测成交金额和预估成交日。

预测类型体现的是客户在预估成交日内以预估成交金额下单的概率，也就是项目成交的概率，这也就是在后续章节提到的项目风险状态值。预测成交金额是根据客户当前的预算、需求和解决方案，对企业可能从该客户处获得的订单金额进行预估。这个预估是基于对企业产品或服务的定价策略、客户预算、市场定位、竞争环境等多方面因素的综合分析。预估成交日是在当前掌握的信息和客户沟通情况的基础上，预计签订合同的具体时间点。这个时间点是基于对客户决策过程的理解、项目进度、合同条款的讨论协商、可能涉及的审批流程等因素的综合分析。

所以，业绩预测结果有两个关键维度：订单金额和时间。这意味着业绩预测结果不仅仅是对未来业绩的预测，还包括对业绩产生时间的预测。业绩预测的核心在于，特定时间段内预计能够实现多少业绩。

通过建立这样的业绩预测机制，企业能够对未来的产出有一个清晰的概念，这是制定当前策略最重要的依据之一。业绩预测为管理层提供了对未来业绩的预见性，帮助企业做出更加明智的决策，包括资源分配、市场营销策略、产品开发计划等。此外，这样的预测机制还能够让企业更加精准地把握项目的发展动态，从而能够及时调整策略和计划。例如，如果预测结果显示项目进度落后于预期，企业可以立即采取措施加快进度。通过这种精准的预测和灵活的策略调整，企业能够提高项目成功的概率，确保项目能够按照既定的目标和时间表顺利进行，最终实现企业的业绩目标。

3. 建立业绩预测模型

在制定赢单路径时，我们将销售阶段划分为初步接洽、确认需求、价值传递/立项、商务谈判/招投标、合同签署。它详细规划了从触客到成交每个项目要经历的阶段。这是业务流程视角下的项目进度的展现。这种业务流程视角下的项目进度展现，为企业提供了一个可视化的销售漏斗。企业可以将所有跟进的项目按照销售阶段进行统计，形成一个动态的销售漏斗视图（见图6-3，为了让销售漏斗视图更具备概括性，这里将商务谈判/招投标修改为屏蔽对手）。在这个漏斗中，不同阶段的项目数量可以直观地反映销售团队的进展情况。

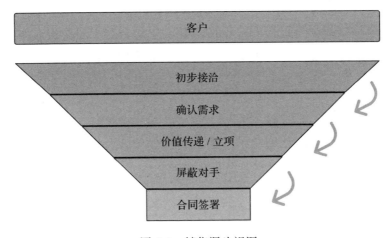

图 6-3　销售漏斗视图

销售漏斗在大部分的销售管理类书籍中都会被提到。销售漏斗对于企业而言，不仅仅是一个销售流程的管理工具，更是一个销售工作现状评估工具。它为企业提供了一个全面的视角，使得管理层能够清晰地看到销售团队在每个阶段的进展情况，以及通过各阶段转化率，更好地理解销售团队的强项和弱项。通过销售漏斗，企业可以更加精准地了解不同阶段的潜在客户数量和质量，从而优化资源分配，确保资源能够用在最有可能成功的地方。此外，销售漏斗还可以作为评估销售团队绩效的标准，激励团队成员在各个阶段都保持高效的工作状态。

销售漏斗虽然是销售管理普遍使用的一个工具，但也有其局限性，即所谓的"盲区"。这些盲区可能会影响销售漏斗的准确性和实用性。首先，销售漏斗无法展现项目的机会或风险，尤其是风险，因为它们可能不在传统的漏斗阶段中，但它们对销售过程和最终结果有重要影响。这意味着，销售漏斗可能无法完全反映项目可能面临的挑战和不确定性。其次，通过销售漏斗预估某一时点的成交金额和成交数量时，通常只能依赖于历史经验进行预估。这种方法可能会产生偏差，因为市场环境、客户需求和竞争状况可能随时发生变化。此外，销售数据可能受到销售人员主观判断的影响，例如，他们可能会根据自己的经验和感觉来评估项目阶段推进情况，这可能导致数据的不准确性。但由于缺乏有效的检验机制来约束销售人员的行为，使用这种数据进行分析可能会导致较大的偏差。

基于以上分析，我们在销售漏斗管理模型的基础上，需要引入风险识别和解决的机制，并建立业绩预测模型。

我们给每个项目引入一个风险状态值。通过风险状态值来表达项目在预定时间内销售成交的可能性。风险状态可以有以下三个值。

（1）确定成交（commit）：截至预定的时间，确定会成交的项目。

（2）可能成交（upside）：截至预定的时间，有可能成交的项目。

（3）不可能成交（none）：截至预定的时间，不可能成交的项目。

那么，如何确定风险状态值呢？确定风险状态值是一个综合考虑多个因素的过程，需要对每个项目进行严格的审视和评估。这个过程包括预估成交日的评估、预计成交金额的分析、销售流程的审视、风险的识别与评估、风险处置办法的制定。首先，以预定时间为基准，审视项目的预估成交日是否在预定时间内。如果预估成交日超出预定时间，那么风险状态值就会是"不可能成交"。其次，评估预计成交金额是否合理，以及这个金额是否符合客户的预算和需求。如果预计成交金额过高或过低，会影响业绩预测金额。接下来，审视项目在预定时间内成交需要经过哪些流程，包括客户端流程和企业内部流程。了解这些流程可以帮助企业识别可能的风险点。然后，评估在这些流程中可能存在的风险，比如时间风险和客户认同风险。对这些风险进行评估，以确定它们对成交的影响程度。根据风险识别与评估的结果，针对识别出的风险制定相应的风险处置策略。最后，综合考虑以上因素，销售人员和销售管理者会给出这个项目的风险状态值。

引入风险状态值后，每个项目会有两个状态值：一个是项目进展状态值，反映了项目在销售进程中所处的具体阶段；另一个是基于预定时间成交的风险状态值，反映了项目在预定期限内成交的可能性。这两个状态值共同构成了项目风险管理的核心。良性项目的特点在于其项目进展状态值持续向前推进，同时其风险状态值从不可能成交转变为确定成交。这意味着项目不仅在销售流程中取得了进展，而且在预定期限内成交的可能性也在不断提高。这种双重状态值的引入，使得企业能够更全面地评估项目的风险和进展。企业不仅需要关注项目是否按照既定的销售流程推进，还需要关注项目在预定期限内成交的可能性。这有助于企业更清楚地知道每个项目的风险，也有助于计算预计成交金额。

利用引入的风险状态值，我们可以清晰地将项目的风险状态进行分类。这种分类方法帮助企业明确哪些项目在预定时间内能够成交，哪些项目有机会成交，哪些项目没有机会成交。通过这种分类，企业可以很容易和精准地预测销售业绩。

（某一时间）业绩预测金额＝确定成交项目金额总和

有了业绩预测，管理者可以明确知道，在当前业务状态下，我们和目标之间的差距还有多少：

（某一时间）业绩差值（GAP）= 目标金额 − 已成交金额 − 业绩预测金额

（某一时间）业绩差值（GAP）= 目标金额 − 已成交金额 − 确定成交项目金额总和

业绩差值（GAP）为负数，这通常是一个积极的信号，意味着当前的业务状态已经达到或超出既定的业绩目标。在这种情况下，企业可以继续保持当前的业务策略和运营模式，以维持这种良好的业绩表现。然而，如果业绩差值（GAP）为零或正数，这表明当前的业务状态并不足以达成预定的业绩目标。在这种情况下，企业需要深入分析，特别是对于处于"可能成交"状态的项目，即那些有可能但尚未确定达成成交的项目。企业需要确定采取哪些具体措施，投入何种资源，以确保这些项目能够顺利转变为"确定成交"状态，即那些已经确定会在预定时间内成交的项目。通过这种方式，企业可以看清现在业务的差距，并立刻付诸行动，制订可以有效填补业绩差值（GAP）的计划，确保业绩目标的达成。

业绩预测告诉企业管理者的不仅仅是未来一段时间可能的营收，而且还有未来一段时间可能的营收与目标之间的差距，从而使管理者能够采取有效手段提前干预，减少差距。

必须强调的是，单个项目的业绩本身就存在不可预测的因素，总会有一些不可控外力使业绩预测发生变化。因此，接受预测就是会发生变化这一现实情况后，要采取有效措施减少因为变化带来的差距扩大。业绩预测并非仅仅是一个单一的数值，还是一系列项目的组合。因此，销售预测的追求不仅仅在于预测的数值本身，更在于如何通过动态管理来保持业绩预测的准确性。在实际操作中，可能会遇到某些项目因不可抗力而下滑，这时就需要通过调整其他项目来保持整体业绩预测的稳定性。这就是销售主管和销售人员发挥主观能动性的时候了。销售人员对自己的预测数字负有责任，而销售主管对团队的预测数字负有责任。当业绩预测发生变化时，销售人员需要发挥主观能动性，努力"自救"。他们应该从自己负责的"可能成交"状态项目中寻找能够补救数字的项目，并制定具体的推进办法。销售主管需要站在整个团队的角度审视销售人员负责的商机，寻找可以作为"补位"的项目。销售主管可以与销售人员一起制订"补位"计划，并协调其他部门的支持，以确保这些项目能够顺利推进，帮助团队实现业绩目标。无论最终是否完成销售目标，这样的业绩预测机制都为整个销售团队建立了一种强烈的责任感。这种机制促使每个销售人员都对自己的预测结果负责，因为他们知道自己的预测不仅是一个数字，更是对公司的承诺。

6.6.2 风险管控与业绩预测机制的落地

风险管控与业绩预测是一个自下而上的过程，意味着这些工作是从销售一线开始的，然后逐步向上层管理汇报和整合。在这个流程中，销售人员作为直接与客户接触的第一线，他们拥有最全面和最新的客户和项目信息。因此，公司的业绩预测应该以销售人员的预测为基础，因为他们最了解客户的需求、市场的动态以及项目的实际进展情况。

销售主管在这一过程中扮演着关键角色。他们不仅需要具备优秀的销售经验，还需要具备经营和管理能力。作为销售的主帅，销售主管需要对销售的风险评估和预测进行审查和把关。他们应该在不过分影响销售人员的主观能动性的前提下，结合自己的经验和判断，对销售预测进行调整和优化。这样，销售主管可以确保团队整体的业绩预测更加准确和可靠。

最终，经过销售主管的审查和整合，团队整体的业绩预测将被上报给公司管理层。这种自下而上的业绩预测流程能够充分利用销售一线的优势，同时通过管理层的专业判断，提高预测的准确性和实用性。这有助于公司更好地规划资源、制定策略，并确保业绩目标的实现。

在风险管控与业绩预测机制的落地上，一线销售人员、销售管理者以及企业管理层各自需要承担以下具体工作。

1. 一线销售人员

（1）项目进度与状态判断：一线销售人员需要对每个项目的进度和状态进行实时评估，并与赢单路径进行比对，以确保项目进度以及对应阶段的必要行动都得到了执行，并且达到了阶段目标。这包括检查项目是否按照预定的销售流程和关键里程碑推进，以及是否完成了每个阶段所需的任务、动作和关键信息。通过这种方式，一线销售人员可以确保项目按照既定的计划进行，并能够及时识别和解决任何偏离预期的情况。

（2）风险倒推分析：基于项目的时间风险和客户认同风险，进行风险审视和评估，识别可能影响项目成功的关键风险点，以此来确定项目的风险状态值。这包括分析项目进度是否可能导致延迟，以及客户对产品或服务的认同度是否足够高，以明确他们是否能够做出购买决策。

（3）资源调度与行动计划制订：基于识别的风险点和项目当前的状态，一线销售人员需要制订合理的资源调度和行动计划。这包括确定哪些资源（如人力、资金、时间）需要被优先分配给风险较高的项目，以及如何调整现有的行动计划来应对潜在的风险。资源调度和行动计划应该确保能够有效应对风险，同时也要考虑到项目的优先级和预期收益。通过这种方法，一线销售人员可以确保资源得到最优化利用，并提高项目的成功概率。

（4）行动计划执行：一线销售人员必须严格按照制订的行动计划去执行，确保每个步骤都按照预定的时间和标准执行。这要求销售人员具备高度的责任心和执行力，能够有效地执行每个任务，并及时复盘进展或问题。

通过以上工作，一线销售人员成为风险管控与业绩预测机制的关键执行者，为企业提供了坚实的销售执行基础。他们通过实时监控项目进展、评估风险、制订和执行行动计划，确保公司的销售策略和计划得以落地。这种细致入微的执行不仅有助于降低项目风险，还提高了业绩预测的准确性。同时，一线销售人员还承担着向管理层提供关键数据和信息的责任。他们通过详尽的过程数据反馈，帮助管理层更好地理解市场动态和客户需求，从而制定出更加精准和有效的销售策略。这种信息的传递和反馈机制是企业管理层做出明智决策的基础，也是企业销售战略不断优化和调整的关键。

2. 销售管理者

（1）对一线销售人员的工作包括以下几项。

1）项目审查与行动计划制订：作为销售人员的指导者和伙伴，销售管理者应当成为销售人员的镜子，审查每个项目的进展，并共同识别项目中的风险点和潜在的盲点。基于这些发现，共同制订下一步的行动计划，并监督这些行动计划的执行。

2）培训赋能与标准化：业绩预测过程不仅仅是预测未来的销售业绩，它也是一个培训和赋能的过程。销售管理者需要确保每个销售动作的质量，并通过持续的培训和实践，帮助销售人员提升技能。

3）统一性与协调性：销售管理者需要确保团队在沟通、操作和数据管理上保持统一性。这包括使用统一的语言和术语、执行统一的操作流程，以及维护统一的数据记录和分析方法，以提高团队协作的效率和准确性。

4）人才识别与培养：在业绩预测的过程中，销售管理者有机会深入了解团队成员的实际表现和潜力。通过这一过程，销售管理者可以识别出高潜力的员工，并为他们提供更多的机会和资源，以促进他们的职业发展，并为团队的长远发展奠定基础。

通过这些工作，销售管理者能够确保一线销售人员在风险管控和业绩预测方面的工作更加高效和有效，同时也能够培养和保留关键人才，为企业的持续增长提供支持。

（2）对团队的工作包括以下几项。

1）动态管理过程：业绩预测是一个动态的管理过程，销售管理者需要独立做出判断，但同时保持与一线销售人员的沟通，确保团队行动的协调性。

2）控制准确率与转化：确保一线团队的业绩预测偏差率控制在10%以内，这意味着销售管理者需要对团队的整体业绩负责，并且确保项目和销售人员之间能够相互"补位"。这要求管理者对所有项目的进度和风险有清晰的认识，以便能够做出准确的预测和决策。在追求判断的准确性之后，再追求业绩转化率的提升。这意味着销售管理者需要确保预测数据的准确性，同时也要关注如何将这些预测转化为实际的销售业绩。

3）决策与资源调配：销售管理者需重视决策和资源调配。根据业绩预测结果和市场动态，做出明智的决策，并确保资源得到合理分配，以支持团队的目标和策略。

4）行业/区域经营意识：销售管理者应建立行业或区域的经营意识，并对团队的业绩预测结果负责。需不断识别风险，并尽早采取行动以应对,确保团队在竞争中保持优势。

5)标准化动作与最佳实践:销售管理者应不断总结和分享最佳实践,提高销售标准动作的质量,以提高效率和业绩。这包括建立和维护一套高效的销售流程和策略,以及分享和推广有效的销售技巧和方法。

6)团队建设与目标实现:通过上述措施,销售管理者能帮助团队建立良好的工作环境和团队文化,从而实现团队建设和发展的目标。

3. 企业管理层

(1)统一语言、动作和数据:确保整个组织内部使用统一的语言和术语,执行统一的操作流程,并维护统一的数据记录和分析方法。这有助于提高销售部内部和跨部门协作的效率和准确性。

(2)数据真实性:管理层需要认识到数据的真实性比数据本身更重要。管理层需要建立监督和审查机制,确保收集和分析的数据是准确和可靠的,以便能够基于这些数据做出明智的决策。

(3)数据变化分析:在业绩预测过程中,管理层需要认识到数据的变化比数据本身更有价值。管理层应该鼓励团队解释和分析数据变化的原因,以便能够及时调整策略和行动计划。

(4)统一仪表盘:创建一个统一的业务仪表盘。统一的业务仪表盘对于企业来说非常重要,因为它不仅能够展现结果数据,还能够展现过程数据。这样的仪表盘不仅让销售团队能够直观地看到业绩达成及业务进展状态,还能够让前后场团队清晰地看到自己工作与公司业绩的关联,并明确前后场资源的运行情况,从而促进前后场团队的协同工作。

(5)团队文化建设:建立业绩预测机制的同时,也是在打造一个负责任的销售团队文化,要向销售团队灌输"业绩预测不只是预测,更是你对公司的承诺"这样一种文化。只有建立起负责任的预测文化,才能提高业绩预测的准确性，因为销售在给出自己的预测前，都会经历周密的调查和考虑。

6.6.3　业绩预测上报机制设计

由于业绩预测会随着项目的进展和客户内部的变化而变化，因此业绩预测具有一定的时效性。为了加强过程管控，业绩预测需要周期性地更新和复盘。因此，将业绩预测的上报和复盘纳入项目例会的日程中是必要的。要求销售人员在例会前更新项目信息和预测状态至最新，并在会前将最新的数据及项目组成上报给销售主管。在会议中，销售人员需要汇报最新的数据，并解释变化的内容。销售主管也需要向公司上报团队的整体预测业绩。销售主管需要在销售人员的预测的基础上，给出自己的预测。然而，通常情况下，销售主管的业绩预测是不可见的，因为这样既不会影响销售人员的独立判断，也不会打击销售人员的积极性。

在这个过程中，可以利用信息化系统，如 CRM 系统，来简化流程。信息化系统可以自动汇总和归类数据，并发送给相关人员，销售人员只需更新基础数据即可。

6.6.4　建立负责任的销售团队文化

风险管控与业绩预测机制的落地可以分为三个阶段，每个阶段都有其特定的目标和实施策略。

第一阶段，旨在屏蔽销售能力差异，形成风险判断和项目推进的任务和动作，并持续提高销售人员的工作饱和度和有效性。通过标准化销售流程和培训，减少因销售人员个人能力差异而产生的预测偏差。基于项目进展状态和风险状态值，制定明确的任务和行动计划，以提高项目推进的效率。利用技术工具和数据分析，我们能够了解销售活动的投入和成果分布，指导销售人员专注于具有最高成交潜力的项目。

第二阶段，形成推动项目阶段转化的能力后，推动项目转化率持续提高。通过持续监控和分析项目风险状态值，及时调整销售策略和资源分配，促进项目从"可能成交"状态向"确定成交"状态转化。通过不断优化销售流程和策略，提高项目在不同阶段的转化率，从而提升整体业绩预测的准确性。

第三阶段，追求预测准确性，追求对行业或区域的业务控制力度，并将其作为组织能力对销售人员做更好的赋能提升。通过深入分析行业或区域的市场和客户特性，提高对业务走向的预见性。通过培训、激励和知识共享，提升整个组织的预测和风险管理能力，为销售人员提供更好的支持，提高整体业绩。

通过实施风险管控与业绩预测机制的三个阶段，企业不仅构建了一套科学的管理体系，同时也塑造了"业绩预测不只是预测，更是你对公司的承诺"的文化——强调责任和承诺的销售团队文化。在这种文化中，每个销售人员都深刻理解到，他们的预测和业绩不仅仅是个人职业发展的指标，更是对团队和公司整体目标的贡献。这种认识激励着销售人员以更加专注和敬业的态度去工作，因为他们意识到自己的每一个决策和行动都直接影响到团队和公司的业绩。这种文化鼓励团队成员之间相互协作、相互支持，显著提升团队的凝聚力和士气，形成一种积极向上、追求卓越的工作氛围。在这种环境中，团队成员能够更好地共同面对挑战，共同解决问题，共同追求成功。

6.7 区域管理

区域管理是企业为了解决不同地区市场需求、文化背景、消费者偏好等存在差异而采取的一种有效管理策略。它将全国市场划分为不同的地理区域，要求各区域在遵循公司整体规章制度的基础上，尽可能根据各自区域的特点，制定有效的市场策略，以促进区域的发展。

区域管理需要企业制定一套科学合理的区域管理制度，包括销售目标、市场策略、资源分配等。这些制度需要充分考虑各区域的差异性，以确保制度的有效性和适用性。同时，企业还需要建立一套有效的监督和考核机制，以保证各区域能够按照制度执行，并实现预期目标。此外，企业需要培养一支具备区域管理能力的团队，包括区域负责人、销售人员等。这些人员需要具备丰富的市场知识和经验，能够根据各区域的特点制定有效的市场策略，并推动区域的发展。最后，企业需要利用现代信息技术，如 CRM 系统等，对各区域的市场数据进行实时监控和分析，以了解各区域的市场动态和趋势，以及区域团队的销售进程和销售动作。

总之，区域管理是企业解决不同地区市场差异的有效策略，它需要企业对市场进行细分和分析，制定科学合理的区域管理制度，培养具备区域管理能力的团队，利用现代信息技术对市场数据进行监控和分析。通过这些措施，企业可以更好地适应市场变化，实现区域市场的全面发展。

6.7.1 区域管理要达成的目标

随着经济全球化的发展，企业面临的竞争日益激烈，如何有效管理不同区域市场成为企业发展的关键。区域管理作为一种战略手段，旨在帮助企业达成在市场细分、资源配置、销售业绩提升以及客户关系管理等方面的目标。以下四个方面，详细阐述了区域管理的核心内容，为企业实现区域市场的精准把握和高效运营提供了思路。

1. 市场的细分与差异化策略

不同地区的市场需求、文化背景、消费者偏好存在显著差异，如果采用统一的市场策略，可能无法有效满足所有地区的需求。通过区域管理，企业可以将市场划分为不同的地理区域，能够快速响应市场变化，并针对每个区域制定和灵活调整差异化的销售策略、市场推广方案和客户服务策略，以更好地适应和满足当地市场的需求，提高市场响应速度，有助于在当地建立竞争优势，提升品牌影响力和市场份额。

2. 资源优化配置与获客效率提升

销售资源的有限性要求企业必须在不同区域之间进行合理分配，以确保资源的高效利用。区域管理可以帮助企业根据各区域的市场潜力、销售目标等因素，合理地分配销售资源，包括人员配置、销售预算、市场推广费用、测试资源等，以提高资源利用效率，降低销售成本，提高整体盈利能力。

3. 提升销售业绩，促进区域协调发展

缺乏有针对性的销售策略和有效的市场管理可能导致销售业绩不佳。通过区域管理，企业可以更加深入地了解当地市场的特点和竞争态势，制定更加符合市场需求的销售策略和推广计划，从而提升销售业绩；帮助企业在不同地区之间实现均衡发展，减少地区间的销售差异，促进企业的整体协调发展。

4. 客户关系维护与管理完善

在跨区域销售的过程中，客户关系的维护和管理可能面临挑战。区域管理有助于企业建立区域性的客户关系管理体系，通过区域销售团队

的专业服务和持续沟通，可以提供更加贴合当地市场的服务和支持，优化客户体验，增强客户黏性，提升客户满意度和忠诚度。

6.7.2 制订区域营销计划

区域营销计划是指，根据销售区域的市场特点、竞争对手情况和资源状态，针对行业、渠道、重点客户、市场活动等多方面，制定的销售策略。区域营销计划是销售策略在特定市场区域的具体落地规划。对于区域管理者和销售管理者来说，区域营销计划具有极大的重要性。它们不仅有助于明确目标和策略、优化资源配置、提高销售效率与效果，还能加强团队协作与沟通，便于绩效评估与激励。因此，区域管理者应该高度重视并充分利用区域营销计划来指导团队的工作。

想要制订有效的区域营销计划，我们需要落实以下几点。

（1）行业梳理：分析区域市场内各行业发展趋势、市场规模和增长潜力，梳理公司在区域内的优劣势行业和待覆盖行业分别是哪些，确定公司的重点目标行业以及在目标行业中的市场定位和发展方向。

（2）目标客户：根据公司的战略目标和资源状况，结合区域特点，确定区域目标客户，并将客户分层。客户需求紧迫或是行业标杆，那么这类客户就是区域的重点目标客户，针对重点目标客户制定专属的客户策略以及行动计划和里程碑。

（3）优劣势分析：识别企业在市场中的竞争优势，如品牌知名度、产品质量、客户服务等。分析企业在市场中的竞争劣势，如产品定价、销售渠道、技术创新等。制定区域销售策略来强化优势并改进或克服劣势。

（4）策略规划：采取有效措施强化竞争优势，改进或转嫁劣势，如市场与销售活动规划、渠道发展规划等，扩大品牌知名度和市场覆盖度。

（5）定制行动计划：根据区域行业目标，制订行业覆盖的行动计划；根据客户目标，制订客户具体跟进计划；根据渠道情况和发展目标，制订渠道开拓和合作计划等。

由于每个区域的情况各有差异，区域管理者在承接公司战略的同时，要分析本区域的市场情况和目标，有的放矢地制订区域营销计划，合理利用资源，搭建人才梯队，抓住区域主要矛盾，解决主要矛盾，突破区域发展瓶颈。

6.7.3 区域管理的建设路径

区域管理建设需要分三步走，分别是区域管理流程与制度、过程动作规范、过程与结果监控。

第一步，建立高效的区域管理流程与制度，对区域市场的业务流程进行全面梳理，包括销售、市场、客户服务、交付等，确保流程顺畅和高效，明确跨部门协作和资源协调管理办法。根据业务流程，制定相应的管理制度和规范，确保各项工作有章可循、有据可查。给区域负责人的管理提供制度保障和约束。另外，明确区域负责人的区域管理职责，赋予区域负责人优化组织架构的权力和区域内资源调配的权力，而区域负责人需要对区域内的市场覆盖、行业发展和业绩目标等负责。

第二步，为区域负责人提供一系列管理规范和有效手段。例如，区域营销计划的模板可以提供区域规划和工作计划的范围；区域管理的业务流程图能够交代清楚跨部门协作流程、资源调度标准等；全年区域业务复盘节奏和控制办法可以规范阶段性工作复盘和产出标准，确定业务复盘效果。全国各区域之间，业务发展有差异，每位区域管理者的风格和能力也各有不同，通过制定统一标准的过程管理规范，拉通各区域管理手段、业务口径和业务视图等，同时提升低于平均水平的区域管理者能力，能够进一步保障管理结果向预期发展。

第三步，过程与结果监控。这一步主要监控组织的执行动作和数据两个层面的内容，只有各层级人员关键动作执行到位，才有可能推导出正确的结果。在执行动作层面，因为已经为各区域提供了区域规划与业务复盘的模板规范，所以主要看销售管理者和一线销售人员是否严格执行销售预测过程的关键动作。在数据层面，每周跟踪并分析销售预测数据和数据组成的变化，主要看销售动作和任务的完成情况。最后，区域管理的信息化系统 CRM 系统和数据看板（数据驾驶舱）设计，可以帮助企业实现统一的业务视图，通过多维度数据分析，了解各区域之间的业绩与过程结果、区域差异。

6.7.4 区域资源调度管理

多个区域之间市场情况存在差异，为了实现企业的统一管理，同时发挥区域自主性，区域内的资源调度需要遵循一系列原则和方法。企业需要赋予区域负责人一定的责权利，区域负责人是区域内的总指挥和协调者，但他们需要具备敏锐的市场洞察力、高效的执行能力和灵活应变的能力；同时，他们还需要与总部保持紧密联系并遵循公司的整体战略方针以确保区域市场和公司整体的稳健发展。主要原则包括：

（1）客户需求优先。

（2）客户分层。

（3）资源规划、成本控制与效益最大化。

（4）流程正义。

（5）风险管控。

对于资源规划，根据需求分析结果，区域负责人应制订详细的资源规划方案。这包括人力资源（如售前、售后、技术等）、物资资源（如测试机器）等的配置计划。例如，根据市场需求调整销售团队的人员配置，或根据订单量调整服务与支持。在资源规划的基础上，区域负责人需要协调各部门之间的资源分配。这包括与销售、生产、物流等部门的沟通与合作，确保资源的及时到位和有效利用。资源调度过程中，区域负责人应持续监控资源的使用情况和市场反馈。一旦发现资源短缺或过剩等问题，应及时调整资源调度方案，以确保资源的合理配置和市场的稳定供应。

在竞争激烈的市场环境中，客户需求是企业生存和发展的基石，我们应该把客户的需求作为资源调度的第一原则，优先满足客户需求能够确保产品或服务的市场适应性和竞争力。当然，有时客户需求会超出企业的资源供给能力或产品能力，此时需要结合客户分层原则和成本控制与效益最大化原则，评估是否进行定制化，是否需要跨区域调度资源，是否要转移或拒绝满足客户需求。在客户管理中我们讨论过客户分层的标准，要看客户价值、公司竞争力、产出预测，如果一个客户这三条标准都不满足，或许就没有调取销售以外的公司资源的必要了；如果一个客户满足其中部分条件，且区域内现有资源能够满足，那么就尽量满足；如果一个客户满足全部条件，那么即使现有资源无法满足，区域负责人也可以主张申请跨区域调度或提报公司决策。

流程正义意味着企业的各项业务流程都遵循一定的规范和标准，有助于保证产品和服务的质量稳定可靠。优化和标准化业务流程可以减少不必要的环节和浪费，提高企业内部运作效率，有助于建立和维护企业与员工、客户及合作伙伴之间的信任关系，为企业的长期发展创造有利条件。常见的反面教材就是，销售为了缩短流程时间或嫌麻烦，不按照流程工作，给公司管理和其他同事带来麻烦和更多工作量，而区域负责人有时负有失责责任。

6.8 全国垂直行业管理

全国垂直行业管理指的是针对某一特定行业在全国范围内进行的集中管理。这种管理模式通过构建全国性的垂直行业平台，将客户、供应商、分销商等各个环节，和前场部门与职能部门紧密连接起来，实现资源的高效配置和信息的快速流通。

通过全国垂直行业管理，专注于某一个或几个特定行业，使得企业能够深入了解该行业的特性和需求，提供更加专业化和定制化的服务。这种专业性有助于企业在该行业做大、做深，并在本行业建设自己的行业壁垒。

全国垂直行业管理，有助于拉通全国垂直行业建设目标与规划、制定行业销售策略和行业建设路径；有助于打破区域上的限制，所有区域朝着同一个行业目标努力；有助于统一业务视图和视角，形成全国行业发展的完整视图；有助于建立全国垂直行业的运营平台和能力；有助于建立行业案例复制能力，最终扩大行业覆盖度和行业覆盖深度。

6.8.1 全国垂直行业管理目标与规划

全国垂直行业管理的首要目标就是扩大行业的市场覆盖面，深化行业覆盖深度，增强行业竞争力和影响力。为了实现这一战略目标，需要将其拆解成多个策略目标，包括拉通全国垂直行业管理、建立行业运营机制、建设案例复制能力。

1. 拉通全国垂直行业管理

拉通全国垂直行业管理，是一揽子计划，从制定行业策略，到过程管理规范与模板、业务数据口径，都需要有统一和标准的管理办法、流程。这要求每个行业负责人深入研究目标行业，明确各行业的特点、发展趋势、竞争格局等，确定企业在该行业的定位和发展目标。企业需要配合行业负责人构建行业管理部，明确行业管理部门的职责和权限，确保信息畅通、协同高效。最后，制定全国统一的管理制度、流程和标准，确保各区域分支机构或合作伙伴能够遵循统一的管理规范，甚至可以引入信息化管理系统，提高管理效率和数据准确性。

2. 建立行业运营机制

有条件的可以设置行业业务专家岗位，这个岗位负责协调全国垂直行业资源、拉通各区域的行业管理、整合全国行业需求。行业负责人协同行业业务专家，定期进行市场调研，收集行业数据和客户需求等信息，对行业趋势进行预测和判断；向公司反馈市场和客户需求，反哺公司产品力提升和创新，同时加强与供应商和客户的合作，共同研发定制化解决方案；加强销售渠道的拓展与发展，构建多元化的销售渠道，提升销售效率和市场覆盖度。

3. 建设案例复制能力

行业业务专家定期组织对成功项目或案例进行深入分析和总结，提炼出可复制的关键因素和成功经验，将成功案例整理成案例库或案例集，供行业人员甚至公司和外部合作伙伴学习参考。并且，将成功案例中的关键流程和环节进行标准化处理，形成可重复使用的模板或工具，优化工作流程。组织内部培训和交流活动，提升员工对成功案例的理解和掌握程度，通过行业会议、研讨会等多种形式向合作伙伴推广成功案例和复制经验。在案例复制过程中，不断收集反馈意见和数据信息，对复制效果进行评估和改进。

以上是实现全国垂直行业管理战略目标的三个策略目标，三者相辅相成，缺一不可，共同服务于行业战略目标的实现。行业管理是前提和基础，行业运营机制是落地保障，而案例复制能力是最终的价值体现。同时，三者相互促进，可以形成良性循环。全国垂直行业管理促进运营机制完善：通过全国范围内的垂直管理，企业可以更加清晰地了解行业需求和市场动态，从而有针对性地调整和优化运营机制。这种调整和优化反过来又会进一步提升企业的管理水平和运营效率。行业运营机制优化提升案例复制能力：在运营机制不断优化的过程中，企业会积累更多的成功经验和最佳实践，这些经验和实践为案例复制提供了丰富的素材和依据，使得案例复制更加准确、高效。案例复制能力强化行业管理和运营：通过案例复制的成功实践，企业可以进一步巩固和扩大在目标行业中的覆盖面和覆盖深度，这种成功实践又会反过来促进企业加强行业管理和运营机制的创新和完善，形成一个良性循环。

6.8.2　全国垂直行业管理建设路径

全国垂直行业管理建设的整体路径也需要分三步走，即做什么、怎么做、如何做：垂直行业规划落地即垂直行业管理流程与制度；过程动作规范；过程和结果监控。

第一步，制定全国垂直行业管理流程与制度，确保行业垂直管理的流程顺畅和高效，有章可循、有据可依，明确跨部门、跨区域的协作与资源协调管理办法。另外，需要明确区域和行业的管理界限，区域负责人需要对区域内的市场覆盖、行业发展和业绩目标等负责，而行业负责人则需要对某个行业的市场覆盖、行业发展和业绩目标等负责，他们有交叉之处，要明确两者发生冲突时的处理原则和办法。因为行业负责人只对行业负责，所以他们对区域内销售不具有人事权，但是具备一定的业务决策权和建议权，例如订单价格的审批，行业负责人应该提前制定对应的行业折扣，当行业客户的价格低于正常折扣时，行业负责人有权拒绝。

第二步，为行业负责人提供一系列管理规范和有效手段。例如，行业建设规划模板和行业管理业务流程图，交代清楚跨区域和跨部门协作流程、资源调度标准等。再者是全年区域业务复盘节奏和控制办法，规范阶段性工作复盘和产出标准，确定业务复盘效果等。不同行业的市场覆盖度、行业成熟度等各有差异，且每位行业负责人的风格和能力也各有不同，通过制定统一标准的过程管理规范，拉通各行业管理手段、业务口径和业务视图，可以尽量屏蔽行业差异。

第三步，过程与结果监控。这一步主要监控组织的执行动作和数据两个层面的内容。在执行动作层面，因为已经为各行业提供了行业规划与业务复盘的模板规范，所以主要看销售管理者和一线销售人员是否严格执行销售预测过程的关键动作。在数据层面，每周跟踪并分析销售预测数据和数据组成的变化，主要看销售动作和任务的完成情况。最后，设计垂直行业管理的信息化系统 CRM 系统和数据看板（数据驾驶舱），可以帮助企业实现各行业统一的业务视图，通过多维度数据分析，了解各行业之间的业绩与过程结果、各区域/团队分布差异，提高数据准确性和及时性。

6.8.3 全国垂直行业资源调度管理

全国垂直行业的资源调度与区域资源调度有很多共同之处，例如行业资源管理也需要遵循客户需求优先、客户分层、资源规划、成本控制与效益最大化、流程正义和风险管控原则，在这里不再赘述。但是全国垂直行业的资源调度管理的不同在于，区域管理需要考虑地区内不同行业的发展差异，而行业管理考虑的是各地区之间的发展差异，维度不一样。

行业发展是公司的重要战略之一，企业管理者看重的是行业整体发展，行业负责人应该培养大局观和目标导向。首先对目标行业进行深入的市场调研和行业分析，与区域进行良好的沟通配合，明确全国范围和区域范围内的重点目标行业客户，并动态调整。

虽然行业负责人是全国垂直行业发展的第一负责人，但是在具体的客户和项目上，他们非常需要当地区域销售的力量。行业管理部与区域应该建立起友好、协同发展的合作机制。区域销售应该发挥"近水楼台先得月"的地理优势，加强客户和项目跟进；而行业管理部要发挥资源优势和行业知识优势，为区域销售提供专业支持，甚至是影响总部客户，在内部提供支持。当然，这里需要提一下，这个合作机制需要有业绩分配机制作为保障。无论是行业管理部还是区域销售，只有在付出与获得成正比时，才能最大程度地激发双方的合作热情和积极性，减少摩擦，提高工作效率。

市场与销售活动的资源，也是全国垂直行业发展的重要资源。行业负责人应该协调各个区域坐到一起，共同探讨整个行业的市场与销售活动，并且集中全国销售的行业资源，扩大活动辐射的范围和深度，提高行业活动的影响力。

6.9 全年销售节奏的控制

全年销售节奏指的是企业在一年的时间里，根据市场变化、产品特性、销售策略以及资源等因素，所制定并实施的一系列有序、连贯且相互关联的销售活动安排。这种节奏的目的是确保销售目标的实现，同时优化资源配置，提高销售效率和客户满意度。具体来说，全年销售节奏包括以下几个方面。

1. 销售战略规划

在年初或更早的时候，企业根据市场趋势、竞争对手分析、产品优势等因素，制定全年的销售目标和战略方向。这包括"往哪儿打"，即目标市场、市场定位和目标客户群体、不同维度的目标拆解；"怎么打"，即增长策略、产品优势分析和赢单路径；"用什么人打"，指组织架构和人员配置；"需要什么资源打"，指市场资源与支持、产品和技术支持。

销售战略规划是一个持续深入的思考过程，它要求我们在全年各个月份和每个季度都要对战略规划的执行情况进行回顾。在这一过程中，我们需要不断地审视和反思现有策略，以便提出切实可行的优化建议。在实践过程中，常见的问题是销售战略的制定过于急促，缺乏系统性的思考和团队共识。讨论过程冗长，沟通耗时过长，导致精力和热情过度消耗，最终不得不草率结束。更严重的是，由于耗时过长，可能会影响到下一年的战略执行。因此，精心规划战略路径和时间安排显得尤为关键。

2. 制定销售策略／计划

基于战略规划，制定对应的销售策略，并拆解销售目标、活动安排、预算分配等至月度、季度（甚至具体到每周）。

3. 市场推广与品牌建设

在全年期间，企业通过各种渠道如广告、公关、社交媒体、展会等进行市场推广和品牌建设，以提升企业知名度，吸引潜在客户，促进销售转化。同时，注重维护客户关系，增强客户的忠诚度和黏性，促进复购和口碑传播。这是解决销售获客瓶颈的关键措施，必须遵循销售战略的方向，精心策划出高效的实操方案和有序的实施步骤。

4. 销售团队建设与培训

为了提高销售团队的整体素质和业绩，应定期开展销售培训和团队建设活动，提升销售人员的专业技能、沟通能力和团队协作能力。然而，销售团队的建设与培训不应全年无间断地进行，时间的合理安排对成效至关重要。因此，应结合业务周期来精心规划团队建设与培训的节奏。

5. 业务评估与复盘

在每个业务周期的末尾，企业都应进行业务进展的评估与总结，分析成功要素，识别存在的问题，并规划后续的行动方案。这些周期包括天、周、月、季度、半年和全年。由于每个阶段的评估和总结重点不同，因此需量身定制各阶段的复盘模式、方法、流程以及预期成果，以助力业务目标的达成。

综上所述，全年销售节奏是一个综合性和动态调整的过程，它要求企业具备敏锐的市场洞察力、高效的执行力，以及灵活的策略调整能力和强大的团队凝聚力。接下来我们主要探讨的是，如何通过建立企业自己的业务复盘节奏，拉通销售战略规划、销售策略制定和阶段性销售业务复盘。

6.9.1 建立企业的业务复盘节奏

销售战略规划、销售策略制定和阶段性销售业务复盘三者之间存在紧密的关联。为了让企业员工根据公司的战略规划展开工作，需要将战略进行拆解，并将其融入员工的日常和阶段性工作。

每年年初或更早，企业会复盘上一年工作的执行情况，以判断其是否与战略规划一致，以及完成的程度。发现问题后，及时调整当年的战略规划。如果工作与战略方向一致并且取得了良好的成果，那么需要进一步讨论通过哪些措施来继续强化实施效果。

以年度为频率，我们评估战略方向的一致性和调整必要性，总结年度业绩，提炼经验，为下一年度制订战略规划和销售行动计划，确保业绩目标与企业发展同步。以季度/半年度为频率，从目标客户覆盖、业绩达成率、未来业绩预测、季度预测准确性等维度，评估策略的实施效果，以及是否对业绩产生了正向影响。同时，讨论下个季度/半年度的目标、策略打法以及销售计划。以月度为频率，组织销售人员和前场配合人员，复盘项目，总结经验教训，提炼最佳实践。以周为频率，盘点项目进展、重点客户覆盖进展和销售行动计划执行情况，评估客户和项目的风险点及瓶颈，并讨论有效的应对措施，制订销售行动计划，并将行动计划拆解至具体任务和动作，推动项目里程碑的达成和进程。以日为频率，检查销售任务的执行进展和结果，及时进行干预和预设。总结为表 6-7。

表 6-7 全年销售业务复盘频率和内容

频率	动作	项目	最佳实践	策略＆阶段性结果	战略方向
日	行动的标准化、规范化、合理性				
周		项目阶段进展，里程碑达成，行动计划与执行			

(续)

频率	动作	项目	最佳实践	策略 & 阶段性结果	战略方向
月度			项目复盘，萃取最佳实践		
季度/半年度				策略完成情况，业绩达成率，预测准确性，下季度目标和策略打法	
年度					战略方向一致性问题，战略方向调整

6.9.2 业务复盘控制办法

1. 复盘会议质量的三个核心影响要素

会议角色关键动作、标准会议流程、会议产出标准是影响业务复盘会议质量的三大核心要素。为了实现表 6-7 中全年销售业务复盘的内容，需要明确每个角色的关键动作和责任、会议的具体流程，以及会议的产出标准和产出跟踪机制，从而制定销售团队的业务复盘控制制度。明确角色关键动作、会议流程、产出标准和跟踪机制，实际上是在标准化销售行为，这不仅是阶段性结果的制度保障，还能降低企业的沟通成本和人员培养成本，提高协同配合的效率。

每个角色的关键动作越具体越有指导意义。例如，每天的销售动作需要分类统计，每一条动作记录应包含目标、对象、时间、地点、进展和结果等信息。有些企业对销售动作的记录仅限于内容，使用一个文本字段进行记录，这样既难以提取关键信息，也无法追踪动作的完成情况。动作越具体，越能指导销售的标准化行为，也越有助于企业提取关键信息进行数据分析。

如果企业不制定统一的会议流程，不同部门的会议流程和内容将会有所差异，导致会议产出不一致。只有制定标准会议流程，明确会议内容，才能确保问题的解决和信息的准确性。例如，每周的项目复盘会议可以按照以下步骤进行：第一步，销售主管汇报本周团队的新增业绩数字；第二步，销售人员一对一向主管汇报客户和项目进展及后续行动计划；第三步，销售主管检查销售人员本周的工作饱和度和有效性；第四步，讨论除客户项目和数字外的其他重要事项。标准化的会议流程既能确保会议目标的达成，也能保证会议的效果和产出。

在销售团队的每周项目复盘会议上，我们规定讨论项目阶段进展、里程碑达成、行动计划与执行等内容，并制定了标准的会议流程和每个参会人员的关键动作。虽然理想情况下，每个团队都应按照公司要求认真负责地开展工作，但现实情况往往并非如此。因此，为了确保会议效果，我们还需要制定会议的产出标准，并通过跟踪机制来监督落地。企业应制定每一类会议的产出标准，即使过程难以管控，但结果是可以量化的。例如，每周项目复盘会议后，要求更新每个项目的阶段进展、风险点和解决办法，并将下一步行动计划拆解为多个动作和任务，形成销售人员下一周的工作计划。同时，上周的销售动作和任务需要更新进展、完成状态和完成时间等。在会议流程上，要求销售主管盘点销售人员上周和历史销售动作的完成情况，并判断结果是否与目标一致。公司可以不定期进行抽查，并建立奖惩机制。如果做不到这一点，长期下来，销售动作可能会流于形式，变成无意义的流水账，甚至可能连流水账都没有了。

2. 规划业务复盘的参与部门

前文我们探讨过前场配合制度，业务复盘会议是前场协同配合作战的重要形式之一,业务复盘制度是建立前场团队文化的重要手段。企业需要将前场的配合规划纳入销售团队的业务复盘制度中,根据会议需要达成的目标和内容,考虑是否将售前和售后两个部门纳入。在我看来,周、月、季度和年度的阶段性会议都应该邀请售前和售后部门的人员参与。例如,每周的项目复盘会,需要讨论客户和项目的阶段进展,并制订下一步行动计划,这与售前和售后部门密切相关。此外,除了客户和项目之外,各部门之间的其他重要事项如流程优化等,也需要讨论和达成共识,因此售前和售后部门的人员参加每周的项目复盘会是非常有必要的。

6.10 过程管理落地平台建设

6.10.1 过程管理落地平台

在前面,我们探讨了过程管理的细分内容,包括客户管理、商机管理、风险管控与业绩预测机制,以及区域和全国垂直行业管理。每个部分都详细讲解了如何制定业务管理的制度流程和工作规范与模板。其中,某些部分简要提到了落地管理和运营。本节将聚焦于整个过程管理的落地建设和运营。

主流的过程管理落地平台建设通常是 CRM 系统,它是一种以客户数据管理为中心,实现公司各职能部门业务自动化的解决方案,可以实现信息共享、协调管控和自动化运行。这些特性恰好满足了过程管理落地的可追踪、可监控、可视化的需求。CRM 系统起源于客户关系管理,其业务范围可以延伸到包括市场线索、客户、客户联系人、商机、产品试用、价格申请、销售订单、交付、验收和回款等在内的多个关键节点,涉及多个职能部门的衔接与配合。CRM系统对过程管理的帮助和意义主要有两大类:"雪中送炭者"和"锦上添花者"。

1."雪中送炭者"

过程管理需要实现销售过程的精细化管理,通过制订和执行销售计划、建立高效的销售跟踪机制,对销售全过程进行监控和管理,从而提高销售效率。CRM系统可以替代人工或初级的线下文档管理,通过权限管理,避免销售人员随意更改或删减销售计划,同时销售动作可以被记录,例如自动记录销售人员更新计划进展的时间和实际完成计划的时间,为企业提供真实且宝贵的过程动态数据去分析销售行为。这是非信息化系统无法达到的效果。

在前场协作配合中,CRM系统同样能发挥巨大价值。要实现前场协作,第一步就是要打破部门之间的信息隔阂,这与线下文档管理实现的信息互通有着本质的不同,线下文档管理无法实现信息交互的及时性,严重受限于时间和空间。而CRM系统不仅能实现信息的即时共享,还能严格控制信息共享的范围,甚至可以精细到一个信息字段,也可以扩大到一个人、一个部门、一个角色等,这为兼具综合性和复杂性的业务场景提供了很大可能性。此外,CRM系统还能帮助企业实现前场部门业务的配合,将售前、销售和售后业务相互关联,每个模块的业务互相影响又互相推进。例如,只有在完成售前交流并获得售前对客户需求的确认之后,商机才能推进到"确认需求阶段";只有完成售后的可交付评审,销售才能发起价格申报;只有至少通过价格申报,售后才能同意客户的提前交付。这些关联都是为了验证商机质量,打造企业的销售漏斗,过滤低质量商机,屏蔽风险。

2. "锦上添花者"

目前市场上 CRM 系统也将数据分析即商业智能（business intelligence, BI）作为重点发展方向进行建设，越来越能够满足企业和销售管理者的数据分析需求。然而，与主流的数据分析工具如 Excel、SQL（structured query language）、Tableau、Power BI 等相比，CRM 系统在灵活度、数据分析深度等方面仍有较大差距，并且定制性不足，一些数据分析功能可能无法满足企业的特定需求，需要进行额外的定制开发。尽管如此，CRM 系统的数据 BI 分析也具有其优势，即集成性和低学习成本。CRM 系统可以直接获取业务数据，省略了 BI 工具与业务系统之间的对接，并且集成了市场、客户、销售、售后服务等多业务数据，能够提供全面的客户视图。另外，专业 BI 工具需要用户具备一定的编程技能和专业知识才能熟练使用，而 CRM 系统的 BI 功能主打低代码，易于上手。鉴于 CRM 系统的本质是销售业务流程管理，数据 BI 展示功能对系统使用者和企业管理者来说，无疑是一个锦上添花的工具。

另外，我认为 CRM 系统在销售的过程管理中还有一大亮点，那就是预警和提醒功能。一系列销售任务的完成构成一个赢单项目，而销售过程管理的精髓在于通过精细化管理和风险预警加速每一个销售任务的进程、发出销售漏斗的预警，从而增加销售数量、提高每一级漏斗的转化率，并促进项目赢单和缩短销售周期。以下是一些业务预警和提醒的实际应用案例。

（1）线索跟踪预警：如果企业的线索存在供不应求的情况，那么销售获取的每一个线索都应该被追踪和预警。例如，自销售人员获取线索之日起，超过一周没有跟进线索，或超过两个月没有转化为商机，那么需要向销售人员发送提醒，向公司发送预警，直至最后收回或重新调配线索。

（2）商机跟进预警：商机在各个阶段都有一个合理的最长停留周期。只要商机的阶段停留周期超过这个阈值，系统将会发送预警通知给销售人员和销售主管，提醒销售人员更新商机或尽快跟进、推进商机进程，提醒销售主管重点关注该商机的问题。

（3）报价商机预警：给客户的价格申报通过后，商机两个月没有更新或商机阶段没有向前推进的商机预警，提醒销售人员及时跟进商机，或尽快向公司反馈商机最后结果，提醒销售主管重点关注该商机的问题。

（4）交付预警：合同交付验收完成后才能完成回款，因此合同成交后的交付和验收也很关键。可以设置合同签订后两个月未完成交付和三个月未完成验收的预警提醒，并记录超期时间。

6.10.2　如何建设过程管理落地平台

企业要搭建自己的 CRM 系统，首先需要明确 CRM 系统的具体需求，包括客户管理、销售过程管理、营销管理、售后管理等核心功能需求。这些需求应该与企业整体战略目标相结合，确保 CRM 系统能够支持企业的业务发展和满足客户需求，并建立起企业的销售管理指导思想和理念。例如，在过程管理方面，大部分企业是基于数据进行销售过程管理，更关注商机的数量和进展，那么此时的 CRM 系统管理颗粒度可能仅到项目级别。但如果企业想要加强销售过程的管控，监控销售效率，那么 CRM 系统的管理颗粒度应该是项目的每一个关键销售任务。因此，确认 CRM 系统的具体需求的过程也是在确定企业的销售管理指导思想和理念以及管理颗粒度。

其次，选择合适的 CRM 系统搭建方式。CRM 系统的搭建方式主要有三种：自主开发、外包开发（购买标准 CRM 产品）和使用零代码开发平台。自主开发可以满足企业的个性化需求，但需要强大的技术团队支持，且开发周期较长，成本较高。外包开发的优势在于提供专业的技术团队，质量有保证，开发周期相对较短，并提供售后支持。但由于CRM产品通常采用SaaS收费模式，企业使用规模上升时，成本会相应增加。使用零代码开发平台则操作简单、部署时间短、自定义程度高，能够快速满足企业需求，并降低开发和运维成本。但是零代码平台可能无法提供与自主开发相同级别的定制灵活性，且在处理大量数据时的性能稳定性不如其他方式。无论选择哪种搭建方式，都需要进行充分的市场调研，根据企业需求，对比不同系统和平台的功能、价格、易用性、可扩展性等因素，查看其他企业使用相关系统的案例，了解系统的实际应用效果。

具体如何搭建CRM系统？如果选择自主搭建系统，那么将面临一系列复杂且漫长的工作流程，包括用户需求分析、预算规划、工作流程梳理、用户权限和角色梳理、正式开发、小范围用户测试、用户培训、投入使用、迭代优化等流程。如果是选择购买CRM产品或使用零代码平台开发，那么CRM厂商和零代码厂商都有标准的工作流程，企业只需要完成内部需求和流程梳理、用户权限和角色梳理、小范围测试等工作即可。

最后，CRM系统的建设并非一劳永逸的，需要持续优化和升级。定期分析系统数据，了解系统使用情况，收集员工反馈，根据数据分析和员工反馈，对系统进行功能优化和升级。深入业务和系统，挖掘系统对业务的价值和促进作用，主动优化。除此之外，及时响应系统问题，以确保系统的稳定性和安全性，保障业务运行通畅。这需要企业设置专门的系统管理员，常见的岗位设置是销售运营，销售运营既懂销售业务也懂销售管理，并且由于CRM系统的易操作性和低代码特性，销售运营是对接业务和系统的最佳人选。如果是CRM系统的深度用户，甚至可以设置系统开发员，专门承接系统的开发需求。这样，销售运营面向业务端，可以收集、评估、整理业务需求并提供给系统开发员，而系统开发员则负责承接需求的开发和落地。

6.11　引以为戒的反面教材

---- 反面教材 ----
客户分层缺失下的销售资源错配

在数字经济蓬勃发展的浪潮中，X 公司凭借其在人工智能领域的创新技术，迅速在市场中崭露头角。然而，随着客户群体的不断扩大，公司的销售管理却逐渐暴露出深层次的问题，由于公司仍处于创业阶段，主要策略就是广覆盖，靠跑量寻找商机，不做客户分层，所见之处都是销售的目标客户。X 公司主要服务于制造业、零售业及金融服务业等多个行业，客户群体从初创企业到行业巨头不一而足。随着市场竞争的日益激烈，各行业的数字化转型需求激增，但同时也伴随着客户需求的多样化和复杂化。在这一背景下，如何精准识别并高效服务高价值客户，成为决定企业竞争力的关键。

公司拥有一支充满激情的销售团队，但随着时间的推移，他们逐渐感受到了前所未有的压力。原因在于，公司未实行客户分层管理，每位销售人员都被要求平等对待所有客户，从日常沟通到项目跟进，无一不亲力亲为。这看似体现了公司的"客户至上"理念，实则却使销售精力严重分散。面对不断增加的客户，销售人员每天忙于回复邮件、安排会议、准备提案，却难以集中精力深入挖掘那些真正有潜力的 KA 客户。

由于缺乏有针对性的销售策略，许多低价值或意向不明确的客户占用了销售人员的大量时间，导致高价值客户的跟进周期被拉长，商机转化率显著下降。长期的高压工作加之业绩提升不明显，使得销售团队士气低落，优秀人才的流失率逐渐上升。

最让人印象深刻的是，公司曾错失一个与国内知名零售巨头合作的机会。这位客户本已表现出强烈的合作意愿，并多次提出深入交流的需求。然而，由于销售团队被大量琐碎事务缠身，未能及时给予该客户足够的关注和定制化服务，最终该客户转向了竞争对手，并成功上线了类似的解决方案，给 X 公司当年的业绩以及未来几年的续费收入带来重大损失。

反面教材
销售预测缺失下的决策失误

A 公司正处于快速增长阶段，已经打造出自己的王牌产品，在市场内占有一席之地，该公司所处的行业正在高速发展，市场需求大，产品更新换代快。在这样的背景下，准确的销售预测对于企业的战略规划、资源调配和风险控制至关重要。然而，随着市场的不断扩张和竞争的日益激烈，一个关键的管理短板逐渐显现——缺乏有效的销售预测管理制度。这导致企业管理层在规划未来，制定策略、销售目标和评估市场潜力时，往往只能依赖经验判断，缺乏科学的数据支撑，如同在迷雾中航行，无法准确把握方向，甚至错失发展良机。

A 公司内部没有建立起一套系统化的销售预测机制，销售人员和市场分析人员对于未来销售业绩的预测往往基于个人经验和直觉，缺乏科学性和准确性。由于缺乏准确的销售预测数据，企业管理层在制定市场策略、调整生产计划时往往陷入盲目，导致资源浪费和市场反应滞后。

实际销售业绩与预期目标之间差距显著，且难以找到确切的原因，这不仅影响了团队的士气，也增加了企业的经营风险。

某一年年初，A 公司新推出一款旗舰产品，预计将成为公司业绩增长的新引擎。为了制订合理的生产计划和市场推广策略，公司高层要求销售部门重点在已有服务客户和商机客户中进行推广，并提供未来一年的销售业绩预测，销售团队给出的预测数字非常乐观。然而，由于销售预测管理制度的缺失，销售部门只是基于过去几年的销售趋势和当前的市场状况进行了简单推算，便给出了预测数字，没有深入探讨新产品与客户需求之间的匹配度以及客户对新产品的接受度，并且忽略了充分的市场调研以及竞争对手的反应。结果，新产品上市后，市场需求并未如预期般出现爆发式增长，反而因市场竞争激烈、客户接受度不高等因素导致新产品销量远低于预期。

由于公司之前基于过高的销售预测制订了生产计划，导致大量库存积压。同时，由于市场推广费用已提前投入，而实际销售收入却远未达到预期，公司面临着巨大的财务压力。并且，由于新产品的销售预测良好，间接影响当年整体业绩预测数字向好，公司并未看到业绩缺口，没有提前把控并制定缺口补救措施，最后发现时为时已晚，导致当年销售业绩不达标。

反面教材
前场协作失灵导致客户流失

在竞争激烈的科技 B2B 行业中，某公司以其独特的销售、售前与售后服务协同模式，在市场中占据了一席之地。这一模式旨在通过销售、售前、售后服务三个关键环节的紧密合作，为客户提供全方位、高质量的解决方案。该公司的前场协作模式在公司内部被视为制胜法宝,其核心理念在于以客户为中心,实现销售、技术支持(售前)与售后服务的无缝对接。销售部门负责挖掘客户需求、根据解决方案传递价值,售前部门则提供解决方案与产品部署,售后服务部门则确保客户在使用过程中的问题得到及时解决,提升客户满意度。三个部门相互支持、共同进退,形成了一种强大的市场竞争力。

然而,随着公司业务规模的扩大和市场环境的快速变化,原本高效的前场协同机制却逐渐显露出问题,导致公司整体业绩下滑,客户满意度下降。随着业务量的增加,部门间沟通成本上升,信息传递出现延误或失真。销售部门难以准确了解技术支持与售后服务的实际情况,导致价值传递不精准;售前部门则因信息不足而难以制定让客户满意的解决方案;售后服务部门则因缺乏前期信息支持而难以提供有效的服务。另外,在追求业绩的过程中,部门间出现了责任推诿的现象。面对客户的问题和投诉,各部门往往相互指责,而不是共同寻找解决方案。这种内耗不仅降低了工作效率,也损害了公司的整体形象。并且,各部门的工作目标逐渐出现偏差。销售部门追求短期业绩,可能忽视客户的长期需求;售前部门则可能过于追求技术先进性而忽视客户的实用性需求;售后服务部门则可能因考虑交付可行性而抵触销售部门的赢单策略。

一次,该公司承接了一个大型企业的数字化转型项目。该项目涉及多个业务模块和技术领域,对前场的协同能力提出了极高的要求。然而,在项目执行过程中,由于以上问题,前场协作模式响应极慢。销售部门在传递解决方案价值时响应缓慢;售前部门在项目实施过程中频繁遭遇技术难题;售后服务部门则在项目交付后面对客户的大量投诉和反馈,应对乏力。最终,该项目不仅未能按时完成,还导致客户在项目过程中积累了很多不满,严重质疑该公司的能力,公司声誉受损。

Chapter 7
第 7 章

市场投放

导言：

在当今竞争激烈的市场环境中，企业要想脱颖而出，实现持续增长，市场投放的重要性不言而喻。有效的市场投放策略能够帮助企业精准触达目标客户，提升品牌知名度和影响力。

而高效的线索管理则能确保潜在客户转化为实际销售机会，从而推动业绩增长。本章将深入探讨市场投放与线索管理的关键环节，实现高效的获客和线索管理。

7.1 市场投放策略

7.1.1 为什么要做市场投放

在将公司战略拆解至销售策略时，需要明确市场能够提供什么样的资源来支持销售目标的达成，此时做好市场投放的计划是至关重要的。

市场营销和投放是企业在信息化时代吸引客户、建立品牌形象、提升销售效率的重要手段。接下来一起来看一下做市场投放的必要性。

1. 区别于传统的销售去找客户线索的模式，我们需要让客户找上门来

在当今时代，传统的销售方式，如登门拜访和电话销售，已经逐渐被新的模式所取代。现代销售的关键在于吸引客户主动上门后，如何提供服务和解决方法，而非被动地去寻找客户。

而要找到客户、吸引潜在的客户以及获取客户线索，就需要通过市场投放来完成，需要通过精准的投放策略和有效的跟踪机制，将潜在客户转化为实际销售机会。

尤其是在信息差逐渐减少的背景下，客户对品牌的认知和信任成为购买决策的重要影响因素。因此，企业需要通过市场营销活动，如内容营销、社交媒体推广等，吸引潜在客户主动上门。同时，企业还需要根据目标市场和客户群体，选择合适的传播渠道，如社交媒体、搜索引擎、电子邮件等，以提高市场投放的效果。

2. 提升客户体验，增强客户黏性

此外，市场投放不仅仅是传递信息和找到客户，更是与客户建立关系的过程。

现代消费者更加注重个性化服务和自我决策，他们希望在购买过程中拥有更多的控制权。客户更倾向于在市场中发现更有影响力和竞争力的品牌去达成合作，当客户在决策过程中加入了自己的判断，他们对自己选择的合作方的信任度会更高。

此外，在合作过程中，我们也要注重客户反馈，客户反馈是改进产

品和服务的重要依据。通过市场运营去收集客户反馈，了解客户需求和期望，从而不断优化产品和服务。市场投放不仅仅是追求短期销售，更是为了建立长期可持续的客户关系。通过在客户侧持续的市场投放和客户维护，企业可以不断提高客户满意度和忠诚度，从而实现业务的持续增长。

比如小米非常注重用户参与社区建设。它通过其官方论坛"小米社区"鼓励用户参与产品开发和反馈。这种策略不仅提高了用户的品牌忠诚度，还帮助小米快速迭代产品，满足用户需求。

3. 提升销售效率

在传统的销售模式中，销售人员需要通过大量的登门拜访、电话沟通等方式来寻找潜在客户。这种方法不仅耗时耗力，而且成本高昂。首先，销售人员需要花费大量时间去筛选和联系潜在客户，这个过程往往伴随着高比例的拒绝和失败。其次，这种方式的转化率通常较低，即投入的时间和资源与最终达成的销售之间存在较大的差距，尤其是在 To B 企业中，投入产出比往往越来越低。

相比之下，现代销售策略通过吸引客户主动上门，可以显著提高销售效率。例如，通过内容营销、社交媒体营销等方式，企业可以在潜在客户主动搜索信息或者浏览社交媒体时，提供他们感兴趣的内容，从而吸引他们主动了解产品和服务。这种方式的优势在于，它能够帮助企业精准地定位到对产品感兴趣的潜在客户，提高销售转化率。同时，由于潜在客户已经对产品有了初步的了解和兴趣，销售人员在与他们沟通时可以更加聚焦于解答具体的需求、提供解决方案和促进购买决策，从而节省了大量的时间和资源。

4. 建立品牌形象

品牌建设是现代销售策略的重要组成部分，一个强大的品牌不仅可以吸引客户主动上门，还可以提高产品或者服务的市场竞争力。品牌建设的关键在于创造独特的品牌形象和用户体验，使消费者对品牌产生认同感和忠诚度。

市场营销不仅仅是广告宣传，更是传递企业价值观、塑造品牌形象的过程。通过精心设计的广告内容和传播策略，企业可以在客户心中树立专业、可靠的形象。

再以小米为例，小米最初的品牌定位是"为发烧而生"，针对的是追求性能和性价比的年轻消费者群体，这一策略成功地将小米与其他高端品牌区分开来，使小米成为高性价比的代表品牌，为小米在竞争激烈的智能手机市场中赢得了一席之地。

因此，企业想吸引什么样的客户，就需要打造什么样的企业形象，所以在做市场投放时，一定要结合企业的战略去制定策略。

总之，市场营销和投放是企业在信息化时代吸引客户、建立品牌形象、提高销售额的重要手段。通过有效的市场投放，企业能够提升销售效率，提升与用户的黏性，实现业务的增长。

7.1.2 如何做好市场投放

从最终目标来看，市场投放要达到的最终目的就是促进业务的持续增长，树立企业形象、打造企业品牌。

在当前的信息化时代，广告投放的渠道变得前所未有地丰富，但与此同时，对广告效果的抱怨也随之增多。一些观点认为广告的效果正在下降，投入产出比在下降，边际效应也在减弱。然而，这些观点可能只适用部分情况，并不代表市场投放整体无效。

大多数企业没有资金实力去做铺天盖地的广告，去请行业专家或者明星代言，而且内部可能也没有专业的营销团队，小规模的投放只会被巨大的信息流淹没，根本来不及引起目标客户的关注。那么对于中小企业来说，如何获得有效的市场投放？我们依据客户不同时期的定位，总结了一套简单的市场投放流程，如图 7-1 所示。

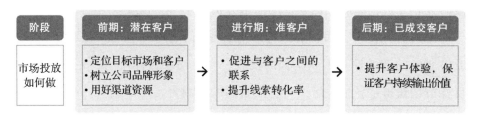

图 7-1　市场投放流程

1．定位目标市场和客户

选择目标市场是前期最关键的步骤，通过选择目标市场，可以确保信息被精准投递和触达，从而实现更好的营销效果，在投放上实现更高的回报率。

很多时候企业投入大量的资源铺设广告，热衷于获得尽可能多的潜在客户，期望获得更广泛的市场，担心缩小目标市场会将潜在的客户排除在外，这种想法固然美好，但是效果怎么样还需验证。大型企业的营销模式被称为大规模营销，目的是提升自己的品牌知名度，但是中小企业没有那么多的资源，如果目标市场过于粗放，营销效果会被稀释。那对于资源有限的中小型企业，要做的就是一点，做好目标市场的细分，聚焦细分市场从而发现高频需求。

举个简单的例子，比如摄影广告现在会区分不同的服务项目，如拍摄婚纱照和商务照会找不同专业领域的摄影师，虽然摄影师的能力和技术之间没有什么差别，但是当一个人想要拍婚纱照时一定不会选择拍商务照的摄影师。然而这并不意味着我们只能向客户提供单一的服务，而是应该在区分好目标市场后，进行有针对性的市场营销计划，深耕每一个细分市场。

确定目标市场后，集合销售策略中对目标客户的画像并对目标市场做研究和分析，然后根据客户的需求分析制定市场投放策略。

把所有人都当作目标客户等于放弃了所有客户，不能凸显我们产品或者服务的专业性。因此广告的投放一定要缩小目标市场，先在理想的目标市场获得主导地位后，再扩大我们的影响力。

2. 树立公司品牌形象

公司想要树立的品牌形象，不只包括公司的名字，更包括向市场传达的信息、品牌的核心价值观，公司要结合目标市场突出公司产品或者服务的独特卖点，塑造好公司在市场的核心竞争力。

在公司品牌的打造上，最基础的是要有一致的品牌视觉形象，不限于商标、海报、宣传标语等，这些都能够增加品牌的识别度。在视觉形象的打造上，一定要确保这些视觉形象设计符合行业特点，比如科技公司一定突出科技感和创新感。

然而，品牌形象的核心在于品牌故事。一个成功的品牌故事能够深入人心，让客户对品牌产生共鸣。例如，百岁山通过将自己打造成"水中贵族"的形象，成功地在市场中树立了自己的品牌形象。因此，企业需要找到自己的亮点，或者输出与其他竞品不同的点，让品牌这一形象在客户心中扎根。比如面对金融、银行等行业的客户，就要突出自己安全稳定的特性，而面对中小企业，要打造降本增效的形象。

此外，企业还可以通过与已经合作的优秀公司建立联系，来为自己的品牌形象增添价值。这种合作可以通过联名产品、联合营销活动或品牌合作来实现，从而提升品牌形象并扩大市场影响力。

综上所述，树立公司品牌形象是一个综合性的过程，需要企业从多个角度出发，设计一个立体、简单，但是可以深入人心的形象。

3. 用好渠道资源

成功的市场营销活动必须做好推广渠道的建设。渠道是实现市场目标和实现信息传达的重要载体，不同的渠道有不同的特点和受众，渠道的运营也是在市场营销中需要花费比较多资源的地方，所以一定要精心选择投放的渠道，根据不同渠道的特点设计发布的内容，并做好效果的评估。

首先，在渠道的选择上，企业要根据目标群体的消费习惯、获取信息的途径选择最佳的推广渠道。比如一个专业的技术软件，将广告投放在一个专业的网站或者论坛，一定比花大价钱在浏览器投放广告的效果更好，更容易获得客户的信任。

其次，在投放的内容方面也要进行设计。比如在专业论坛或者社区上的投放，不应该是简单的产品或服务广告，结合实践案例以客户口吻进行软文推广，效果会更好，这能够让客户更加信服，避免在接触阶段就产生对广告的排斥心理。

最后，每个渠道的效果都需要做评估。评估的标准不仅要看可以带来多少客户线索，还要看每个渠道的获客成本，最重要的是要结合不同渠道线索最后的成交情况去评估渠道的投资回报率。

在市场渠道的建设中就形成了选择渠道—设计投放内容—进行投放效果评估的流程管理，并可以根据效果评估为渠道选择提供数据支持，形成市场投放的闭环管理，提升市场投放的营销效果。

4. 促进与客户之间的联系

市场营销初级的目标是找到感兴趣的客户，更深层次的目标是达成合作，这首先需要把客户纳入自己的客户系统中，通过持续的营销帮助客户创造价值，与客户建立密切的联系，让交易自然而然地发生。所以市场营销不只需要把信息传递给客户，最好的效果是可以实现双向的互动，在能够提升客户服务的体验后，使交易自然而然地发生。

为了加强与客户之间的互动，企业可以采取多种方法，例如通过社区的运营，企业可以鼓励客户分享经验、提出问题和建议，从而增强与客户之间的互动。客户调研则可以帮助企业了解客户需求和期望，及时调整产品和服务。此外，设计直播培训课程和线下社群活动也可以为客户提供产品使用技巧、行业知识和最佳实践，并通过实时互动解答客户疑问，提供个性化建议。

同时，企业还可以通过邀请专家来树立自己在行业内的专家形象和权威形象。企业可以增加各种形式的市场投放活动，邀请行业专家为自己站台，进行在线或线下讲座，分享专业知识和见解，创作高质量的博客文章和案例分析，展示其专业知识和行业洞察。

综上所述，市场营销的目标不仅在于找到感兴趣的客户，更重要的是与客户建立密切的联系，和客户产生互动，让客户产生信任，从而加速交易的达成。

5. 提升线索转化率

即使市场投放已经集中在小范围的目标群体中，对该范围内所有的目标群体投放相同的内容，也需要耗费大量的市场资源，因此，我们也要对潜在的客户进行精简、分类和筛选。可以考虑对每个客户市场的投放预算做调整，将更多的资源集中在高潜的客户上，用更集中的资源达成转化。

首先,要在众多的目标客户中发现高潜的客户。可以用一些"钩子"来试探客户的需求度和意向度,比如利用一些行业最新资讯、成功实践等吸引客户互动,这些内容不仅能够吸引客户的注意力,还能够展示我们的专业知识和产品优势,从而提高客户的兴趣和信任度。

其次,积极向客户推荐免费试用的活动。因为免费试用的过程也需要客户付出时间和精力,如果对方愿意参加,那么一定有着非常高的意向度,而且通过试用后的反馈也能更清晰地了解客户的需求和问题,可以为后续的成交提供更多的客户信息。

在意向度非常高的客户中,我们可以利用一些营销活动,比如限时折扣等,来加速客户的转化,刺激客户的购买欲望,加速交易的达成。

当然这个过程也离不开内部客户管理系统的搭建,需要和销售团队积极地配合,持续跟踪客户的信息和需求,确保及时发现客户需求并及时准确地跟进。

6. 提升客户体验,保证客户持续输出价值

真正的利润来自持续购买,有一个概念是客户终生价值,需要以客户终生贡献为基础来计算利润。因此市场投放策略也要从长远角度出发,考虑客户的终生价值,在客户成交后仍需持续地运营和服务,除了能够提供产品外,还需要让客户感受到额外价值,为客户提供持续消费的理由。

首先,要提升老客户的黏性和忠诚度。客户完成首次成交后,对其市场投放也不能缺失,可以利用市场活动进行持续的运营和服务,比如专业的论坛服务、社区活动;还可以加强与客户的直接互动,比如增加互相参访学习的机会,邀请客户输出自己的实践案例,等等。

此外，针对老客户，应该有一些特别的价格设计或者优惠活动。比如，设计增购的优惠价格，体现出对老客户的特别优惠。还可以设计客户的积分或者会员体系，提供一些积分福利，比如帮助客户做产品升级，给客户提供产品和服务培训，等等。

情感营销不可或缺，它在建立和维护客户关系中也扮演着重要角色。通过在节假日发送电子邮件或手写信件，向客户表达感谢，这种持续的触达也可以增进双方信任的关系。定期收集客户的反馈，确保客户的感受和意见得到重视，也可以创造更多和客户互动的机会。

市场投放不仅要关注潜在客户的首次成交，更要重视客户的持续购买和长期关系维护。通过提供额外价值、设计老客户方案、实施情感营销和定期收集客户反馈，企业可以实现客户的终生价值最大化，保持企业在市场中的有利地位。

7.2 从线索到商机的转化

1. 线索的定义

线索通常指的是那些尚未经过深入沟通的潜在客户联系信息，客户可能尚未意识到需求，或虽已意识到但未明确表达，需要加以引导以明确需求。这些信息可能源于市场的各种渠道，如官网注册、客服咨询、市场活动登记或其他社交媒体互动等。这些线索代表了客户对产品或服务的潜在购买意愿，需要进一步跟进以确认需求意向。商机则是指经过一定的沟通和筛选后，客户展现出明确的需求和购买意向，或在沟通过程中显示出较高的转化潜力。

在 To B 市场中，商机转化到订单可能是一个需要花费较长时间的阶段，有时长达十几个月。为了更好地理解销售线索到商机的流程，现代营销和销售理论体系，特别是 To B 市场营销中广泛使用了一些线索相关的概念，包括：线索（Lead）、市场合格线索（marketing qualified lead，MQL）、销售接受线索（sales accepted lead，SAL）、销售合格线索（sales qualified lead，SQL）和对话合格线索（conversation qualified lead，CQL）。Lead 是指对产品或服务表现出初步兴趣的个体，但尚未进行深入互动；MQL 是指对产品或服务有更深层次兴趣和需求的个体，但尚未达到销售团队直接介入的程度；SAL 是指被销售团队审查并确认符合销售标准的潜在客户；SQL 是指经过进一步筛选和验证，被认为已经准备好进入销售漏斗后期阶段，并有可能转化为实际销售的潜在客户；CQL 是指已经通过对话表现出明确的购买意愿和需求的潜在客户。

按照销售流程和线索可靠度排序，各类线索的顺序为 Lead—MQL—SAL—SQL—CQL。在 To B 企业管理应用中，可以根据实际情况适当简化和调整。例如，某信息安全公司的线索管理流程为 Raw Lead—Lead—MQL—SQL—Opportunity（商机）—成交。其中 Raw Lead 专指市场活动获取的来访者名单，未经市场部的任何处理，而 Lead 则是经过初步处理的，如手机号码位数检查，剔除了不符合号码规则要求的来访者的名单。

2. 线索到商机的流程与转化

从线索到商机的转化过程，我们可以参考华为的 LTC 流程体系，线索管理主要涵盖线索的收集和生成、线索的验证和派发、线索的跟踪和培育这三个关键阶段。为了提升线索转化的效率，并节约商机开发、测试、商务谈判、交付等后续阶段的资源投入，需要对线索到商机的流程进行明确的职能划分，并指定每个关键节点的任务和负责人。这一流程主要涉及市场部门和销售部门的紧密协作。市场部门负责通过多种市场投放和营销活动，如内容营销、社交媒体、广告和展会等，吸引潜在客

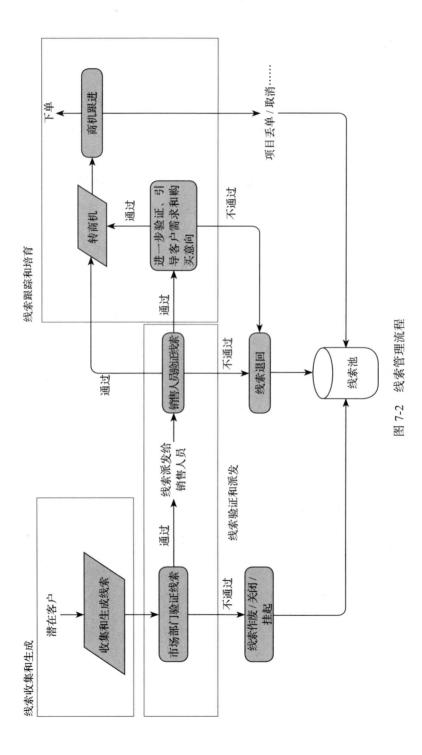

图 7-2 线索管理流程

户并收集信息，形成线索，同时对线索进行初步筛选验证。经过初步筛选的线索随后被移交给销售部门。销售部门则负责将线索派发给具体的销售人员，销售人员对线索进行进一步验证，判断线索质量，并确认其转化为商机的可能性，最终将线索转化为商机并持续跟进。

值得注意的是，线索转化为商机并非流程的终结。在商机跟进过程中，可能会出现多种情况，如主客观因素导致的销售验证线索阶段误判，销售人员不足导致的线索跟进不及时，或客户内部变化引起的需求数字变化等。为了最大化线索价值，需要对线索进行盘活和回收。线索到商机的线索管理流程可参考图 7-2。

在线索收集和生成阶段，关键任务是多渠道主动收集潜在客户信息，接着是筛选信息并生成线索（即从 Raw Lead 到 Lead 的过程），这个过程由市场部门主导。销售部门作为一线部门，能够快速掌握市场和行业变化，应配合市场部门的营销策略，参与制定或建议营销活动、行业沙龙等，并亲自参与活动；销售人员还需积极向市场部门反馈市场和行业变化、客户建议和需求。这一阶段的目标是"广撒网，扩大漏斗口"，要求市场部门（销售部门参与）结合公司产品特点，分析市场环境、行业变化等，制定有效的营销策略，扩大与潜在客户的接触渠道，并增加宣传覆盖范围，以便潜在客户能够找到并联系公司；同时，组织有效的展会和活动，吸引潜在客户。

线索的验证和派发阶段，有的公司由市场部门负责，而有的公司则由销售部门下的电销部门负责。无论哪个部门负责，都需要具备一定的产品知识和沟通技巧，例如能够介绍公司产品特点、与竞品的差异、行业知识，并能区分潜在客户和代理商，否则将会影响潜在客户对公司的第一印象，以及线索验证的效率。此外，还需设计线索的评审机制、分类分级规则、派发规则等。这些规则旨在解决线索优先级问题。对于线索的优先级，可以从紧急程度和客户重要程度两个维度考虑。紧急程度基于潜在客户的需求明确性、预算或购买意愿度、项目落地时间确定性等因素，这三个条件满足得越多，紧急程度越高，因为这类客户的成交概率更大，同时竞争也更大，公司越快介入越好。客户的重要程度则取决于其是否为公司或行业的战略目标客户、销售的目标客户。对于这一类客户，公司可能已经开始投入资源或有销售人员在跟进，此时需要尽快将线索派发给对应的销售人员，帮助销售人员扩大或加深客户触达。

线索跟踪和培育阶段，主要由销售部门主导。涉及技术交流和产品测试等内容的商机初期阶段，则需要售前和其他部门的参与，这在"第6章 销售过程管理"中有详细讲解。为了成功转化线索，销售人员需具备以下能力：

（1）精通公司产品和解决方案，了解竞品差异。

（2）精通客户业务和业务场景，能够回答客户的业务咨询问题。

（3）优秀的人际沟通能力，善于洞察客户心理，并影响客户决策链，建立客户信任。

（4）优秀的项目管理能力，能够调动内外部资源，推进项目进展。

在 To B 市场购买过程中，部分潜在客户对自己的需求和痛点非常清楚，甚至对解决方案有深入见解，这类客户通常以产品为导向。而另一部分潜在客户可能尚未意识到自己的需求或双方未达成共识，针对这类客户，销售人员需要分析客户痛点，引导需求，并结合客户需求提供有效解决方案。引导成功则形成商机，失败则线索可能重新回归市场。

7.3 市场和销售的双向正循环

为了高效管理线索到商机的转化流程，我们将其划分为三个主要阶段：线索的收集和生成、线索的验证和派发、线索的跟踪和培育。每个阶段都明确了关键任务和相应的负责人。此外，为确保流程的有效执行并促进商机最终转化为销售成果，我们还需设计一套流程监控和优化机制，以实现市场和销售部门之间的双向良性循环。一个优秀的线索管理流程监控和优化机制应当解决以下问题。

（1）明确各个关键节点的监控点：为了确保流程的顺畅运行，我们需要为每个阶段设定监控点。例如，在线索收集和生成阶段，监控点可能包括线索的数量和质量、渠道效果等；在线索验证和派发阶段，监控点可能涉及线索验证的准确率、派发效率等；在线索跟踪和培育阶段，监控点则可能聚焦于线索转化率、线索转化时间等。

（2）确定监控手段或工具：有效的监控依赖于合适的手段或工具。这可能包括 CRM 系统、数据分析、定期汇报会议等。通过这些工具，我们可以收集数据，分析流程中的问题和瓶颈，并及时进行调整。

（3）流程优化的途径和内容：流程优化不应是静态的，而是一个持续改进的过程。优化的途径可能包括定期审查流程、收集反馈等。内容方面，可能涉及调整线索分类标准、优化销售话术、改进市场活动策略等，以提高整体流程的效率和效果。

通过这样的监控和优化机制，我们能够确保线索管理流程始终处于最佳状态，从而提高商机转化率，推动公司业务持续增长。

7.3.1 线索管理的监控

1. 监控线索数量和质量

线索管理的关键在于对线索数量和质量的监控。我们之前提到的线索管理的三大阶段——线索收集和生成、线索验证和派发、线索跟踪和培育，构成了我们的基本流程。下面，我们将按照这个流程来分析关键监控点。

首先，我们要关注线索本身的重要性。在整个销售流程中，线索的作用在于"广撒网，扩大漏斗口"，因此，线索的数量至关重要。我服务过的一家专注于财务系统产品的初创企业，其销售人员反映公司提供的线索数量有限且质量不佳。在推进现有客户项目的同时，他们还需要投入大量精力去寻找潜在客户，这不仅影响了他们的工作效率，也影响了业绩表现。因此，市场部门应当根据销售人员能够"消化"的线索数量和销售组织的规模，计算出在一定时间周期内所需的线索数量；应通过分析各渠道能够贡献的线索数量，合理制订营销活动计划。然而，线索质量的提升并非简单增加市场活动或扩大市场投放就能解决的，它需要更为细致的管理和优化。

监控线索质量是一个长期的过程，它包括对单条线索、特定市场活动产生的所有线索、特定渠道线索的跟踪。我们需要关注每一条线索的转化情况，同时也要分析活动和渠道的整体线索转化情况。通过长期的数据分析，我们可以识别出哪些类型的市场活动或哪些渠道产生的线索质量更优。数据分析的内容应包括线索转化为商机的比例、转化周期，甚至是线索转化为订单的比例和周期。无论是市场投放还是举办市场活动，对企业来说都是一笔不小的成本。通过数据分析来优化市场策略，不仅可以提高线索到商机的转化效率、缩短转化周期、助力销售业绩提升，还能降低或优化成本投入。

如前所述，企业可以根据现代营销和销售体系中线索管理的模型，制定适合自己的线索管理模式，并细化数据分析的颗粒度。企业可以基于线索的划分进行数据分析和监控，即从 Lead 到 MQL、SAL、SQL、CQL 的转化。通过分析每个阶段的转化数据，我们可以定位问题并解决问题。例如，A 公司去年首次举办了一场公开的线上产品大会，会议链接在互联网上公开，参会者需登记个人信息，包括姓名、手机、公司名称等。尽管这个会议每年都会为公司带来大量的线索，但市场部门发现其中充斥着大量虚假信息，导致线索质量极低。经过分析，我们总结出以下原因：

（1）前期宣传不足，主要宣传渠道限于官网和公众号，覆盖范围有限。

（2）销售人员的邀请缺乏针对性，对潜在客户的触达不足。

（3）入场登记系统不够智能，未对信息进行有效格式校验。

针对这些问题，我们制订了以下解决方案：

（1）增加公司视频号和搜索引擎宣传渠道，扩大宣传范围。

（2）销售人员向目标客户定向发送会议邀请，制定差异化邀请指标，并与客户沟通以促进转介绍和宣传。

（3）优化线上登记系统，降低信息录入错误率。

通过实施这些解决方案，第二年会议结束后，A 公司不仅收到了 1.5 倍的线索数量，而且无效线索数量也减少了一半，大幅减轻了市场部门同事在筛选线索方面的工作量。

2. 监控线索分类与分级

需要监控的第二点是线索的分类与分级。通常，在线索验证和派发阶段，我们会对线索进行清洗和验证，这不仅仅包括去除错误和重复的线索，还涉及对筛选后的线索进行有效的分类与分级。线索的分类与分级可以通过人工操作、智能系统或者两者的结合来实现（例如，线索智能处理系统包括传统的 CRM 系统以及专业的线索管理工具如卫瓴·协同、Upreach 等，这里不展开详细讨论）。无论采用哪种方式，我们都需要制定一套明确且被广泛认可的线索分类与分级标准。

线索分类与分级标准是多部门协作的成果。销售部门会对分配到的线索提出具体要求，例如需要包含完整的潜在客户联系信息，包括公司名称、联系人姓氏、手机号码、职位等，以及记录潜在客户的需求和首次外呼的过程。市场部门则可以要求销售部门基于业务角度对潜在客户的优先级进行评估（包括紧急程度和重要程度）。对潜在客户的优先级别评估可以参考以下因素：需求的明确性、预算情况、公司规模（潜在购买量）、是否为公司的战略客户或行业战略客户、是否为销售目标客户等。同时，还需明确每个条件的具体判断标准，例如，需求的明确性和购买意愿对应紧急程度，公司或行业战略客户对应重要客户，销售目标客户对应一般重要客户，公司规模影响重要程度，应根据不同规模制定相应标准，例如200人以上的公司被视为重要客户。若采用打分制，则应对不同公司规模赋予不同的分数。

根据潜在客户满足的条件，我们可以给出相应的分类和分级。例如，潜在客户需求明确且具有强烈的购买意愿，这类线索应被划分为紧急线索，优先级比较高；潜在客户属于行业战略客户，但需求和购买意愿尚不明确，这类线索应被视为重要线索；若潜在客户既非战略或目标客户，需求不明确，购买意愿不强烈，公司规模又在100人以下，则这类线索可被归为普通线索。

通过这样的分类和分级，我们能够更有效地管理线索，确保销售团队将时间和资源集中在最有价值的潜在客户上，从而提高销售效率和业绩。

3. 监控线索验证和跟进

线索管理需要监控的第三个关键内容是线索的验证和跟进，这涵盖了跟进的时效性、频率和转化率。由于市场竞争激烈，客户在做出购买决策前往往会进行比较，尤其是那些需求和购买意向都非常明确的潜在客户。如果竞争对手先行接触，我们可能会错失良机。在线索未饱和的情况下，如果被分配的销售人员未能及时跟进，线索可以重新分配，以便其他销售人员能够及时接手处理。

线索的跟进频率同样至关重要，特别是对于市场行业的龙头企业或大型企业，这些客户是竞争中的关键目标，跟进频率将直接影响客户体验，并间接影响客户对公司品牌、产品和服务能力的评价。对于那些需要多次沟通以达成共识需求的潜在客户，定期跟进有助于双方更好地理解需求并制订解决方案。此外，市场部门作为线索的提供方，有权对线索的跟进和落地情况进行检验和评估，这也是对市场部门工作的认可和支持。

那么，如何要求销售人员对线索进行有效跟进呢？普遍的做法是根据线索的分类和分级来设定跟进要求。首先，我们需要明确首次处理的时间点，例如，市场人员或电销人员在获取线索后的2个工作日内必须与潜在客户取得联系。线索分配给销售人员后，紧急线索应在2个工作日内处理，即与潜在客户联系；重要线索也应在2个工作日内处理；而普通线索则应在3个工作日内处理。接着，我们还需明确在一定时间周期内以及线索转化为商机后的跟进频率。例如，重要线索在1个月内至少需要联系4次，且在1个月内必须完成对线索的判断，确认其是否转化为商机；已转化为商机的线索，每2周都应有跟进记录。

为了更清晰地说明对线索分类分级和跟进标准的监控，我们整理了一个详细的表格，具体内容请参考表7-1。通过这样的监控和跟进标准，我们能够确保线索得到有效管理，从而提高销售效率和市场竞争力。

表 7-1 线索分类分级和跟进标准

线索的分类分级				
线索属性	分类标准/要求	紧急线索	重要线索	普通线索
基础信息完善	公司名称、行业、联系人、电话、邮箱、职位			√
需求明确	能够说清楚业务痛点和需求（符合公司产品）	√		
有购买意愿/有预算	明确表示有预算	√		
潜在购买量大	公司规模（员工数量≥200人）		√	
客户重要性	是公司/行业战略客户，或销售目标客户		√	
线索的跟进标准				
跟进类型	跟进类型解释	紧急线索跟进时间要求	重要线索跟进时间要求	普通线索跟进时间要求
首次处理时间	市场人员或电销人员最迟联系潜在客户的时间	2个工作日内	2个工作日内	2个工作日内
销售人员处理时间	销售人员收到线索后，最迟联系潜在客户的时间	2个工作日内	2个工作日内	5个工作日内
线索转化为商机要求	销售人员判断线索是否要转化为商机的最迟时间	1个月内	1个月内	2个月内
商机（SQL）跟进频率	每月至少跟进的次数（指客户拜访记录或商机跟进记录）	4次	4次	2次

注：紧急且重要线索，需要销售人员在1个工作日内处理。不满足以上跟进要求的线索，公司会回收至线索池，其他销售人员可领取跟进。

7.3.2 线索管理的优化

在前文中，我们探讨了如何监控线索管理流程，旨在发现问题、定位问题、解决问题，其最终目的是优化线索管理流程，提升效率。以下是线索管理优化的几项关键措施，包括数据分析、人员培训、流程和规则优化、跨部门沟通与反馈机制的建立。对于线索管理的数据分析，关键在于对每个阶段节点的数据进行精确记录。通过深入分析，我们能够识别问题所在并找到解决方案，同时发掘有价值的业务方向。

线索管理的数据分析主要涵盖以下方面。

（1）线索数量与来源分析：分析各渠道产生的线索数量及其质量。

（2）线索质量分析：评估线索合格率（从 Lead 到 MQL、SAL、SQL、CQL）、线索跟进记录和反馈。

（3）线索转化率分析：从线索到商机的转化率，以及从线索到成交的转化率。

（4）线索转化周期分析：线索在各阶段的停留时间，以及从线索到商机、成交的时间长度。

（5）线索流失分析：分析线索流失的具体环节和原因，以及流失线索的特征。

（6）获客成本分析：对各获客渠道的投入产出比进行分析，计算线索获取成本。

（7）线索预测分析：预测线索到成交的转化情况，即业绩预测，参考"6.6　风险管控与业绩预测"。

在进行数据分析时，应采用多维度的方法，包括横向和纵向的对比分析、因果分析等。对比分析可以从线索来源、时间、地域、行业分布、销售团队等维度进行，而因果分析则可以从来源、负责人、行业等多角度探究。在 To B 行业中，线索转化为成交的过程可能较长，其周期依赖于行业特性、产品复杂度及企业规模等因素。通常，销售周期可能从几个月到几年不等。同样，线索合格率等数据指标也深受行业和产品特性的影响。企业需基于历史数据和行业基准，设定符合自身情况的线索管理指标目标和标准。

人员培训是线索管理中不可或缺的一环，因为它涉及跨部门合作。市场部门作为线索管理流程的主导者，应为销售人员提供定期培训，明确线索的来源、派发规则和跟进要求，确保每个人都了解自己在流程中的角色和责任，以及如何与他人协作。公司应提供关于线索管理和培育的定期培训，并鼓励建立最佳实践分享机制，提升团队整体的线索转化能力。

建立跨部门沟通和反馈机制对于公司的线索管理同样重要。这确保了各部门间沟通顺畅，公司应通过定期举行跨部门会议，讨论线索管理中的问题和机会，设定共同目标，确保大家共同努力提升线索转化率。在许多公司我们观察到，由于市场部门和销售部门缺少对目标的共识，销售部门指责市场部门输出的线索质量太差，而市场部门则指责销售部门线索跟进不力，主要原因还是没有形成一个命运共同体。市场部门和销售部门应停止相互指责，作为"命运共同体"来制定目标、寻求解决方案，并实现成果。毕竟，线索转化率的高低直接影响公司的市场预算和投入，而市场预算和投入也将直接影响线索产出，最终影响销售业绩。

最后，优化线索管理的流程和规则至关重要。通过数据分析来发现问题、定位问题，通过跨部门沟通和反馈机制收集改进意见，不断优化操作流程，减少错误，提高协作效率。建立线上线索管理平台，简化流程，确保线索顺畅流动，并利用自动化工具执行重复性任务（如线索分类与分级、邮件跟进等）。其中，线索分类与分级标准的优化非常重要，应基于过程监控和数据分析，结合一线人员和管理人员的实践经验，定期召开讨论会，充分讨论并制定出更具业务指导意义的线索分类与分级标准。

7.4 引以为戒的反面教材

> **反面教材**
>
> **市场与销售脱节,导致业绩难提升**

某科技公司,专注于为客户提供云服务解决方案。该公司依靠产品的优势,吸引了很多杰出的销售人员,然而公司的业绩却并没有显著提升。呈现出来的是销售人员在市场上拼杀,市场营销的团队却如一潭死水,没有有效地助力销售团队。

销售人员不得不依靠陌生电话拜访和海量邮件轰炸来寻找潜在客户,而这些方法在B端市场中效率极其低下。把时间和精力投入到前期,中后期缺乏精力跟进,也拉长了整个合作签约的周期。反观市场部门,每年在广告费上的投入也很多,但是获得的线索却很少,而且销售人员在跟进时,发现客户的需求和公司的产品并不匹配。

在对销售团队的一次调研中发现,大家对于市场部门的反馈非常集中,这让公司下定决心对市场部门进行改革。而在对市场部门的调研中发现,市场营销中确实存在着许多问题。

市场营销团队依靠"标准"的做法去工作,产出的市场投放方案是放之四海皆准的,市场营销团队并没有结合公司的产品、所在的行业和客户属性去做营销方案,导致市场投放的效率很低,而且没有带来实际的线索。

由此可见,市场营销的策略对于销售团队的成绩是非常重要的,作为公司管理者或者销售管理者,需要去关注市场对于业绩支持的力度够不够。

Chapter 8

第 8 章

渠道体系建设

> **导言:**
>
> 　　在企业的发展过程中，规模化是实现长期发展和市场扩张的关键步骤。然而，规模化并非易事，它需要企业在资源、管理、市场等多方面进行有效的投入和布局。在这个过程中，单靠企业内部团队的力量，往往面临着成本高昂、效率低下、市场覆盖有限等问题。
>
> 　　企业内部团队的扩张需要承担的直接成本包括人力资源、培训、管理、办公场地等，而间接成本则涉及市场调研、品牌推广、客户服务等。这些成本随着团队的扩张而呈指数级增长，对于许多企业来说，这是一种难以承受的负担。此外，内部团队在市场拓展上往往受限于地域、行业经验和资源网络，难以实现快速且广泛的市场覆盖。
>
> 　　因此，渠道的优势就显现出来，渠道合作伙伴通常拥有对本地市场的深入了解和丰富的客户资源，他们能够以较低的成本帮助企业快速进入新市场，扩大销售网络。

那么在建设渠道体系之前，需要厘清渠道体系的内在逻辑，以及不同发展阶段的渠道体系应该如何建设，产出自己的渠道体系建设方案。同时，最重要的就是如何吸引合适的渠道合作伙伴，以及对能力参差不齐的合作伙伴如何进行赋能，共同实现能力提升。这些问题会在本章一一解答。

8.1 渠道体系内在逻辑

在 To B 业务领域，企业增长依赖于多种杠杆的运用，这些杠杆协同发挥作用，共同推动业务的持续扩张。业务增长杠杆包括：①产品杠杆，通过标准化和技术创新，提升生产效率，降低成本，确保企业在产品和技术竞争中保持领先地位。②品牌杠杆，品牌建设和口碑营销有助于提升企业的市场形象，吸引更多潜在客户，产生更多销售线索，同时也增强老客户忠诚度。③人才杠杆，通过团队建设和知识管理，确保企业拥有持续创新和执行战略的强大团队。

除了上述业务增长杠杆，还有一个最重要的增长杠杆，即销售杠杆。To B 业务的实现，大致有两种途径：一是依靠自己的销售人员直接获取订单，从而产生收入。二是通过构建广泛的合作渠道网络，借助合作伙伴来获得订单并产生收入。

实现销售杠杆同样有两个途径。第一个途径是针对自己的销售人员的。一方面，需要增加销售人员的数量；另一方面，则需通过管理和工具，不断提高单个销售人员的效率，降低单位成本，从而提升销售团队的整体效率，进而促进收入的增长。这部分我们在前几个章节，从人员招募、培养，到过程管理，都有详细阐述，在此不再赘述。第二个途径是针对渠道而言的，渠道的数量及其本身的获客能力和效率，决定了公司的获客能力和效率。因此，建立有效的渠道体系，并不断增加渠道数量，提升获客效率，是实现销售杠杆的另一个重要途径。

两个途径的杠杆效率并不相同。要实现自身销售人员的增长和效率提升，需要相应增加同比例的销售人员成本，同时管理成本也会随着销售人员规模的扩大而增长，管理成本甚至呈现指数级增长。然而，单个销售人员产生的收入存在上限，并不会因为管理成本的增长而提高。因此，通过增加自身销售人员这一途径实现销售杠杆，其效率存在一定的上限，且成本与收入增长不成正比。渠道数量的增长，首先，不会导致人员成本的同比例上升。通常一个销售人员可以管理10~20家渠道，因此，人员成本的增长比例远低于渠道数量的增长比例。其次，渠道效率的提升虽然会导致管理成本的上升，但管理成本的增加幅度肯定远低于效率提升所带来的收益。因此，相比之下，渠道的杠杆效率要明显优于自身销售人员的杠杆效率。这也正是为什么当To B业务发展到一定阶段时，大多数企业都会考虑建立自己的渠道体系。

通过对渠道杠杆效率的分析，我们可以总结出企业建立渠道体系需要达成的目的：

- 扩大客户覆盖范围，提高知名度，同时增加销售收入。
- 降低单个客户的获客成本，要做到付给合作伙伴的获客成本与渠道体系的运营成本之和小于企业自身销售人员的获客成本。
- 降低管理难度，这包括缩小管理半径以及减少人员数量、降低管理难度。
- 降低业务风险，这包括降低试错成本，以及实现业务风险的共同分担。

说到这里，大家可能会问，既然渠道的杠杆效率优于自身销售人员的杠杆效率，为什么公司在商业化初期不优先建立渠道体系，而是选择先组建自己的销售团队，等到一定阶段再构建渠道体系呢？这涉及企业发展阶段和销售体系建设的演进路径。企业从 PSF 阶段过渡到 PMF 阶段，再发展到 GTM 阶段，产品逐渐从不成熟走向成熟，为客户创造的价值也从模糊变得清晰。这个过程是不断变化的，因此，我们的销售方法和路径也需要相应调整。合作伙伴与原厂家的合作，追求的是利益最大化。企业在经历急剧变化的过程中，与合作伙伴建立长久和稳固的关系是具有挑战性的。所以，在发展到 GTM 阶段之前，企业通常需要依靠自己建立的销售团队来实现早期的销售和客户获取。到 GTM 阶段后，企业的产品和服务相对稳定，才会开始逐步构建自己的渠道体系。

8.2　渠道体系发展路径

构建渠道体系并非一蹴而就的，而是一个需要不断演进的过程，图 8-1 展示的就是渠道体系的发展路径。

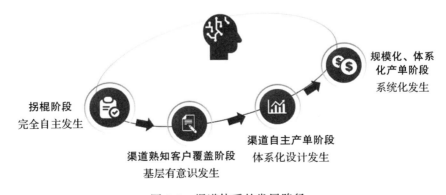

图 8-1　渠道体系的发展路径

渠道体系发展大致会经历四个阶段："拐棍阶段""渠道熟知客户覆

盖阶段""渠道自主产单阶段""规模化、体系化产单阶段"。我们分别就四个阶段进行说明。

8.2.1 拐棍阶段

此阶段称为"拐棍阶段",是因为合作伙伴还不能在销售全过程中帮助企业获客,而是在销售过程的某些阶段给予帮助支持。比如在销售过程早期的客户触达阶段,合作伙伴可以帮助企业连接客户。客户触达阶段后的需求确认、价值传递还是要由企业自己的销售人员完成。在商务阶段,合作伙伴又可以帮助企业做一些协调和沟通,最终帮助企业完成订单。图 8-2 展示的是渠道在成单过程中的作用点。

图 8-2 渠道在成单过程中的作用点

在拐棍阶段,合作伙伴更多是在一个或几个点上起到辅助作用,比如在客户触达和屏蔽对手两个关键点上。渠道的加入,在某种程度上,提高了部分环节的效率,对赢单起到一定的保障作用。但获客的主体仍然是企业的销售团队,赢单的第一责任人也依然是销售人员,所以本质上企业的获客效率和行业覆盖并没有得到提升。而且在这个阶段,大部分合作伙伴是销售人员自己在维护的,不是由公司统一管理的,所以与合作伙伴配合促进项目赢单基本上属于销售人员的个人行为,没有形成规模效应。但这已经为企业的渠道体系建设迈出了第一步。

8.2.2 渠道熟知客户覆盖阶段

合作伙伴在"拐棍阶段"和企业及企业销售进行充分沟通和磨合后,

会对企业的产品和市场有更加直观的理解。若合作伙伴认为与企业合作能实现自己的期望和目标，合作伙伴首先会在自己的客户群体中推广企业的产品。这个阶段称为"渠道熟知客户覆盖阶段"。

渠道熟知客户覆盖阶段是合作伙伴从辅助获客到自主获客的过渡期。在这个阶段，合作伙伴希望对自己的客户有更多的掌控权，因而有动力和诉求去实现自主获客。自主获客的标准在于合作伙伴是否对销售过程进行全覆盖和掌控。如果能够实现自主获客，赢单的第一责任人就会从企业销售人员过渡到合作伙伴的销售人员。这是企业渠道体系建设的一个重要里程碑，为了达成这个目标，企业需要搭建合作伙伴赋能体系，让合作伙伴高效地具备自主获客的能力。

对于企业而言，这一阶段有助于企业增加客户覆盖范围，并且随着合作伙伴控制销售过程能力的不断提升，企业的获客效率也得以提高。同时，合作伙伴为保障自身利益，会寻求和企业在公司层面开展合作。这对企业建立统一的合作伙伴管理体系十分有益。

当然，在这个阶段也有一些风险需要特别留意。一个风险是，从辅助获客到自主获客的过程中，合作伙伴对企业资源有很大的依赖度，如何确保企业资源能够高效利用，成为管理者必须考虑的问题。既不能不投入，也不能过度投入，因此需要设立好的机制，对资源进行正确的管控。另一个风险是目标客户选择的风险。由于合作伙伴熟知客户是非选择的，所以如果不对目标客户做明确把控，反而会让整个获客效率降低。目标客户选择得不正确，合作伙伴贸然投入资源，如果结果不好，会极大地影响双方合作的深入程度。

8.2.3 渠道自主产单阶段

当合作伙伴完成了对自己熟知客户的覆盖，并且认为和企业合作是其公司战略发展的方向，合作伙伴一定会继续寻求对更多客户的覆盖。那整个渠道体系也过渡到"渠道自主产单阶段"。

渠道自主产单阶段的形成也需要一些客观因素的存在。首先，市场上存在一个广大的待覆盖客户群，而企业销售无法覆盖到这些客户群。其次，企业和合作伙伴已经形成了标准化的赢单路径，获客过程可以进行规模复制。再次，在价格体系设计和市场认知上，有足够毛利空间。最后，企业的产品或者解决方案可以实现规模复制。这四点是企业渠道体系过渡到渠道自主产单阶段的必要条件。

过渡到渠道自主产单阶段，渠道体系的优势才能真正发挥出来。首先，合作伙伴可以自主产单，且数量达到一定规模，企业的获客效率会极大提高，虽然企业需要让出一些利润，但单个客户的获客成本和管理成本会下降，整体获客数量和业绩会上升，所以整体盈利水平会大幅提升。渠道的杠杆效率会随着自主获客合作伙伴的数量增加而急剧放大。当然，在这个时期，企业的渠道体系建设也面临着更高的要求，不仅仅是赋能和资源投入，更重要的是对渠道管理专业人才提出了更高的要求，并对整个体系的合理性与运转效率提出了更高要求。

8.2.4 规模化、体系化产单阶段

随着越来越多的合作伙伴能够自主产单，内部销售对市场和行业进行细分的同时，也需要对合作伙伴做更精细化的分类和运营。这势必也会对合作伙伴的职能和目标提出更细分的要求。在这个阶段，渠道体系要实现体系化地发展下游合作伙伴，体系化地进行区域和行业覆盖，以及体系化地实现业绩产出。这将会让我们的渠道体系更深化，最终进入规模化、体系化产单阶段。

8.3 渠道的招募与赋能

渠道的招募与赋能是构建渠道体系的关键环节。能否迅速锁定合适的合作伙伴，并高效实现合作，直接关系到渠道体系运作的成功与否。因此，为确保渠道招募成功，关键在于有效解决两大核心问题：第一，我们需要精心设计合作模式，使其既能打动潜在合作伙伴，又能快速促进双方达成合作；第二，我们要探索高效的方法，以便快速触及那些与我们合作伙伴画像相匹配的候选对象。

渠道合作模式并非一成不变的，很难制定出一个普遍适用的标准模式。这是因为合作模式的设计很大程度上依赖于企业的业务性质，以及企业对合作伙伴的具体定位和期望值。但设计合作模式还是有几个基本点需要特别注意。

8.3.1 渠道合作的目标设定

企业在招募渠道合作伙伴时，往往会设定具体要求，包括期望合作伙伴能够达到的销售业绩、配备适当数量的工作人员以及覆盖一定规模的市场区域等。这些目标固然是企业所期望实现的，但关键在于它们是否也符合合作伙伴的核心需求。我们需要明确合作伙伴的真实诉求是什么，并探讨如何将企业的目标与合作伙伴的需求相结合。特别是在产品市场竞争力不强的情况下，能否将双方诉求统一起来，成为决定企业和合作伙伴能否成功合作的关键。

8.3.2 渠道目标的实现路径

当与合作伙伴就合作目标达成共识之后，接下来至关重要的一步是明确阐述实现这些目标的具体路径和方法。产品归企业所有，原创技术和设计也源自企业。加之，企业对市场有更深入的了解，并且对实现目标有更深刻的认识。因此，提出实现合作目标的路径和方法的责任，首先应由企业来承担。但在现实情况中，企业往往倾向于提出一系列要求。对于具体执行方案和如何实现这些目标，企业却很少与合作伙伴进行深入的沟通。这样的做法往往会导致合作伙伴的决策过程延长，并且降低整个实施方案的可行性和成功率。这正是为什么我们虽然招募了许多合作伙伴，但最终能够成功合作的却寥寥无几，往往只能依赖于自然淘汰来筛选出优质的合作伙伴。这种做法实际上是对资源的巨大浪费，同时也会造成时间和机遇上的极大损失。当我们与合作伙伴就目标达成一致时，必须继续深入讨论如何合作以共同实现这些目标。这包括明确各自的投入、资源分配，以及制定实现路径和路径中的关键里程碑。只有这样，我们才能构建出一个既可预期又可执行、最终可落地的目标实现路径。

实现路径的设计无疑是未来管理合作伙伴最有效的手段。通过共同奋斗以实现目标，我们可以显著提升合作伙伴的忠诚度和业务黏性。这样的合作模式，正是我们理想中渠道体系的典范。

8.3.3 渠道发展的愿景

渠道发展的愿景设计是渠道合作模式中极为关键的一环。虽然合作伙伴在考虑与企业合作时可能会关注短期利益，但他们更加看重的是长远的发展规划。在合作伙伴的 CEO 眼中，自己企业的未来发展是首要关注的问题。因此，我们不仅需要对当前的目标和实现路径进行精心设计，更应为未来的发展制定合作模式的规划和说明，以确保合作伙伴能够看到合作的持续价值和潜力。

渠道发展愿景应当包含以下几个核心要素：一是清晰的进阶路径，

这为合作伙伴指明了从当前状态到更高发展水平的步骤和方向；二是长期的利益回报，这确保了合作伙伴在长期合作中能够获得可持续的收益和增长；三是深化合作策略，这有助于加强双方的合作关系，确保合作伙伴在长期发展中与企业紧密联结。通过这些要素的融合，我们能够构建一个既具吸引力又具可持续性的渠道发展蓝图。

在设计了一个相对吸引人的合作模式和方案之后，迅速有效地触达目标合作伙伴变得至关重要。由于不同企业的业务特性和模式各不相同，不存在一种普遍适用的触达方法。然而，有一点需要特别强调的是，触达的目标必须是决策者。毕竟，两家公司的合作最终需要由最高层的决策者来拍板。因此，在规划触达路径时，我们应当重点关注如何有效地接触合作伙伴的 CEO，以及如何让他们迅速理解和认识到双方合作的价值和意义。这要求我们在沟通策略上既要精准又要高效，确保信息能够直达决策层，并且能够清晰地传达合作带来的短期和长期的利益。

8.4 渠道体系组织架构与配合机制设计

正如前文所述，企业在渠道体系发展的过程中，将经历从"拐棍阶段""渠道熟知客户覆盖阶段""渠道自主产单阶段"，到最终的"规模化、体系化产单阶段"。与此同时，企业的获客方式也会从直销模式逐步过渡到渠道模式。并且在相当长的一段时间内，这两种模式将在企业内并行。因此，在企业内部渠道体系组织架构与配合机制设计上，需要能够支持这两种模式的共存，确保它们能够相互协作、相互促进，以保障渠道体系的快速健康发展。这意味着企业必须建立一种灵活的内部结构，既能维持直销模式的高效性，又能充分发挥渠道的潜力，实现两种模式的良性互动和共同进步。

在渠道体系组织架构与配合机制设计规划中，存在一系列经过众多企业不断尝试和探索形成的最佳实践。然而，这些最佳实践在具体应用时，仍需根据企业的业务特点和企业文化进行适当的本土化调整和优化，以确保其能够更好地适应特定企业的需求。下面，让我们探讨一下渠道体系组织架构与配合机制设计中的最佳实践，如图 8-3 所示。

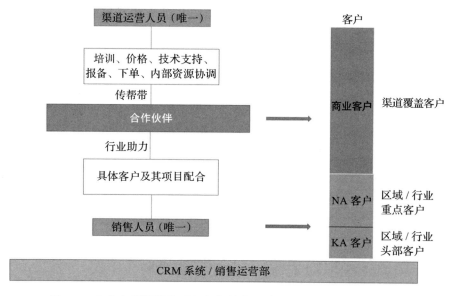

图 8-3　企业内部渠道体系组织架构与配合机制设计中的最佳实践

在这个体系中，存在两个关键角色：一是扮演传统销售角色的销售人员，二是专注于提升合作伙伴能力的渠道运营人员。销售人员负责与具体客户及其项目对接，他们的核心任务是确保客户利益不受损害，并推进项目在客户端的顺利进展，直至签约成功。因此，销售人员的主要职责是保障客户的利益。

销售人员面对的客户分为两类：一类是由合作伙伴覆盖的客户，另一类是销售人员自己直接覆盖的客户。销售人员自己覆盖的客户可能也有合作伙伴的参与。这两类客户的区分并不在于是否有合作伙伴的介入，而在于谁是客户成交的第一责任人。对于合作伙伴覆盖的客户，合作伙伴担任第一责任人，而销售人员则负责监控项目进度，及时发现并填补漏洞，协助合作伙伴以最低成本促成交易。对于销售人员自己覆盖的客户，销售人员则是客户成交的第一责任人，负责直接推动整个销售过程。

渠道运营人员的核心职责是保障渠道的利益。因此，合作伙伴的赋能、支持，以及与合作伙伴相关的各项流程（如客户和项目的报备、价格申请、下单等业务流程）都应由渠道运营人员负责。渠道运营人员有责任设计和优化与合作伙伴相关的制度与流程，确保合作伙伴能够充分利用公司资源，同时保障其利益，并使合作顺畅进行。值得注意的是，渠道运营人员并不直接负责具体的客户和项目。应该为每位合作伙伴指派一位专属的渠道运营人员，以确保服务的连续性和效率。

每位合作伙伴都对应唯一的渠道运营人员，并且每个客户也都对应唯一的合作伙伴或销售人员。这样的架构设计避免了渠道运营人员与销售人员之间的冲突，同时也消除了合作伙伴与销售人员之间的矛盾。大家的目标和利益是统一的。渠道运营人员专注于维护合作伙伴的利益，而销售人员则专注于保障客户的利益。这两个角色相互支持且各自独立，共同目标是提升客户覆盖质量并实现公司内部的业绩目标。借助销售运营部和CRM系统的支持，可以确保这一组织架构和渠道体系的有效运作。

在企业实际操作中，可以参照这一组织架构与配合机制，并根据实际情况进行优化。其中，尤为关键的是在渠道体系中对审批流程与审批权限的合理划分。在渠道运营人员与销售人员既独立运作又相互支持的结构下，必须明确界定哪些事项由哪一方拥有决策权。在设计和制定审批流程及权限时，应确保双方的目标和利益一致，以促进协同和整体业务的顺畅、高效运行。

8.5 引以为戒的反面教材

── **反面教材** ──────────────────
渠道建设不足，错失市场机会

某大数据公司，面对广阔的市场机遇，决定开发外部销售渠道。然而，经过一年的努力，渠道建设最终失败。公司 CEO 感到困惑不解：明明市场机会巨大，产品也颇具竞争力，为何渠道建设未能成功助力业务快速覆盖市场？

经过深入分析，发现两大问题导致了渠道建设的失败：一是渠道管理体系的缺失，二是给予渠道的培训和支持不足。

渠道管理体系的缺失：首先，公司在未建立渠道的准入规则和评估标准的情况下，盲目引进多家不具备专业能力的渠道伙伴，导致整体的渠道水平参差不齐。其次，没有设计对于渠道的监控和反馈机制，使得对渠道的运营状况缺乏了解，错失了策略调整的最佳时机。最后，销售和渠道的配合机制和职责划分模糊，过分依赖渠道完成客户的需求挖掘和产品价值传达，而相当一部分渠道伙伴的表现不佳，影响了整体的销售效果。

给予渠道的培训和支持不足：在面对众多水平不一的渠道伙伴时，没有提供足够的培训和支持，尤其是对于复杂的大数据解决方案，渠道伙伴难以有效地向客户传达产品价值，公司内部销售团队也没有及时介入，最终导致很多销售线索白白流失。

APPENDIX

附 录

附录A　0—0.5—1—10—100销售体系建设演进路线图

概念阶段
提出合理假设
- 能够清晰说明商业模式（价值假设、增长假设）

初创团队完备

0—0.5阶段 PSF
假设被验证
- MPV（最小可行产品）可迭代并被验证可行
- 某类客户的特定业务需求被满足

获得高质量种子用户

0.5—1阶段 PMF
产品被市场认可
- 产品完成度高，可以满足用户基本需求
- 交付/产品标准化流程跑通
- 目标客户画像明确
- 财务指标有竞争力

付费客户数量、客单价、毛利率、签单周期、交付周期

1—10阶段 早期大众化
经营体系完备
- 在重点行业/区域积累头部客户案例
- 营销获客体系初见成效
- 产品/服务/交付体系持续迭代，相关运营指标高于行业平均水平

线索到机会到成单转化率、续费、增购、新购

10—100阶段 规模化早期
流程标准化
- 初具品牌影响力
- 产品持续迭代，满足客户更多场景
- 拥有众多目标行业/区域/领域中头部或肩部客户
- 营销获客体系成熟，可以持续规模化获客
- 交付、服务体系高度标准化、流程化

销售人效、增速、获客成本、增购

规模化中后期
组织强健
- 企业文化建设、组织建设、战略决策体系与流程清晰明确且持续
- 完成产品线扩张，进入第二增长曲线
- 具备完备渠道体系
- 对于行业标准制定、行业发展趋势有一定影响力

规模及增速、员工人效、新产品收入占比

附录 B　创业公司销售体系管理发展路径图

阶段	建设		
第一阶段：概念阶段			
第二阶段：0—0.5 阶段 PSF Problem Solution Fit 问题与解决方案匹配 假设被验证 10 人以内	**策略管理** • 哪里赢率更大，从哪里开始实验 • 需要回答：成交的难点在哪里？客户关注点在哪里？什么样的话术/场景是客户愿意接受的？理想客户画像是什么 • 成交逻辑里渠道能做什么？扮演什么角色	**过程管理** • 可以没有 CRM 系统，但要有详细过程记录和分析 • 鼓励自由发挥 • 尝试设定收费模式和价格体系	
第三阶段：0.5—1 阶段 PMF Product Market Fit 产品与市场匹配 产品被市场认可 10～30 人	**策略管理** • 有基本销售策略，初步建立行业概念，让销售人员更聚焦 • 从战略到策略能落实到每个团队 • 明确增长点。打哪些客户/行业，怎么打赢概率最大？竞争策略是什么	**过程管理** • 建立 CRM 系统，在 CRM 系统内划分客户归属 • 端到端业务阶段设定，闭环管理市场来的线索 • 客户跟踪过程数据记录：目标、行动	**团队/组织/文化** • 要有销售负责人，应该制定未来 3 年的业务和组织的发展规划 • 营造能打仗的氛围（激励考核、销售节奏、复盘机制、季/月/周会） • 可能增加新职能（商务、市场营销、电销等） • 关注人效，建立基本标准 • 更加明确的强结果绩效激励

第四阶段：1—10 阶段
早期大众化
客户经营体系完备
30～100 人
	策略管理
	• 从战略到策略的制度化落实
	• 要将策略拆解：从公司到部门到具体人
	• 打通战略、策略、行动
		过程管理
		• 建立统一的全程数字化监控体系——销售预测体系，能够承载：
		  ○ 决策管理
		  ○ 日常行为管理
		  ○ 销售预测
		  ○ 客户管理
		  ○ 对销售行为做评估和管控
		  ○ 业务把控误差要低于 10%
		  ○ 做商机管理
		  ○ 预警及应对处理
		  ○ 建立最佳前后场资源调度管理
			团队/组织/文化
			• 建立明确的销售体系文化：能打胜仗，能打歼灭战
			• 增加人效的过程管理
			• 对管理层和骨干增加长期激励
			• 建立长短板凳的人才池

第五阶段：10—100 阶段 规模化早期 流程标准化：全国/行业化阶段 100 人以上	**策略管理** • 建立每个团队单独的战略到策略的制度化落实 • 引领制定标准，建立行业深度壁垒 • 用品牌打市场 • 集团和团队策略联动 • 打通战略、策略、行动、验证 • 建立集团和区域的职责关系及资源分配原则	**行业建设** • 建立全国市场覆盖体系 • 行业化和区域化的横纵联动体系	**销售人员招聘培养** • 销售人员完全自主培养，中层干部体系内提拔 • 建立校招培训体系 • 人才标准、素质及选拔、发展路径的体系化
第六阶段：规模化中后期 独立板块、独立公司 组织完备且强健			

重点	易错点
团队 / 组织 / 文化 • 可以没有销售负责人 • 快奖快罚，强结果绩效激励 • 人员流动性大，以能坚持"活"下来的人作为招聘标准	• 老板是最大的销售，但不能用老板视角审视销售工作 • 触客没有目的性，没有有序做实验，只是看销售跟谁熟 • 成交过程没有详细的记录和分析，不能很好地总结真正难点及最佳实践 • 支出和收入没有做很好的分析，没有利用此数据指导后续的工作
制度机制建设 • 尝试建立风险控制模型，对大漏洞可以及早发现 • 建立销售内部各事务审批流程，制度管人更高效 • 建立前场、前后场协作机制 • 市场投放和销售联动机制 **销售人员招聘培养** • 建立总结最佳实践机制，优化过程，并发现新的难点 • 建立适合业务的销售特征及画像，要明确新销售的最快捷来源 • 要能培养自己的销售，开始培养和沉淀人才 • 小股力量尝试更多领域 **初步渠道建设** • 尝试总结渠道画像 • 拿一些机会做尝试，从签约到成单的流程跑通 • 开始尝试赋能渠道	• 从战略到策略，拆解动作和方法不清晰，还是在拍脑袋做决策 • 没有建立制度管人，还在靠人管人 • 没有好的机制和方法去总结和积累最佳实践，难以做到案例复制 • 没有销售体系的长久规划 • 没有建立从线索到成单的全流程闭环管理和转化地图

制度机制建设
• 建立销售环节各阶段的转化率提升机制
• 实现公司前后端资源高效协同
• 建立完善销售审计机制
• 加强和完善前后场协作机制
 	
销售人员招聘培养
• 能大幅提高销售成长速度和成功率
• 大幅降低销售招聘门槛
• 完善销售招聘和培训机制
 	
行业建设
• 建立单一行业全国拉通机制，全国统一步调，行业统一打法
• 市场投放和行业化融合
• 行业化和区域化的架构设计落地
 	
渠道建设
• 赋能体系——人员能力，行业深耕，销售管理
• 端到端渠道销售流程监控
• 和渠道设定明确销售策略，会区分客户和行业设计不同的打法
	• 从战略到策略拆解动作和方法不清晰，不能将战略拆解到团队、到每个人，没有形成共识
	  ○ 有数字分解，但没有达成数字的路径
	  ○ 不给销售地图，但总说销售走错了路
	• 做不到过程管控，不能做风险预警，业绩预期和实际永远存在巨大差距，使得决策、资源配置都很难做到最优
	• 直销和渠道打架，渠道和渠道打架，形成不了合力
	• 销售体系没有统一规划，政策摇摆，人心不稳
	• 人员招聘越来越贵，而不是越来越便宜，还不出成绩

团队 / 组织 / 文化 • 销售体系文化需要深入人心 • 用组织能力管理团队 • 行业团队化、集群化，每个团队单独考核和核算 • 考核更加趋向长期激励 • 注重人效的过程管理 • 人才在各个地域及集团到区域间的流动 **渠道建设** • 渠道体系执行力加强 • 渠道考核进出制度完善，有很强的活力 • 渠道能覆盖全国	• 制度不健全，管理精度不够，出现大漏洞 • 组织能力不够，无法支撑业务 • 没有完备审计制度，出现纰漏 • 团队文化建设不能支撑业务发展 • 容易忽视一线销售 • 反腐不力

包子堂系列丛书

十年磨一剑，颠覆科特勒营销思想
从大量销售方式，到深度分销方式，未来属于社区商务方式……

书号	书名	定价	作者
978-7-111-74336-1	企业的本质（珍藏版）	89.00	包政
978-7-111-74341-5	管理的本质（珍藏版）	89.00	包政
978-7-111-74402-3	营销的本质（白金版）	89.00	包政
978-7-111-50235-7	社区商务方式：小米全景案例	49.00	张兴旺
978-7-111-50160-2	社区商务方式：B2B企业案例	49.00	李序蒙
978-7-111-50603-4	深度分销方式	49.00	王霆 张文锋
978-7-111-50604-1	社区商务方式：传统企业互联网转型案例	49.00	张林先 张兴旺
978-7-111-50045-2	大量销售方式	49.00	张林先
978-7-111-50479-5	社区商务方式：丰田全景案例	49.00	郭威

最新版
"日本经营之圣"稻盛和夫经营学系列
任正非、张瑞敏、孙正义、俞敏洪、陈春花、杨国安　联袂推荐

序号	书号	书名	作者
1	978-7-111-63557-4	干法	[日]稻盛和夫
2	978-7-111-59009-5	干法（口袋版）	[日]稻盛和夫
3	978-7-111-59953-1	干法（图解版）	[日]稻盛和夫
4	978-7-111-49824-7	干法（精装）	[日]稻盛和夫
5	978-7-111-47025-0	领导者的资质	[日]稻盛和夫
6	978-7-111-63438-6	领导者的资质（口袋版）	[日]稻盛和夫
7	978-7-111-50219-7	阿米巴经营（实战篇）	[日]森田直行
8	978-7-111-48914-6	调动员工积极性的七个关键	[日]稻盛和夫
9	978-7-111-54638-2	敬天爱人：从零开始的挑战	[日]稻盛和夫
10	978-7-111-54296-4	匠人匠心：愚直的坚持	[日]稻盛和夫 山中伸弥
11	978-7-111-57212-1	稻盛和夫谈经营：创造高收益与商业拓展	[日]稻盛和夫
12	978-7-111-57213-8	稻盛和夫谈经营：人才培养与企业传承	[日]稻盛和夫
13	978-7-111-59093-4	稻盛和夫经营学	[日]稻盛和夫
14	978-7-111-63157-6	稻盛和夫经营学（口袋版）	[日]稻盛和夫
15	978-7-111-59636-3	稻盛和夫哲学精要	[日]稻盛和夫
16	978-7-111-59303-4	稻盛哲学为什么激励人：擅用脑科学，带出好团队	[日]岩崎一郎
17	978-7-111-51021-5	拯救人类的哲学	[日]稻盛和夫 梅原猛
18	978-7-111-64261-9	六项精进实践	[日]村田忠嗣
19	978-7-111-61685-6	经营十二条实践	[日]村田忠嗣
20	978-7-111-67962-2	会计七原则实践	[日]村田忠嗣
21	978-7-111-66654-7	信任员工：用爱经营，构筑信赖的伙伴关系	[日]宫田博文
22	978-7-111-63999-2	与万物共生：低碳社会的发展观	[日]稻盛和夫
23	978-7-111-66076-7	与自然和谐：低碳社会的环境观	[日]稻盛和夫
24	978-7-111-70571-0	稻盛和夫如是说	[日]稻盛和夫
25	978-7-111-71820-8	哲学之刃：稻盛和夫笔下的"新日本 新经营"	[日]稻盛和夫

德锐咨询
人才领先战略系列丛书

ISBN	书名	作者
978-7-111-62897-2	重构绩效：用团队绩效塑造组织能力	李祖滨 胡士强 陈琪
978-7-111-64298-5	找对首席人才官：企业家打造组织能力的关键	李祖滨 刘玖峰
978-7-111-65619-7	人才盘点：盘出人效和利润	李祖滨 汤鹏 李锐
978-7-111-66986-9	人效冠军：高质量增长的先锋	李祖滨 汤鹏
978-7-111-68974-4	人才画像：让招聘准确率倍增	李祖滨 陈媛 孙克华
978-7-111-70895-7	3倍速培养：让中层管理团队快速强大	李祖滨 李锐
978-7-111-74113-8	双高企业文化：让企业文化简单有效	李祖滨 刘星 刘刚
978-7-111-65512-1	数商：工业数字化转型之道	顾建党 俞文勤 李祖滨